THE POWERFUL AND THE DAMNED

Private Diaries in Turbulent Times

權貴與壞蛋

金融時報總編輯的亂世工作筆記

萊奧納・巴伯 Lionel Barber ——著
謝孟達——譯

獻給維多莉亞

目錄

登場人物

政壇

安倍晉三 Shinzo Abe	日本首相 2012-2020
詹姆斯・貝克三世 James A. Baker	美國白宮幕僚長、財政部長、國務卿 1981-1992
東尼・布萊爾 Tony Blair	英國首相 1997-2007
高登・布朗 Gordon Brown	英國首相 2007-2010
大衛・卡麥隆 David Cameron	英國首相 2010-2016
保羅・卡加米 Paul Kagame	盧安達總統 2000 起

泰瑞莎・梅伊 Theresa May	英國首相2016-2019
安格拉・梅克爾 Angela Merkel	德國總理2005起
納倫達・莫迪 Narendra Modi	印度總理2014起
班傑明・內坦雅胡 Benjamin Netanyahu	以色列總理1996-1999，2009-2021
弗拉迪米爾・普亭 Vladimir Putin	俄羅斯總統2000-2008，2012起
哈桑・魯哈尼 Hassan Rouhani	伊朗總統2013-2021
唐納・川普 Donald Trump	美國總統2017-2021
溫家寶 Wen Jiabao	中國國務院總理2003-2013

商界與金融界

大衛・貝爾爵士 Sir David Bell	《金融時報》董事長1996-2009

勞伊德・貝蘭克梵 Lloyd Blankfein	高盛董事長暨執行長 2006-2018
鮑布・戴蒙 Bob Diamond	巴克萊銀行執行長 2011-2012
馬帝亞斯・多芬納 Mathias Döpfner	艾克塞爾施普林格執行長 2002 起
約翰・法倫 John Fallon	培生執行長 2013 起
狄克・富爾德 Dick Fuld	雷曼兄弟執行長 1994-2008
菲利浦・葛林爵士 Sir Philip Green	阿卡迪亞集團董事長 2002 起
喜多恆雄 Tsuneo Kita	日經會長暨集團執行長 2015 起
泰瑞・利希爵士 Sir Terry Leahy	特易購執行長 1997-2011
瑪裘莉・史卡迪諾 Marjorie Scardino	培生執行長 1997-2012
蘇世民 Steve Schwarzman	黑石集團共同創辦人、董事長暨執行長 1985 起

鮑布・佐立克 Robert B. Zoellick	世界銀行總裁 2007-2012

皇室

查爾斯王子殿下 HRH Prince Charles	威爾斯親王
安德魯王子 HRH Prince Andrew	約克公爵
穆罕默德・賓・薩爾曼 Mohammed bin Salman	沙烏地阿拉伯王儲

新聞界

保羅・達克爾 Paul Dacre	《每日郵報》總編輯 1992-2018
盧拉・哈勒芙 Roula Khalaf	《金融時報》副總編輯 2016-2020，總編輯 2020 起
艾倫・羅斯布里奇 Alan Rusbridger	《衛報》總編輯 1995-2015

馬汀・沃爾夫 Martin Wolf	《金融時報》首席經濟評論人1996起

外交

白林 Sylvie Bermann	法國駐英大使2014-2017
傅瑩 Fu Ying	中國駐英大使2007-2009
劉曉明 Liu Xiaoming	中國駐英大使2009-2021
路易・蘇斯曼 Louis B. Susman	美國駐英大使2009-2013

前言

我愛看迪恩・艾奇遜（Dean Acheson）寫的一本歷史書，叫做《創世親歷記》（*Present at the Creation*），書中在談第二次世界大戰後美國領袖打造新世界秩序的過程。我的日記無意與艾奇遜氣勢磅礴的回憶錄相提並論，但就內容廣度與寫作風格而言，確實從中獲得啟發，據以書寫當前充滿變動的時代。

新冠肺炎大流行以前，我從二〇〇五年到二〇二〇年擔任《金融時報》總編輯，近距離觀察全球金融危機帶來的政經衝擊，與世界各地眾多執政者對談，得以一窺背後高層決策與政治算計。同時推動報社改革，帶領《金融時報》從紙媒轉變為榮獲獎項肯定的完整數位媒體。

本書是「危機時代」的第一手見證，記錄到世界金融體系幾近崩潰，以及自由主義民主國家被外來移民、民粹主義與恐怖主義浪潮折騰。傳統媒體在這段期間也遇到格外難挨的變化，權力集中在蘋果、臉書與谷歌等少數科技巨擘手中。中國則是靠著阿里巴巴、騰訊及華為等大型科技公司，成為僅次於美國的第二大強權國家。

上述種種文化、經濟與政治力量的集結，威脅戰後國際秩序（又稱為艾奇遜秩序）的存亡，造成歐美自由主義民主國家民眾對傳統政黨與制度的支持消退，同時挑戰《金融時報》親市場、自由主義式國際主義與民主資本主義的核心價值。

本書旨在藉由對談與旁觀掌權者的面貌，傳達劃時代變動氛圍。《金融時報》總編身分讓我有幸能夠接觸北京、莫斯科、利雅德、德黑蘭、東京與華府等世界各地領袖，不僅採訪過總統（歐巴馬、普亭、川普），也採訪過華爾街與倫敦金融圈頂尖生意人及金融人士，更曾與查爾斯王子、安德魯王子及沙烏地阿拉伯強人薩爾曼王儲等皇室人物正式會面。

這些掌權者（多是男性）習慣活在身邊有一群行政助理、公關顧問與隨扈層層包圍的保護泡泡內，靠他們阻絕記者與大眾窺探。多虧我的職位之便，加上《金融時報》的名望，我得以戳破泡泡，近距離與這些掌權者及（偶爾會有的）壞蛋私下互動。

可想而知，我從一開始就決定要站在前線跑新聞，而非躲在新聞中心。我在倫敦的日子無時無刻不致力於生產符合「金本位」的新聞報導。但我也會撥出時間遠行，善用本報超過百人的駐外記者網絡，共同產出新聞，增廣見聞。

擔任總編期間，《金融時報》的新聞報導獲得好評，讀者人數持續上升，但我們也犯過錯誤。我們的不足之處（我的不足之處）在於未能充分掌握大眾在金融危機之後對權威與菁英產生幻滅，使得認同政治與對貧富不均根深蒂固的痛惡為英國脫歐種下肇因。二〇一六年的公投敗仗即便不是我們的錯，但總體而言我們也沒有好好掌握住新聞重點。不能拿「建制派」報社當藉口，問題出在缺乏想像力。我們學到教訓。

但我仍然認為，多數時候本報重要報導方向是對的，像是關於市場與歐元走向。我們也從事一連串風險極高、但回報也絕佳的深入報導，尤以德國版本的安隆弊案「威卡事件」為最。在我離任之後六個月，威卡（Wirecard）宣告破產，證明我們三年多來深入挖掘並原創報導這家名列德國DAX指數公司濫權積弊的決定是對的。或許更重要的是，我們讓人們知道在這個所謂後真相的年代，事實還是很重要。

我並未在擔任總編期間每天寫日記，而是針對訪談、聊天與會面做許多筆記，本書取材自這些筆記和已出版的內容，也常會搭配斜體字[1]呈現評論與背景脈絡說明，提供有用的後見之明。

本書分為五部。第一部橫跨二〇〇五年到二〇〇八年，以「威利狼時刻」來形容最為貼切，當時全球經濟正處於信貸泡沫，對即將到來的金融危機渾然未覺。我親眼見證「全盛」時期的倫敦金融圈，當時對沖基金與私募基金稱霸天下，即將輸到脫褲的皇家蘇格蘭銀行更是躋身世界十大銀行之列。然而這場危機其實有跡可循，特別是本報榮獲獎項肯定的金融記者兼評論人吉莉安．泰特（Gillian Tett），就曾點出金融體系過度槓桿的現象。

第二部橫跨二〇〇八年到二〇〇九年，描述二〇〇八年金融風暴的發生過程，雷曼兄弟倒閉引發信貸市場及廣大銀行體系信心危機。短短幾週內，全球金融體系彷彿就要崩盤。此部收

1 編按：中文版採用宋體。

錄與華爾街人士的訪談，例如高盛的勞伊德．貝蘭克梵（Lloyd Blankfein）、摩根大通的傑米．戴蒙（Jamie Dimon）、黑石的蘇世民（Steve Schwarzman）及雷曼兄弟的狄克．富爾德（Dick Fuld）。同時收錄與政治人物及技術官僚的訪談，也會談到我對這些危機管理者的印象，像是我的多年好友暨消息來源：歐洲央行總裁馬里歐．德拉吉（Mario Draghi）。

此部側重於現代資本主義危機，但也會談到在倫敦與莫斯科訪問中國總理溫家寶（值得一提的是，這是我第一次訪問中國領袖）、俄國總統當選人梅德韋傑夫，以及在柏林訪問兩次德國總理梅克爾。雷曼兄弟倒閉不久後，我在阿拉伯聯合大公國見證事件餘波，阿布達比出手紓困債台高築的杜拜。這次中東行除了造訪阿拉伯聯合大公國，也在敘利亞停留四天。到耶路撒冷採訪內坦雅胡時，這位未來總理向我預示反對巴勒斯坦建國的立場。

第三部重點放在媒體遭逢數位革命，這場革命不僅加速報紙衰退，也迎來新的碎片化時代。我眼睜睜看著一家英國「傳統媒體」竊聽醜聞發酵，導致魯柏特．梅鐸（Rupert Murdoch）經營的色羶小報《世界新聞報》（*News of the World*）被迫關門。這起事件也促成列文森調查（Leveson inquiry），旨在檢視新聞業行為與規範，為此我投入將近兩年精神。同時定期造訪矽谷，親眼見證「新媒體」的興起。這背後的一個重要弦外之音，就是維基解密、朱利安．阿桑奇（Julian Assange）與史諾登（Snowden）事件象徵的「資訊流不對稱」與「開源新聞」，給新聞界帶來道德與專業難題。

第四部先談法國諷刺漫畫《查理周刊》遭遇恐攻，這是伊斯蘭信徒針對歐洲大城發動數波暴力行動的首波。接著記錄英國脫歐這場大地震前夕種種事件，包括卡麥隆總理任內第三度致命公投豪賭，以及二〇一五年自民黨聯合政府告吹。我會側寫幾位重要角色，像是多明尼克．卡明思（Dominic Cummings）、林頓．克羅斯比（Lynton Crosby）、喬治．奧斯本（George Osborne）及卡麥隆，也會記錄英國脫歐公投帶來的震撼與後果，毀了卡麥隆與奧斯本的政治前途。

緊接著是《金融時報》出售內幕，最後由日本日經這匹大黑馬買家勝出，而非外界看好的德國出版巨擘施普林格集團。這一部也會談到我和同仁在本報紐約新聞中心報導川普這場選舉。最後，我收錄一段在利雅德和薩爾曼的罕見私密訪談，側寫這位當時年僅三十歲，卻已注定成為沙烏地阿拉伯最有權勢的領袖與世界富豪。

本報被收購後不久，日經請我「三度」續任總編輯，超過慣例的兩任，也是意外的好處，除了讓我有機會鞏固本報與日經攜手創造的新興全球媒體聯盟（為此我在二〇一五年到二〇一九年間出差東京十四次），也讓我對日本商業、文化與新聞業有獨特洞察。

能夠在這段格外動盪時期擔任總編，歷經英國脫歐、川普執政、美中貿易戰與戰後聯盟體制光澤不再，實為難得。日記除了記錄我對這些事件的思索，也記錄我在泰瑞莎．梅伊（Theresa May）擔任首相期間與她在內的政治人物對談，直到最後鮑里斯．強生（Boris Johnson）繼任首相為止。早在三十年前我在布魯塞爾當《金融時報》記者時就認識強生，和他算是老熟識。

其他掌權者側寫包括：在盧安達基加利採訪總統保羅・卡加米（Paul Kagame）三小時；在香港採訪林鄭月娥；在白宮橢圓辦公室採訪唐納・川普（Donald Trump）（二〇一七年四月）；以及在克林姆林宮與普亭進行罕見訪談（二〇一九年七月），事後上了全球頭條新聞。最後，就在新冠肺炎病例剛出現不久，我到柏林進行卸任前的最後一次採訪，對象是總理梅克爾，替這位舊自由主義秩序最堅定守護者留下政治註腳。隨後不到幾週時間，新冠肺炎便席捲全世界。

套句學者、外交官暨美國外交關係協會主席理察・哈斯（Richard Haass）的話，這起百年難得一見的現象不僅讓二〇〇五至二〇二〇年這段期間備感沉重，原本已經紛亂不堪的世界更是走向難料。因此我試圖在後記評估新冠肺炎帶給人們目前生活的影響，未來又會如何形塑世界。可以肯定的是，艾奇遜的世界已經結束了。他曾經「親歷創世」，我則是「親歷滅世」。

第1部

活在金融時代

二〇〇五年
序幕

十月二十日，週四

大衛．貝爾爵士（Sir David Bell）想要共進午餐。沒有特別要談的事。真的假的？認識他二十年，**總是**會有要談的事。他既是培生集團[1]人事部主任（培生是《金融時報》的母集團），又是《金融時報》常務董事長，呼風喚雨的一號人物。我從來搞不懂箇中學問，大概是指在任，但幾乎不進辦公室吧。既然出現在紐約，想必發生什麼事了。

我們約在一家隱身在第五十三街，叫做雷米的義大利餐廳，位置就在美國大道一三三〇號本報紐約分局對面，摩天大樓頂部鑲著《金融時報》粉紅色招牌標誌，這可是當初一九九九年浩浩蕩蕩插旗曼哈頓、挑戰美國媒體巨鱷的成果。《金融時報》攻占美國實在振奮人心，想當年我們可是沒人看好的黑馬，一心一意追求成功。不過我不太買單請《魔鬼剋星》（*Ghostbusters*）丹．艾克洛德（Dan Aykroyd）在第六大道騎著粉紅機車的行銷手法就是了。

大衛的穿搭依舊老樣子，發皺的深色西裝、白襯衫佩領帶，今天不走好兄弟路線，反而有意客套。他伸出肥胖的手跨過桌子說：「位子是你的了，恭喜！」

《金融時報》總編輯。第一時間尚未會意過來，自己得到世界上新聞界最棒的一份工作，接著想起先父法蘭克，在利茲土生土長，打從十五歲從學校畢業後最想當的就是新聞工作者。他曾經告訴我，新聞業不是一份工作，而是一份志業。《金融時報》也有給我這種感覺。當記者與駐外記者覺得刺激美滿，從未想過要當總編。我連經濟學學位都沒有，有的是新聞造詣。當時我五十歲，心底明白過去記者、新聞編輯與經理資歷讓我水到渠成。我已準備好接下這項重任。

幾週以來變革傳聞不斷。三年來我們損失六千萬英鎊，二〇〇〇年以來廣告收益銳減百分之五十。發行量正在下滑，尤其是在我們的主場英國。自從二〇〇〇至二〇〇一年網路泡沫化以來，生意其實未曾恢復昔日榮景，但我們的新聞本身也有問題，缺乏一致性，品質不再。這對頂尖品牌來說可謂致命。

我倆碰了碰水杯（香檳跑哪兒去了？），咕噥幾句感謝他的話，隨即吃起心愛的香辣義大利通心粉。此時，大衛一臉真心好奇卻又調皮的模樣，向我拋出一個像樣的總編心裡都會有底的問題：「再來呢，你打算怎麼做？」

真是出師不利。

---

1 培生成立於一八四四年，長久以來是一家業務包山包海的企業集團。一九五七年收購《金融時報》時，當時集團業務橫跨營造到企業銀行，後來專注於教育事業。

其實我被任命為總編並非全然意外，只不過之前沒有確定過。早在二〇〇一年，培生公司就曾經跳過我和羅伯特．湯姆森（Robert Thomson）[2]這兩位總編候選人，選中安德魯．高爾斯（Andrew Gowers）[3]出任總編。儘管失望，卻也沒有失望到要一走了之。梅鐸挖走羅伯特去當《泰晤士報》總編的同時，我就從倫敦調到紐約接替他原本在美國分局的執行總編一職，接下來三年半期間力推美國新聞業務，更加體會到現代新聞業得要面對的商業現實面，也更深刻了解募才與留才的挑戰。眼見倫敦總部一再犯錯，實在越來越叫人氣餒。

二〇〇五年夏天，安德魯考量新聞主任（這個職位相當於新聞中心的主播）一個人做太吃重，決定分工。我再也按捺不住，跑到美國大道一三三〇號八樓培生執行長暨《金融時報》社長瑪裘莉．史卡迪諾（Marjorie Scardino）的辦公室，要求見她。

巴伯：「妳得做點改變。」

史卡迪諾：（沉默且神情戒備）

巴伯：「我不在乎妳任命我或任命別人，但妳必須換掉總編……不然這耳根子軟的傢伙會成事不足，敗事有餘。」

儘管瑪裘莉討厭我讓她很為難，但還是感謝（我真心如此認為）我的直言不諱。她說不定覺得我好萊塢電影看太多。從此再也沒有收到任何消息，直到與貝爾爵士共進午餐為止。

十月二十六日，週三

聽從大衛的建議，起草一份繼任總編之後打算發動的全盤變革計畫。重點不只放在表現不佳的專題報導與人事方面幾個關鍵問題，更要綜觀全局。「週期性變動不足以解釋我們苦苦掙扎的原因。網路正在改變整個結構，會大幅改變讀者閱讀習慣，翻轉既有商業模式。」

我列出五項迫切策略：報紙網站同步發展；深化國際讀者群，我們的未來要靠他們；讓報導回歸商業新聞正軌；戮力提供讀者最銳利的金融新聞；以及人事招聘解凍，重新投資員工與人才。

備忘錄結尾寫道：「必須讓《金融時報》更上一層樓，成為權威、可信且獨特的報紙。是時候回歸金本位。」

十月三十一日，週一

參加哈利・艾凡斯（Harry Evans）及蒂娜・布朗（Tina Brown）夫婦鄰近東河中城區薩頓廣場的三拼宅午宴，兩人是紐約媒體圈一對有力拍檔。當年哈利透過「流血星期日」及「沙利度胺」等開創性調查報導，讓《週日泰晤士報》成為世界級報紙。先父在他身邊工作十四年，擔

2 湯姆森從《墨爾本先驅報》傳稿人做起，後來在《金融時報》快速從駐北京記者升上《金融時報週末版》主編與美國執行總編。二○○二年改任《泰晤士報》總編輯，隨後躋身梅鐸王國，成為《華爾街日報》總編輯與新聞集團執行長。

3 高爾斯曾在二○○一至○五年間擔任《金融時報》總編輯，後來轉換公關跑道，任職於雷曼兄弟直到二○○八年公司倒閉為止。接著改為英國石油公司效力，卻碰上深海地平線事故，事後任職於原物料交易商托克。

任「頭版文稿編輯」負責改寫頭條新聞。法蘭克很崇拜哈利。一九七八年我從牛津大學畢業後當記者，父親就是送哈利寫的四本著作給我當禮物，分別介紹編輯、寫作、字體及新聞攝影。我喜歡的一冊叫做《一頁照片》（*Pictures on a Page*），是向鏡頭後方男女攝影師致敬之作。當年搬到紐約後，第一件事就是想辦法弄到一張邀請函到他們夫婦家裡參加新書發表會。擠進他們的優先邀請名單之後，我和老婆維多莉亞就順利成為他們家後花園名流酒會的常客。我盡量黏在哈利身邊，老是希望有一天能夠沾上一點魔法。

哈利想必有許多好想法可以告訴我如何當一個厲害總編輯。但我已發誓要保密，所以只能和同桌兩位當年蒂娜擔任《浮華世界》總編輯時（事後看來，那段是她最好的時光）的撰稿人瓊安・茱麗葉・巴克（Joan Juliet Buck）與維姬・華德（Vicky Ward）聊天。維姬暗示她想替《金融時報》寫專欄，內容是有關紐約上流社會，包括一位名叫傑夫利・艾普斯坦（Jeffrey Epstein）[4]商人的故事。沒聽說過這個人。現在我唯一在意的是順利搭上傍晚飛往倫敦的班機，以及即將被任命為總編。

十一月三日，週四

在離奧德維奇不遠的霍華德飯店暗地打聽，等待確認高爾斯的離任，四十八小時過去，卻遲遲沒有進展。飯店櫃台人員告訴我沒有空房了，於是我打給人在紐約的維多莉亞，她建議我借住在我異卵雙胞胎史蒂芬位在諾丁丘的家，前提是他一個字也不能說。終於，我的黑莓機響了。瑪裘莉說明天會發布正式聲明，客套提到安德魯與培生公司「在發展策略上有歧見」，不得不提前離任。

隔天一大早，到瑪裘莉位於白廳區自宅和她共進早餐，確認內部與外部溝通事宜，以及九點要和本報法國執行長奧利維．福樂洛（Olivier Fleurot）三人一起在一號南華克橋《金融時報》總部來個意外現身。

我們從後門進入大樓，搭著搖搖晃晃的電梯來到二樓，電梯門一開，一名資深記者嚇了一跳，說在總部同時看到我和瑪裘莉及奧利維三個人在一起「頗不尋常」，卻絲毫未感到好奇，這一點著實叫人吃驚。（我心想：等我當上總編你就準備換工作吧。）就在我們加入倉促召集的高層編輯群會議時，內部消息已如野火般傳遍新聞中心：高爾斯即將離任，由我接任新總編。

瑪裘莉以不帶感情的語氣簡短向助理編輯團隊宣布人事異動，刻意輕描淡寫說之前挑錯總編——挑選總編可是社長最重要的決策。現在她押寶在我身上。語畢，不開放提問，便和奧利維離開現場。我瞥了瞥桌子四周，觀察一下氣氛。許多同仁震驚得低頭瞪著長桌，有一兩個人強忍淚水。現場瀰漫著害怕情緒，卻又鬆一口氣，幾個月來的飄浮不定總算有所變化。這就是我打算好好利用的：要讓同仁知道我會牢牢掌控局面，來個天翻地覆的改變，讓《金融時報》重返應有的英媒領導地位。我告訴同仁，這是辦得到的，但改變一定會很痛苦。接著我搭電梯

4　艾普斯坦是紐約金融業者、慈善家與性罪犯。

到一樓新聞中心再度和奧利維會合，在場的還有牛津大學時期橄欖球好球友、時任《金融時報》廣告部主任的班．休斯（Ben Hughes）。

我直覺走進主編輯室，在這裡一共待了七年，擔任最愛的新聞主任，直到當上更愛的總編輯為止。新聞主任相當於「樂團指揮家」，任務在於驅策及引導記者挖出更大條，或寫出更好的新聞。瑪裘莉一宣布人事異動後我就直奔編輯部，其實別有一番用意，我在花了兩週打磨的談話中強調，我們做的任何事情都不應脫離深入且原創性報導。

我宣布，今後《金融時報》的重心是提供優質與全球觀點的新聞。不要把格局做小，只當一份「英國商業新聞報紙」。另外宣布記者要遵守的新規則：以後所有新聞都要找到兩個獨立消息來源。搶先發布新聞固然重要，但更重要的是內容要正確。接著我拉高音量，引述一九五〇年到一九七二年本報最偉大一任總編高登．牛頓爵士（Sir Gordon Newton）的話，重申本報核心任務：以「全世界商業、金融與公共事務決策者或影響決策者」為念。最終我說出新標語：回歸金本位。[5]

現場掌聲十分客氣，幾位同仁前來致意，我既亢奮又認真，同時準備好要安撫後續幾週要借重其長才的人，其中一人是馬克．艾德森（Mark Alderson），這位優秀核稿編輯兼產製記者往後將在本報轉型為完整數位新聞的過程中扮演重要角色。

我告訴他：「別擔心，會很好玩。」

下午打給《華盛頓郵報》傳奇總編班恩．布萊德利（Ben Bradlee）。當年我獲得專門提供給英國潛力年輕記者到該報實習的勞倫斯史騰（Laurence Stern）獎學金，有幸在一九八五年暑期在他身邊見習。此人挺著圓筒胸，散發出異常自信，長相極度俊美，一手將《華盛頓郵報》從一份拾人牙慧的地方小報變成全國必讀大報，更促使尼克森總統因水門案引咎辭職。他和艾凡斯一樣，都是我的人生導師。如今當上《金融時報》總編，兩人成為我看齊的對象：既是傑出新聞人，又是有權有影響力的「第一線」記者。

班恩，有沒有什麼建議可以給我？

他說：「到處走動。」耳熟的沙啞聲因傑森・羅巴茲（Jason Robards）在電影《大陰謀》（*All the President's Men*）裡飾演他的角色而家喻戶曉。

巴伯：還有其他建議嗎？

布萊德利：「卸任總編的那一天，你就曉得誰才是你真正的朋友。」

卸任總編之後生活照常，只是打電話給別人不見得會有人回。

十一月十六日，週三

首次在唐寧街與東尼・布萊爾（Tony Blair）會面。這陣子在讀同事借給我的《局內人》

---

5 這裡談的回歸金本位，指的不是一九七一年以前國內貨幣供給以黃金為本的金本位，而是我在總編任內注重品質的代名詞。

（*The Insider*），這是《每日鏡報》及《世界新聞報》調皮前總編皮爾斯・摩根（Piers Morgan）的日記，我靠它來了解布萊爾這幾年執政。皮爾斯有段期間似乎與布萊爾關係融洽，但有些不倫不類，後來兩人關係因伊拉克戰爭生變。本來我決心要與政府保持距離，但一上任沒幾天，唐寧街就致電要求見面。於是現在就坐在布萊爾對面，陪在他身邊的是年紀約莫中年、專門擋子彈的禿頭公關主任大衛・希爾（Dave Hill）。

巴伯：「感謝首相先生接見。」

布萊爾：「叫我東尼就好。」

巴伯：「沒關係，首相先生。」

布萊爾（很堅持）：「叫我東尼就好……畢竟我們**確實**認識。」

我提醒首相我們只在一九九八年見過一次面，是在英國駐比利時大使位於布魯塞爾的家中。布萊爾看上去有些洩氣。

問起幾天前國會否決政府提案要求容許在不具罪名情形下拘留恐怖分子嫌疑犯九十天，他如何看待這次挫敗。畢竟工黨在國會有六十六席，擁有多數優勢。這是政府在下議院首次吞敗，問題出在哪？布萊爾說，工黨在這八年期間變得「難以管控」。

布萊爾：「工黨有三個陣營：死硬左派及叛逆陣營、新工黨陣營[6]，以及摸不著頭緒的陣營。」

巴伯：「那高登・布朗（Gordon Brown）算哪個陣營？」

布萊爾：「他算新工黨吧。起碼他是這麼說。你最好還是問他。」

沒問題，首相先生。我一有機會就會問。

話鋒一轉，布萊爾談起《金融時報》，問我打算做多大的改革？我第一個反應是，關你屁事。接著回答：以拖待變。《金融時報》有共識型文化，新上任的總編必須如履薄冰。

這位贏得三次大選的新工黨策劃師說：「這樣的話，你會一事無成。」

布萊爾決定入侵伊拉克錯得離譜。但對於《金融時報》與改革的看法則對得不得了。

十一月十八日，週五

泰晤士河景第一排的角落總編辦公室彷彿火車站，人潮川流不息，有人來面試工作，有人來求放他一馬。貝爾建議我請所有助理編輯自提離職，才有空間可以讓我發揮。我覺得有些過分，但事後看來應該這麼做。現在個別與員工談調動與離任事宜，第一位就是高爾斯底下的副總編輯克莉絲緹雅・芙里蘭（Chrystia Freeland）[7]。她同意調去紐約接手我先前的工作，算是一種緩刑。不過她是加拿大人，有機會在北美地區發光發熱。其餘高爾斯的左右手若不接受職

6　新工黨是一個中間偏左、親市場的工黨別稱，在一九九七年睽違十八年後，將布萊爾與布朗主政下的工黨推上執政寶座。二〇一五年大選失利後，柯賓主政下的工黨又回到死硬派的老路線。

7　芙里蘭是個很有衝勁的人，出身加拿大艾伯塔省偏遠的和平河小鎮，後來讀到哈佛與牛津。她先從《金融時報》特約記者做起，後來迅速升上莫斯科分局主任、《金融時報週末版》編輯與副主編。

務調動，就必須離開公司。

頭幾週到幾個月間的人事安排最能夠影響報社走向，讓人成就感十足，情感上卻很疲憊。所幸高層團隊有了雛型。找副手找了一陣子之後，終於找到對的人：本報資深金融編輯暨專欄主筆馬汀·迪克森（Martin Dickson），性情忠厚溫和，又很優秀，樣子很像（短暫）飾演過〇〇七詹姆士龐德角色的提摩西·達頓（Timothy Dalton）。我在一九八五年三月初任菜鳥財經記者時，他是我第一任老闆。他說《金融時報》缺乏方向讓他大失所望，但願意接受新挑戰——但有代價。馬汀確定要當副手，讓我信心大增，尤其是新聞編輯已經在不到十分鐘內挑好，將由羅伯特·希穆斯里（Robert Shrimsley）出任。我在面試羅伯特時要他看一份報紙，點出報紙問題所在。結果他精準抓出問題所在：標題草率、圖說有問題，故事寫得很不精采，於是當場就錄用他。羅伯特正是我心目中的新聞人模樣：執著又切實際的記者，有絕佳幽默感。此人有即戰力，和在全國性報社擔任編輯的傑出老爸安東尼及舅舅柏納德一樣深愛記者這份職業。

布朗致電要求會面，顯然有人通風報信我訪談首相的事。當年在愛丁堡當《蘇格蘭人報》菜鳥記者時就認識布朗，我們的合作關係應該很穩固，前提是我不會變成首相與這位財政大臣（還有其餘內閣）的夾心餅乾，讓自己處境為難。

十一月二十三日，週三

在金融圈獵人頭暨本報「財氣小姐」專欄主筆希瑟·麥克葛雷格（Heather McGregor）的

牽線下，與告我們誹謗的倫敦柯林斯史都華（Collins Stewart）證券商老闆泰瑞．史密斯（Terry Smith）密會，地點在梅費爾區安妮皇后街希瑟的辦公室。多數同仁反對這樁安排，擔心一旦接觸形同暗示我們打算投降。史卡迪諾若知道的話，肯定也會不開心，但現階段我沒有要讓她知道這件事，這主要是編輯事務。上任後第一個週末我就在閱讀相關檔案，發覺這個案子實在令人坐立難安。當初報導都是依據一名後來因行為不當被革職的前任員工的說詞，還預設有些報導內容在法律上站得住腳。結果預設錯誤。史密斯警告我們不要刊登，但我們照登不誤，於是兩年多來往返的法律文件堆積如山，被求償三千七百萬英鎊。史密斯這位百萬富翁分析師出身倫敦東區，讀的是文法學校，閒暇時會打拳擊，熱愛與權貴打小白球。我好奇這位對手會不會因為巴伯的一點魅力有所軟化。

史密斯向我客氣致意，看上去年紀與我相當，西裝配領帶，整齊俐落，穿著並不浮華，反而低調。他聚精會神聽著我的開場白，我主張並抗辯自己是新任總編，這些報導與我無關。但我當然也告訴他，《金融時報》打算要彌補他的一些損失，也會捐獻到他指定的慈善機構，同時會登報致歉，不過啟事文字需要雙方確認。整個過程中，他只有偶爾不滿地咕噥幾下，但我說完之後，他瞪著我說：「說什麼狗屁！」

泰瑞無意與新任總編重談條件，甚至一度自喻為中世紀領主圍攻城堡，城堡內就是《金融時報》記者與培生高層。就算要花上幾天、甚至幾週時間，最終**一定**會讓所有人餓得眼冒金星，俯首稱臣，他將在白旗高掛之刻以勝利者之姿進城。他直視我雙眼，說：「猜我接著要怎麼做，萊奧納。我會他媽的砍下你們的頭，插在旗桿上。」

十二月十二日，週一

出席凱西・紐曼[8]（Cathy Newman）的餞別派對，辦在西敏區的聖史蒂芬酒吧。她的下一站是去第四台（Channel 4）。當年我仍是新聞編輯的時候發覺她是個人才，助她一把獲得《華盛頓郵報》勞倫斯史騰獎學金。她的離去是個損失。軍事記者彼得・史匹格（Peter Spiegel）的離去也是。這個來自美國亞利桑那的王牌記者，是本報當年攻占美國的主力之一，他在我辦公室向我致歉要離任時十分激動。我想要他歸隊。（花了五年時間總算讓他歸隊）這兩個人都是早在我上任前就確定要走了，但對我仍是一記打擊。**不要再介意了，他們不是針對我。**

十二月十六日，週五

福樂洛不斷催促，要我充分利用全新編輯體制，提交整頓新聞中心的計畫。有個不安的傳聞是要引入管理顧問。**我會誓死抵抗。**我向奧利維保證會實施一套有雄心的重組計畫，但不能保證要砍多少人。所以要有人告訴我如何省錢，這方面美林證券執行長史坦・歐尼爾（Stan O’Neal）不正是不二人選嗎？這位美國阿拉巴馬佃農之子，在網路泡沫發生後替美林一年省下七十五億美元支出。

當年我是在紐約與他相識。我們約在他那間眺望哈德遜河的市中心辦公室見面，他給的建議簡單明瞭：不要省辦公室盆栽或出差費這種小錢，「這樣幹只會讓人不爽」。要靠結構性改革才能替組織省下大錢。然後必須聘請一個能夠避擋領導人與執行長批評的避雷針角色，來擔任執行者。

「對了，還有一點，」史坦故作正經地說：「執行者可能會中途陣亡。」

8 紐曼曾任《金融時報》媒體與政治記者，現為第四台新聞主播。

二〇〇六年
泡沫隱憂

一月三日，週二

今後《金融時報》不再只是一份報紙，而是紙本與數位合作無間的「新聞組織」。雖稱不上多有詩意，但這是我在二〇〇六年給自己設定的目標。本報太重紙本，我要生出一套數位轉型計畫，且要讓新聞中心同仁容易理解。關於溝通組織變革這件事，紐約的老朋友暨橄欖球同好霍華德・斯金格爵士[1]（Sir Howard Stringer）曾給我有用的建言：「你可能會以為大家有在聽你說話。並沒有。你必須同一件事情不斷重複說，最後才可能會聽進去。」

柯林斯史都華誹謗案實在太讓人分神，迄今已在梅費爾財氣小姐辦公室與史密斯密會三次，他的立場不退反進，依據希林斯法律事務所的羅德・克莉絲蒂—米勒（Rod Christie-Miller）的建議，要求我們刊登全版道歉啟事，負擔他的支出，賠償金額開到七位數。我告訴他身為新上任的總編，我有我的「選民」（《金融時報》記者）要顧，他卻當著我的面無禮大笑。而且是好幾次，顯然認為這與他無關。

我們自己這邊問題也不小，律師團隊認為走法院途徑有機會勝訴。一名記者被貼上「耳根子軟」的標籤，法律術語是很天真的意思。另一名記者則讀不懂自己寫的筆記。起先很支持我們的保險公司，如今也緊張起來。兩週後就要開庭，培生公司決定介入。其中一位高層語帶善意地說：「《金融時報》敗訴總是會比道歉好。最好還是繼續拚下去。」

論道德立場，我站得住腳，但這實在太過瘋狂。媒體記者已經在福利特街一字排開，準備好要報導（恐將長達）兩週的訴訟案，這等於是審判《金融時報》的新聞報導。隨隨便便一個品管編輯將會對我們的新聞報導與編輯過程開膛剖腹。我決心要讓新聞中心養成卓越文化，但這往後再說。我目前心知肚明，就算我們主張有報導權利（對誹謗案來說，這個理由並不堅強）然後勝訴，史密斯還是會糾纏不休，而且會帶來龐大支出與極度負面形象。

我們只能承認錯誤，進行協商，停損這件事，重建讀者信心。如何說服同仁（與瑪裘莉）則是另一件事，況且還沒和泰瑞就條件與支出方面達成協議。

一月四日，週三

迪克森到我辦公室短暫停留，說HBOS這家成就斐然的英國零售銀行執行長詹姆士・克羅斯比爵士（Sir James Crosby）宣布將在六個月後辭任，由三十八歲英國雜貨公司阿斯達（Asda）前執行長安迪・宏比（Andy Hornby）接任。

1 斯金格是土生土長的威爾斯人，曾任哥倫比亞廣播公司新聞部主任，也是日本電子娛樂大廠索尼第一位非日本人執行長。

四十九歲的克羅斯比於二〇〇一年主導哈里法克斯建設銀行（Halifax building society）與蘇格蘭銀行合併案，成為HBOS銀行，這樁原本乏味的組合宛如施打類固醇般，成為表現極佳的綜合銀行。在他的主導下，融資借貸快速擴張到輕率的地步，後來獲利也倍增。在萬事俱佳的情況下，克羅斯比為何要辭職？馬汀說：「不太合理。」

他說對了！克羅斯比在市場行情最好的時候收山，不論是繼任者宏比或近期才卸任培生董事長的丹尼斯．史蒂文森（Sir Dennis Stevenson）主掌的董事會，都無力應付結局。我們不是刻意不報導，而是因為對這件事好奇心不足，才會錯失新聞。好奇心是記者的重要特質。

HBOS之所以能夠快速成長，乃得益於握有批發銀行市場門路，而非基於消費者儲蓄。後來發生信用緊縮，銀行爆發危機，HBOS在駿懋銀行伸手救援與政府紓困下才度過難關。克羅斯比除了被英格蘭銀行在二〇〇九年的報告中責難外，也被取消爵位資格及部分退休金。

一月十六日，週一

終於塵埃落定。上週末經過激烈的討價還價，外加一堆髒字，總算和史密斯達成協議，不會刊登全版道歉啟事，否則實在太難看。但其餘協議內容非常苦澀，要支付他三十萬英鎊損害賠償及二百二十萬英鎊法律費用。加上我們這邊便宜一些的法律費用，整筆開銷超過四百萬英鎊，所幸保險幾乎可以理賠。另外我們會刊登一則道歉啟事，聲明未曾替本報前員工詹姆士・米道威克（James Middleweek）對柯林斯史都華的相關指控背書。[2]

結果律師團隊稱很失望我們不上法院。開什麼玩笑？司法訴訟向來風險極高，我又是非戰之罪，沒必要不計代價爭口氣。我要在新聞中心開啟高標新氣象，就從任命本公司內部律師做起。[3]我也下令稽查出刊報紙上的更正內容，再三強調往後所有新聞都要找到兩個獨立新聞來源。別再給我草率馬虎，也別再找藉口。這就是掌控，也是總編輯該做的事。

一月十七日，週二

太專注在處理史密斯這件事，全然忘記要到軍情五處與氣勢凌人的愛麗莎・曼寧翰－布勒女爵士（Dame Eliza Manningham-Buller）處長進行首次午宴。搭計程車赴約的路上，我在讀記者同仁吉米・伯恩斯（Jimmy Burns）提供的背景資料，上面寫說自從處長上次前來午宴，說好不公開，結果幾天後發現自己見報，被刊登在「人物動態」，雙方關係就變得緊張。[4]

2 二〇一〇年史密斯成立自己的資產管理公司Fundsmith，搬到模里西斯去住，在家和在《雷神號》船上（名稱取得很好）將事業經營得有聲有色。後來他成為我的好朋友，我們也會一起騎單車。

3 我在總編任內做過最正確的決定之一，就是決定聘用自己專門的律師，後來這位律師就是奈吉爾・漢森（Nigel Hanson）。

這次修補外交關係之行由資深記者史蒂芬．菲德勒（Stephen Fidler）陪同前往，下了計程車發覺周遭環境不太一樣。史蒂芬走到門口，向對方表示《金融時報》與處長午宴有約。

警衛（滿臉困惑）：「跟誰午宴……？」

菲德勒：「愛麗莎．曼寧翰—布勒女爵士。」

警衛：「沒有這個人。」

菲德勒（滿臉困惑）：「怎麼可能。她是處長。」

警衛：「先生，這裡是軍情六處，不是軍情五處。」

當下實在很想開除菲德勒，但約已經要遲到，他也是個能幹記者，就算了。接著我們搭計程車從沃斯豪跨過泰晤士河，來到位於米爾班克的軍情五處總部。

七七倫敦自殺炸彈事件才剛過半年，餘悸猶存。[5]「本土」恐怖分子成為新興現象，不像過去的敵人愛爾蘭革命軍有堅固「可以瞄準打擊」的建築物，這些本土恐怖分子並無固定巢穴。這場午宴讓我深入了解目前威脅層級及國安單位的因應措施，不時會聽到許多縮寫，像是AQ（蓋達組織）、CBN（生化核武）等。我也稍微得知軍情五處資源有些拮据，尤其是全天候監視可疑嫌犯需要耗費大量資源。結束時的感想是，處長恪守專業令人放心，還帶有一點調皮幽默。離去時我發現餐廳外面桌子上悄悄放著一本《私探》（*Private Eye*）雜誌。

二月八日，週三

皇家蘇格蘭銀行的弗瑞德・古德溫爵士（Sir Fred Goodwin）偕同高層團隊前來短暫午宴。這位出身佩斯里的前蘇格蘭特許會計師看起來氣色不太好，人很蒼白，年紀尚輕已有一頭灰髮，然而他卻有堅定決心要將這家銀行打造成為世界最大。

我心裡既敬佩又不可置信，一九八〇年到八一年我在愛丁堡當《蘇格蘭人報》菜鳥記者時，就曾揭發蘇格蘭民族主義者密謀阻擋匯豐銀行併購皇家蘇格蘭銀行（最後確實成功擋下）。[6]這是我當記者以來第一個重大突破。但當我（加油添醋）說自己對蘇格蘭頂尖銀行保持獨立有所貢獻時，古德溫卻是滿臉不在乎的模樣，背誦一長串皇家蘇格蘭銀行的收購案給我聽：國家西敏銀行，再來是一串美國地方銀行，全部支出都砍到見骨，令「碎紙機弗瑞德」綽號不脛而走。[7]

告別時，這位戴著格子呢領帶的銀行泰斗邀請我參觀位於愛丁堡機場附近高戈柏恩的總

4「人物動態」是週六專刊的其中一欄，專門側寫當週的大人物，有時筆鋒尖酸挖苦。偶爾也會用來側寫新聞上的壞蛋。

5 二〇〇五年七月七日發生的倫敦公共運輸炸彈案是英國死傷最慘重的恐怖攻擊事件，一共奪走五十二條人命。

6 一九八〇匯豐銀行一度要對皇家銀行實施惡意收購，遭到蘇格蘭政界人士與英格蘭銀行反對，後來英國主管市場競爭的當局以不符公共利益為由將案子擋下。

7 皇家蘇格蘭銀行在二〇〇〇年以二百二十億英鎊惡意收購規模比自己大上三倍的國民西敏寺銀行後，一度短暫成為全球最大的銀行。二〇〇八年金融危機爆發，納稅人紓困這家銀行的規模也是最大。

部，占地七十八英畝，去年九月由女王開幕。後來我有去參觀總部，與該銀行高層官員會面，但不知何故並未前往一覽弗瑞德辦公室的金地毯及停機坪的私人飛機。

二月二十一日，週二

與英國有權有勢的企業人士修補關係如火如荼進行中。已經敲定與銀行界人士、經紀人及各種倫敦金融圈專業人士進行早餐會及午宴。難的來了：要和英國零售巨擘特易購執行長泰瑞・利希爵士（Sir Terry Leahy）一起午餐。

特易購才剛宣布利希至今職涯最大賭注：支付二・五億美元頭期款用於打入美國連鎖零售市場，並以加州等美國西部州為事業起點。利希希望自己的功業建立在讓特易購轉型為貨真價實全球性公司。這家公司至今已在波蘭、泰國及南韓攻城掠地，但美國這個地方傳統上是英國Mark's & Spencer及WH Smith這類平價零售業者的墳場。何況特易購要面對最強勁的對手：沃爾瑪（Walmart）。

特易購公關暨政府關係部門主任露西・內維爾—洛芙（Lucy Neville-Rolfe）力邀我去一趟他們位在契斯漢的公司總部，從倫敦橋火車站出發車程一小時。我在路上思考屆時該如何應付這位易怒且討厭記者的利物浦人利希。

午宴位在特易購樸實無華的員工自助餐廳，吃的是特易購自家食物。利希先是得意展示一系列即食餐點，隨後試探本報說要做商業報導，是否「來真的」。我不斷問他和貝蘭克梵與戴蒙[8]等人的良好關係，然而他卻無動於衷，態度有些嚇人：語氣柔和，經常沉默，一臉茫然樣。此人深諳最古老的權力把戲，總是在等我主動說話。

回程路上甚感洩氣。以一個傳遞嶄新《金融時報》要傳達訊息的使者來說，我算是成功一半，但以記者角度而言，連一個好記者基本該做到的都做不到：那就是讓受訪對象願意說話。此行沒有獲得多少有關特易購進軍美國市場的資訊或洞見，也對利希的管理風格或接班計畫霧裡看花。給自己備註：以後所有「權勢午宴」都要有線索或故事產生。

特易購以鮮亦便（Fresh & Easy）品牌進軍美國市場，結果以十億英鎊損失災難收場。利希雖然在英國零售業叱吒風雲，卻未安排妥當接班計畫，也低估亞馬遜這類線上零售業者的勢力，拿整間公司押注在美國這場擴張之役，可謂自負。

三月三日，週五

全美最富有金融人士之一貝爾斯登（Bear Stearns）執行長吉米．凱恩（Jimmy Cayne）來訪，在董事會會議室布拉肯廳共進早餐。該廳以現代《金融時報》創始人布拉肯命名，此人出生在愛爾蘭，曾任溫士頓．邱吉爾的參謀。[9]

8 貝蘭克梵為高盛董事長暨執行長（二〇〇六—二〇一八）；戴蒙為摩根大通董事長暨執行長。

布拉肯廳景緻極佳，坐眺緊鄰泰晤士河的舊方哩（old Square Mile）[10]，是接待凱恩這種權貴的理想地點。這位滿臉憂傷的七十二歲老翁因持有貝爾斯登股份坐擁數十億美元身價。當天他對倫敦讚不絕口，食物好，人民好，賺錢的好地方。他很久沒有來到倫敦了，對於今非昔比的景象難以置信。

凱恩是華爾街拚命三郎之一，隨時會注意桌上彭博終端機畫面的貝爾斯登股價。他喜歡的規律是：在辦公室來根雪茄，然後去底特律及拉斯維加斯打幾輪橋牌（他是世界級好手）。早餐時那副無憂無慮模樣，可真不像是平常的他。

事後觀之，凱恩在布拉肯廳的神情無意間透露些訊息。這場信貸派對他來晚了，一年後貝爾斯登宣告破產，成為全球金融危機第一面倒下的骨牌。

三月七日，週二

又到了與本報法國執行長福樂洛固定每週吃早餐的時刻。他的幽默感與做生意有條有理深得我心，且向來力主內容必須收費。他的看法與我不謀而合，不認為「資訊要免費提供」。專欄作家卻經常複誦這種濫調，想要利用網路讓自己獲得更多讀者群，壯大個人聲量，雇主卻沒有得到好處。

我們一致認定最好的方法是建立《金融時報》訂閱制度。目前訂閱人數停在八萬左右，就發行量而言，紙本仍占超過四十萬份，但市場日益萎縮，印刷發行成本又是固定，廣告收入則處於下滑狀態。本報的商業模式已不合時宜，這一點我倆心知肚明，卻無法明言。

奧利維催促我利用新的出版體制來節約支出，而能夠精簡紙本與線上作業流程「嶄新新聞中心」正是我的回應。這項計畫會交給不太有幽默感的英德混血同仁丹・柏格勒（Dan Bogler）來執行。[11]丹會花幾週時間與工會協商，不論如何都要裁掉五十個人，讓記者人數維持在五百出頭，不會強迫裁員，只會「協議離職」。交換條件是要給我預算聘請明星寫手與記者，像是能帶來影響力（我最新的愛字）的《經濟學人》記者吉迪恩・拉赫曼（Gideon Rachman）[12]。內容會驅動價值，而價值則會驅動訂閱量。

看來奧利維很滿意。先前他和前總編高爾斯的關係有些緊張，兩人缺乏互信。我除了誓言要帶動變革外，也要成為奧利維與董事會可靠的夥伴。套句史卡迪諾的話，只要他們別踩我的底線，我們將會是天作之合。

9 布拉肯曾在邱吉爾主政期間擔任資訊部長，是戰時頂尖宣傳好手，據說伊夫林・沃（Evelyn Waugh）就是參考布拉肯創造出《慾望莊園》書中那位傲慢且有活力的人物雷克斯。布拉肯在一九四五年順利促成《金融新聞》與《金融時報》合併。

10 舊方哩是舊倫敦金融區的代名詞，中世紀古巷弄旁聳立著摩天大樓。

11 執行主編柏格勒是新聞中心得力助手，協助我掌管預算及人事。

12 拉赫曼是《金融時報》首席國際事務評論人（二〇〇六年起），也是這一行最多才多藝且兼具幽默感的撰稿人。

四月二十日，週四

挖角《衛報》財經記者保羅・墨菲（Paul Murphy）過來本報是我的「新人新氣象」招聘計畫之一，多年下來他在倫敦市中心餐廳酒館累積不少人脈。起先我請他寫新聞專欄，但他說只對網路新聞感興趣。於是我請他發想網路時代的編輯策略，結果他提供的短箋內容極為傑出。

保羅的便箋後來成為開創性金融部落格「金融時報阿爾發維爾」（FT Alphaville）的基礎，也讓我的思維有極大轉變。過去《金融時報》記者宛如摩西頒給讀者石板，讀者是被動接收，但新聞這個行業日益「民主化」，讀者也能回應。身為專業篩選人與編輯，我們角色仍然重要，但往後將會利用科技提升讀者參與，達到前所未見的地步，不斷讓訂閱數目上升。

四月二十八日，週五

前往羅馬快閃參加艾倫・費利曼（Alan Friedman）[13]五十歲生日派對，這位本報前記者現在在義大利當電視藝人。我們相識二十年，一起追查過新聞事件，像是美國違法販售武器給伊拉克的海珊政權。艾倫有種陰謀論傾向，有時對一些新聞進展看法有些輕率，但人真的很有趣。他那位於朱利亞街壯觀公寓的頂樓私宅走的是二十世紀末頹廢風，遍布巨型藝術作品，家具奢華且色彩繽紛，進出都是俊男美女，人人盡情喝酒。

正在準備盛裝打扮參加晚間活動時，手機響了。是貝爾來電。剛上任時前幾個月，他確實在搭建關係及引導方面對我幫助很大，但每次差一點就要越線。儘管他會聲明「做你覺得該做的」，但總是會接著說：「換作是我的話，當然我不是你……」。今晚大衛在替詹姆士・哈定（James Harding）說項，顯然這次總編換人及倉促的高層人事任命讓哈定感到不安。

哈定是貝爾的門生，人很有魅力，卸任華盛頓特區分局主任後，目前正在放寫書假中。我到底要給他什麼位子？貝爾說詹姆士要的是高階職位，很想當新聞主任。絕無可能。我屬意的人選是希穆斯里，但願意和詹姆士談談。我猜他不想待在《金融時報》了，想繼續向上爬。

沒多久，詹姆士就離開本報，成為《泰晤士報》的財經主編，並於二〇〇七年底升任總編，直到二〇一二年被梅鐸開除。後來他到英國廣播公司（BBC）擔任新聞主任，最後展開名為「陸龜」（Tortoise）的媒體新事業。名稱取得頗怪，畢竟他向來面對人生的態度像是隻兔子。

13　暢銷作家與電視名人費利曼曾任《金融時報》駐米蘭與紐約記者，在義大利腳跨新聞與商業兩條船，有時吃相難看。二〇〇六年後，曾替馬來西亞納吉布（Najib Razak）政府工作，引發爭議。此外也和美國超級說客保羅・馬納福特（Paul Manafort）一同力拱烏克蘭總統亞努科維奇。

五月十二日，週五

中東資深主編盧拉・哈勒芙（Roula Khalaf）要求見我。這陣子以來她始終「策略性沉住氣」，等了六個月總算逮到機會單獨與新任總編談話。盧拉出生在黎巴嫩，深諳政治謀略與生存之道。她問我：「你有什麼計畫？」

嗯，我打算繼續整頓高層人事，但還不告訴妳。確實要多加關注盧拉這個人。

五月十五日，週一

《金融時報》與督導本報的培生公司管理高層出現大洗牌。福樂洛下台，換成本報前亞洲主編暨培生亞洲董事長約翰・瑞丁（John Ridding）接任。我和約翰相識十五年，是合作得來的對象。我對奧利維感到有些遺憾，顯然這次洗牌出乎他的預料。我們都熱愛體育活動，也致力要讓《金融時報》成為全球最受信任的商業新聞組織。是他讓公司止血，穩住這艘船的，他也熱愛在這家他會用法文冠詞稱呼的《金融時報》工作。他之所以會下台，可能與培生公司內部政治脫不了關係。

瑞丁的上級是史卡迪諾的潛力接班人選：羅娜・費爾黑（Rona Fairhead）。羅娜之前是培生公司財務長，如今要擔任「金融時報集團」執行長，一個起死回生的機構，旨在從事收購。我唯一在意的是只要繼續向社長瑪裘莉及新任的瑞丁回報日常事項及預算就好，不須向羅娜報告。這一點我很堅持。

五月十八日，週四

與英格蘭銀行[14]總裁莫文．金恩（Mervyn King）午宴，這是我倆第一次正式相會，由於我們都喜歡板球，所以熟得很快。大理石輝映的銀行裡，總裁身穿倫敦金融圈的正式行頭，即深色西裝配領帶。每到夏天他會身穿法蘭絨，化身為球技精湛的旋轉球左投手，即便人已五十八歲，卻仍老當益壯，可以賞給對手好看。金恩另外一件自豪的事，是會寫常帶有體育隱喻的華麗散文，讓人忘了其實他是不怕批評的知識分子，也是偶爾易怒的傑出經濟學者，曾任教於哈佛、麻省理工學院及倫敦政經學院。過沒多久，這場午宴就變成一場在談當今這個特殊金融時代的家教課。

金恩說，就他這大半輩子所見，中央銀行與政策制定者所面對的最重要挑戰，是通貨膨脹造成的禍害，近年整個世界則經歷「大溫和」（Great Moderation）時期，世界各地產業的勞動力供給因為中國與印度的關係大幅提升，勞力密集商品越來越充足，也更便宜。「中國是在向全世界輸出通貨緊縮。」

這勉強稱得上是新典範，通膨似乎已被遏制。

14 譯者注：即英國中央銀行。

金恩隔著眼鏡調皮地看著我，說：「哪能出現什麼麻煩呢？」

我答不出來。

總裁稍早已經給了答案，認為長期利率下滑，以及愛存錢的國家（中國與德國）和愛花錢的國家（英國與美國）之間的「全球性失衡」會是個問題。[15]

五月三十日，週二

漢克．鮑爾森（Hank Paulson）在乘私人飛機前往華府的路上，打來告知已答應小布希總統接任美國財政部長。六十一歲的鮑爾森是個硬漢及虔誠基督徒，七年來負責經營高盛集團，周末會安排賞鳥行程當作調劑。[16]飛機引擎轟隆作響，很難聽清楚他的沙啞聲音，但我們約定保持聯絡。

鮑爾森改編高盛的傳統格言「當富人與有權人的頂尖客戶」，打算上任美國財長後要利用《金融時報》當作與全球有影響力人士溝通的工具。但這通電話也意味著我獲得接觸權力的管道，未來應該可以去華府見他，在倫敦當他的東道主，或是在電話上和他談事情。事後證明，擁有越來越多像是鮑爾森這種高層人脈（真正的有權人物）對我擔任總編極為重要。

我逐漸了解到，要讓《金融時報》成為一流媒體不只是靠基本功，像是很棒的報導、無畏的深入調查或壯麗的評論，也要靠「站在第一線」，和有權人物會面、吃飯，探聽出整體經濟、金融與政治趨勢。布萊德利當年在華府就是如此，夜夜與參議員、大法官甚至總統滔滔不絕。我不是布萊德利，瑪裘莉也比較像是小一號的凱・葛蘭姆（Kay Graham）。但我認為自己可以當個有影響力的總編，讓有權有勢的人，還有壞蛋，願意關注我，繼而關注《金融時報》。

六月十六日，週五

《英國出版公報》（*UK Press Gazette*）給我的總編期中考評是B級，比《每日電訊報》和《每日鏡報》總編的分數高，且與《獨立報》老將總編賽門・克納（Simon Kelner）同級。《出版公報》除了提到與史密斯和解的支出，也提到我們重現（名目）盈餘。評語是：「萊奧納做事認真，有望減緩頹態，他的老師們對他在新聞中心哈拉的功力印象深刻。」

好消息是《金融時報》不再被視為沒救的產品，壞消息是當了總編八個月來，還沒辦法突顯自己辦報的特色。給自己備註：年底前要來個大條新聞。而且要有影響力。

---

15 二〇〇六年一月十六日於肯特郡艾許佛特的演說。但金恩尚未釐清幾件事之間的關聯：複雜金融工具下的風險延散、「追求收益」及驅使資產價格高漲、利率下滑的貨幣與信用整體擴張。對談過程中絕口不提「銀行業人士」。

16 事後證明，鮑爾森是處理金融危機的絕佳人選，除了擁有市場直覺外，也有管道可以直達中國高層。但他也被批評與高盛走得太近。

六月十九日，週一

馬汀．索羅爵士（Sir Martin Sorrell）總是鍥而不捨，不論在上海或西雅圖，日日夜夜透過電子郵件、簡訊或電話向人進行業務提案，永遠停不下來，始終在替客戶及自己找好處。

索羅在我進《金融時報》沒多久之後就取得電線與塑料產品公司（Wire and Plastic Products）控制股份，藉由多次大膽收購行動將WPP公司打造成為全球最大廣告公司，顯示此人是多麼專心致志追求名望、影響力與財富。《金融時報》現在發起要讓讀者耳目一新、觀點更銳利的新品牌設計活動，他的其中一家廣告公司於是也來湊一腳「選美競賽」，參加評比。索羅認為捨棄《金融時報》的原本口號「少了《金融時報》，無從評論」是瘋狂之舉，但我不這麼認為，覺得原本這個口號既古板又傲慢，用了超過二十年，不適合全球讀者，而增加全球讀者人數正是我決心要在任內達到的目標。

WPP最後沒有得到我們青睞，索羅大為光火，但後來也就接受現實。這幾年來我們的關係處於「若即若離」，會交換媒體圈及政治圈八卦。後來二〇一八年的時候，索羅的人生毀滅，而我則見證這場內爆。

六月二十九日，週四

總編辦公室收到全英草地網球俱樂的凸印邀請函，附上兩張溫布頓網球賽皇家包廂門票。

這算不算是以實物型態收受不當好處？這樣認為就太過分了。我和維多莉亞是資深網球迷，待在紐約的那段期間都會定期去觀看美國公開賽。

維多莉亞很大方地把她的票讓給女兒，當作她的高中畢業禮物。皇家空軍人員在現場迎接我們，陪同上樓享用酒水與午餐。我們四處查看有沒有名人在場，但今年貴賓大多數是企業人士與現任軍隊指揮官，媒體圈只有小貓幾隻。想吃草莓鮮奶油、香檳及巧克力，隨時可點。球賽非常好看，沒在公司上班一點都沒有罪惡感。贈品袋裡還有白巧克力和俱樂部胸針。

皇家包廂邀請函堪稱當年亮點之一，可以利用絕佳賽事場合和人哈拉。只要能夠看到羅傑・費德勒（Roger Federer）站在中央球場，維多莉亞就心滿意足。

七月十四日，週五

為了給《金融時報》「新上色」，我們找人來提案行銷規劃，首先上陣的是倫敦DDB廣告公司。人高馬大、不戴領帶的金髮執行長史蒂芬・伍德弗德（Stephen Woodford）完全不走影集《廣告狂人》路線，個性冷靜，談事情不太帶感情，願意聽人說話。我告訴他《金融時報》不只是要當「英國的財經報紙」（也可以做得更好），而是要當「全球化的報紙」。伍德弗德聽懂了。經過那次開場白，新的行銷口號於焉誕生：「活在金融時代。」

八月七日，週一

阿拉斯加一夕之間發生大新聞，英國石油公司（BP）宣布關閉北美洲最大的普拉德霍灣（Prudhoe Bay）油田，因為主管機關指示檢測後發現油管出現「嚴重腐蝕」。本報駐休士頓記者希拉·麥克納迪（Sheila McNulty）寫道：「三月發生普拉德霍灣有史以來最大漏油事件之後，英國石油公司企圖要讓外界以為純屬個案，而非該油田普遍現象，結果這次油田關閉讓巨擘顏面無光。」

幾個月來希拉從工會那邊的消息來源不斷聽說英國石油公司在美國有安全問題，我們不斷地繞，就是沒辦法生出新聞，過去幾年來太常這樣。我要求希拉全力挖這條新聞，先從該公司在二〇〇五年死十五人、傷約五百人的德克薩斯城煉油廠爆炸案著手。我認為這會是我們二〇〇六年的招牌產經新聞。

九月五日，週二

在紐約住四年後，全家再度搬回倫敦南部的家。我的日常規律已經固定下來，早晨七點十分會有車子載我去南華克橋的《金融時報》總部。最初搭車感覺有些奢華，以前我是騎單車上班，但沒辦法，我要有時間閱讀及事先思考接下來十二到十五小時的工作事項。一到公司我會先去六樓員工餐廳來碗燕麥粥或燕麥麩，配上阿薩姆紅茶，接著一邊讀報，一邊喝卡布奇諾或拿鐵。

到九點半的時候，已經讀完《金融時報》、《華爾街日報》、《泰晤士報》、《衛報》與《每日電訊報》，也上網看過《紐約時報》、《華盛頓郵報》及彭博新聞，這樣就可以準備開十點半的編輯會議，在會議上耍耍嘴皮，決定接下來一天的報導內容。如同當年在《華盛頓郵報》每晚看到布萊德利的做法，我總會找出幾個同仁或幾條新聞稱讚一番，拋出兩三個自己想做的新聞構想，不太會提到競爭這件事。在公開場合發牢騷是會打擊士氣的，私底下則另當別論。

工時長實在很耗體力，發覺要做好工作，必須保持健康。因此每週我會固定上健身房兩次，每次一小時。最重要的是慢跑四公里，給自己設定十八分鐘跑完。若當天該跑而未跑（只會發生在外面玩通宵的時候），我會視為個人疏失。

九月十九日，週二

盛裝出席辦在白廳區國宴廳的美國保險巨擘 AIG 董事會晚宴。當年英國內戰落幕後，查理一世國王在一六四九年一月走上附近的斷頭台。但今晚我要見證一場加冕，而非處決。晚宴由 AIG 總裁暨執行長馬汀．蘇利文（Martin Sullivan）作東，慶祝自己上任超過一年。這位飛黃騰達的老兄出身艾塞克斯，頂著一頭灰髮，前一任總裁是業界傳奇人物莫里斯．葛林柏格（Maurice Greenberg），又稱「漢克」葛林柏格，二〇〇五年因會計醜聞被迫下台。蘇利文來自人壽業，被吹捧成全美最成功的英國企業家。當年我在紐約認識他時，不覺得他是葛林柏格的接班人選，葛林柏格就像是登陸諾曼第猶他海灘的英雄，堅不可摧。蘇利文笑著接受我的祝賀，對於這位老爸在戴根漢福特汽車廠當領班、十六歲就輟學的兒子來說，今晚可謂榮耀至極。

AIG的巔峰時刻也就到此為止。將近兩年後，這家保險業巨擘破產，最終政府以一千八百億美元進行紓困。AIG背後的致命傷在於超過一兆美元的信用衍生合約，當高盛在雷曼兄弟破產後要求追繳數十億美元擔保品時，AIG就破產了。蘇利文畢竟是保險業專家，不是資本市場專家，後來宣稱在事情爆發前對高盛提出的要求一無所知。[17]

九月二十七日至十月八日

剛上任總編時，我要求自己不要出國，不要去紐約探視家人，要待在倫敦好好當個領袖，重建《金融時報》公司的卓越文化。將近一年後，我覺得夠踏實了，可以去印度待個十天。這次出差被一位羨慕又嫉妒的同業稱作是「地方總督查訪行程」，維多莉亞會一塊陪同。日後每年都固定會有這種海外行程，難免會有總編「喧賓奪主」之嫌，所以我對同仁敞開大門，讓這種行程變成是一次與在地記者共事的機會，促進《金融時報》品牌，甚至可望產出很棒的報導。

這是我第一趟印度行程，也是親眼目睹這個次大陸經濟轉型的契機。本報新德里分局主任是鮑里斯．強生的三十五歲弟弟喬．強生（Jo Johnson），優雅有自信，人脈廣，又有雄心壯志，常被外界認為是強生家族中真正的聰明人。[18]

喬安排的行程琳瑯滿目，拜會政商人物及風俗民情行程拿捏恰到好處，會去賽事道七號的總理官邸短暫拜會技術官僚出身的印度總理曼莫罕．辛格（Manmohan Singh），也會去拉賈斯坦參觀泰姬瑪哈陵，逛逛蒙兀兒帝國宮殿，並在齋浦爾過一夜。接著以失和的安巴尼家族兄弟為首，去孟買拜會幾位億萬富翁。

暖身場是與自以為是的財政部長欽當巴朗（P. Chidambaram）會面。出身泰米爾納德的他畢業於哈佛，會面一開始便大力稱讚《金融時報》是全球性財經報紙。他的恭維我欣然收下，卻給他一記回馬槍：「不過部長先生……可惜《金融時報》沒辦法在印度印刷（因為商標爭議）。若能印刷的話，您當天就可以讀到《金融時報》所有新聞。」

面對我這番放肆的回應，欽當巴朗十分從容，對於印度第二季百分之八點九的絕佳經濟成長率非常開心。印度似乎好運連連。

訪談結束後，接著與印度總理會面，感覺稍微不同。辛格是錫克教徒，說話輕聲細語，是劍橋畢業的經濟學家，後來在牛津攻讀博士，也在該校結識本報首席經濟評論人馬汀．沃爾夫（Martin Wolf），兩人成為一輩子好朋友。一九九〇年代辛格在財政部長任內鬆綁計畫經濟，讓印度出現一段穩定經濟成長，如今要針對金融業實施第二輪改革，以便更加支持基礎建設，印度就是弱在基礎建設。但執政黨的左翼人士卻對這次改革喊停。

17 出自二〇一〇年六月七日金融危機調查委員會對蘇利文做的訪談。

18 喬從牛津大學貝里奧學院現代歷史學系畢業，獲得一級榮譽學位。鮑里斯和弟弟同樣就讀貝里奧學院，但獲得二級榮譽學位。

總理滿面祥和地說：「政治是一門講究可能性的藝術，我得概括承受我所身處的局面。〔與黨內左翼同志之間〕確實遭遇困難，但我保有一線希望。畢竟任期還有一半。」

用完晚餐後，與維多莉亞在深夜徒步逛德里舊城區。當初她在倫敦提出這個想法時遭到本公司反對，原因是太危險。今晚我倆還是去了，載我們去的司機脾氣不太好，沉默寡言，只走大馬路。突然間車子停下來，他說安全了，可以下車。

夜晚氤氳，隨處可見有人睡在人行道。司機帶我們去一家他的口袋餐廳，也是少數此時仍然營業的店家。他堅稱食物新鮮美味，但我們沒有太大胃口，只喝茉莉花茶。散步二十五分鐘後，該打道回府了。載我們回飯店的路上，司機指著一處，說幾天前才有個穆斯林被吊死，這時才發現原來他也是穆斯林，難怪只走大馬路，不開進印度教徒貧民區。這在印度可是攸關生死的決定。

在有印度矽谷之稱的班加羅爾待了一天後，搭機前往金融重鎮孟買，這裡是寶來塢影視產業中心，也是印度人口最多的城市。首先映入眼簾的是孟買貧民窟，即凱瑟琳．布（Katherine Boo）在《美好永遠的背後》（*Behind the Beautiful Forevers*）書中化為不朽之地。印度都會貧民區的赤貧現象與商人階級那種赤裸奢華差距實在很不協調，接下來四天感官承受到的衝擊，不論是視覺、嗅覺、味覺與觸覺，令人精神煥發，甚至過於強烈。這輩子從未看過這麼多人。

信實集團是橫跨電信金融服務的大財團，某天早晨我和喬坐上身價億萬的信實集團（Reliance Group）董事長安尼爾．安巴尼（Anil Ambani）的直升機，橫越海灣來到他那蓋得有〇〇七電影風格的企業總部。當直升機左傾飛行時，整座大城的景色映入眼簾，我不安地望著喬，他擺出一副「真糟糕」的模樣，像是在說萬一飛行途中發生不幸意外，他可不負責。

直升機降落停機坪時，身形矮壯的安尼爾．安巴尼已在現場等候。幾個月前在母親的調停下，安尼爾與哥哥穆克什兄弟倆分割父親迪魯巴的財產，迪魯巴以前從事紗線貿易，後來成立信實工業，成為印度最有權力的大亨。安尼爾對於兄弟鬩牆一事三緘其口，但清楚表示財產分配對他比較有利，尤其是因為持有手機電信業的股份。

大錯特錯！安尼爾取得信實集團比較風光的那一部分，但穆克什先是打下工業基礎，接著斥資數十億美元以Jio品牌進軍手機業。安尼爾的帝國逐漸崩解，最後除了被迫低價出售，更被哥哥紓困。我在不同場合上見證他哥哥一路成為全球最富有商人。截至二〇一九年二月，安尼爾身家從五百億美元掉到破產。在這走下坡的過程中，他對幾家印度刊物提告，也告了《金融時報》，理由是負面報導。就在我卸任總編之前，他已撤銷對本報的誹謗告訴。

十月十九日，週四

前往牛津大學辯論社參加辯論，動議題目是「本院認為這個國家的方向由小報主導」。三十年前我還是學生時，牛津大學辯論社是給成功人士與未來有權有勢的人廝混的地方，我們這種稚氣未脫的大學生可是會拜倒在貝娜齊爾・布托（Benazir Bhutto）的石榴裙下。[19]今晚換成是學生歡迎我，各個無不想要藉此替自己履歷增色，建立人脈。這是我人生第一場現場辯論，竟感到有些喘不過氣。

「先生女士們，我不是說話算話的人，而是紙上算話的人。」先用幽默挖苦自己，達到公開場合演說最重要的目的：盡快扣住聽眾心弦。和我站在同一陣線反對這項動議的有天空新聞（Sky News）主播亞當・博爾頓（Adam Boulton）與《獨立報》總編克納。曾任記者暨工會運動人士、現任工黨議員及初級國務員丹尼斯・麥克沙恩（Denis MacShane）則擔任反方。結果是他們輸，我們贏。

布萊爾執政期間，外界普遍認為歷年來英國政府都被《太陽報》及《每日郵報》這類小報綁架，運用竊聽「粑政治人物的糞」的伎倆則尚未東窗事發。事實上，小報發行量下滑已成定局。這項動議另一方面發人省思的是，它預示了十年後「假新聞」的辯論，意味著年輕人對主流媒體失去信心，越來越改從網路收集資訊。

十一月二十二日，週三

英國頂尖時尚零售商博柏利（Burberry）執行長安潔拉・阿倫茨（Angela Ahrendts）希望單獨拜會。幾個月來博柏利的公關顧問布朗史威克不斷煩我們，因為不喜歡本報經常提到所謂的

「俗青」（庸俗的年輕人，chav）之間很流行使用博柏利駝色格紋代表商品。我不知道俗青是什麼意思，後來同仁向我解釋這是指愛名牌、便宜珠寶與足球的一小群人，帶有貶意。

我同情他們，但不想被當成耳根子軟的人。出身美國中西部的阿倫茨是一位優雅女性，陪同她前來的是布朗史威克高層蘇珊・吉克萊斯特（Susan Gilchrist）。個人並不討厭蘇珊，但第三人在場根本是電燈泡。我有些不快，決定要細究俗青這件事。送客的時候阿倫茨問我發生什麼事。我告訴她，我比較想直接和主事者直接溝通，她也允諾未來只會單獨會面，不會有第三人陪同，後來也確實說到做到。

身為總編，向來我會避免讓公關在我與有權人士之間居間協調。偶爾為之也許有助於我和執行長搭上線，能夠幫助我採訪，或是偶爾臭罵別人。貴不在多。阿倫茨讓我對零售業的趨勢與管理多一層認識，後來她改去蘋果公司工作，只有少數人知道她在那裡做什麼。

十二月十一日，週一

到西倫敦參加史黛芬妮・法蘭德斯（Stephanie Flanders）與約翰・阿黎吉（John Arlidge）的

19 貝娜齊爾的父親一九七〇年代曾任巴基斯坦領導人，她本人曾任牛津大學辯論社社長，後來當上這個穆斯林國家的首位女性總理。

年度耶誕派對。今年初試圖把史黛芬妮從英國廣播公司挖角過來，要她負責《金融時報》的新聞評論業務。如果她進來的話，就會像是沃爾夫、約翰．加普（John Gapper）及最新招募進來的海外新聞評論人吉迪恩．拉赫曼那樣，主責本報重要品牌。但她想待在電視新聞業。其實十年前她在本報待過，也是嶄新《金融時報》的不二人選。一整年下來，她是我唯一想召募，但召不進來的對象。

十二月十四日，週四

在馬裘莉的培生總部辦公室與她午宴，這種午宴即將成為每季常態。培生總部位在薩沃飯店旁一棟富具裝飾藝術風格的薛爾梅克斯大樓，別稱河岸街八十號，可眺望泰晤士河。這是我們吐苦水，聊八卦，談個人績效的時刻，餐點千篇一律乏味：沙拉、水果甜點及薄荷茶。上任總編以來的第一年過得飛快，但還是有可圈可點之處。我們已啟動新聞中心的數位轉型，也讓新聞報導變得更銳利，最具代表性的就是深入報導英國石油公司在美國的糟糕工安紀錄。擔任《金融時報》總編是莫大榮幸，我決心要善用在任期間的每一分每一秒。

二〇〇七年
信貸緊縮

「活在金融時代」這句新行銷口號遠比原先設想的還要發人深省。當時全世界正在經歷「威利狼時刻」，大家蜂擁取得便宜信貸，不知道災難即將降臨。[1]信貸取得條件寬鬆造就各種反常行為，不當的法規及估值模型則讓這種行為更顯嚴重。該算的帳不是不算，只是時候未到。

一月十五日，週一

泰特被本報同仁戲稱是「泰特攻勢」[2]，因為她只要抓到一則新聞，就銳不可當。這位劍橋社會人類學博士時常提醒我們，她曾修過一門課是要研究塔吉克的牧羊人。身為本報資本市

1《威利狼與嗶嗶鳥》是樂一通（Looney Tunes）卡通系列的經典作品，出自恰克．瓊斯（Chuck Jones）之手。詭計多端的威利狼是裡面的倒楣反派角色，最有名之處在於每次衝出懸崖要彎腰查看才會跌落山谷。

2 譯按：與越戰期間「新春攻勢」Tet Offensive 諧音。

場主編，她的專長是與一群會用奇特金融工具做交易的「怪咖」打交道，所謂奇特的金融工具，就是運用複雜數學風險模型決定其價值。如今她正在報導信貸市場出現不安態勢。

吉莉安的報導焦點是我未曾聽聞的主題：擔保債權憑證（CDO）。她提到一項引人側目的數據：據信截至二〇〇六年為止，全球信貸市場的擔保債權憑證總額已達二兆五千萬美元之譜，這種金融工具能讓資產（像是房貸）反覆運用，創造新的交易與對沖機會。她解釋：「就像一小撮糖能轉成一大球棉花糖。」

還有一件事情引起我的注意：創立一百五十年的北岩商業銀行一年放貸金額增加百分之二十。這家總部設在紐卡索的建設銀行本來平淡無奇，如今卻大量發行房貸債券。根據吉莉安的報導，北岩銀行在一場辦在梅費爾區飯店的富麗堂皇晚宴上，奪得「最佳金融放貸業者」大獎。這意思顯然是說，他們的募資手段最有創意。

有創意。會用這個字實在耐人尋味。

一月十六日，週二

仍在回味昨晚彼得．摩根（Peter Morgan）在吉爾古德劇院所帶來的劇作《請問總統先生》（Frost/Nixon），這齣戲後來被朗．霍華（Ron Howard）改拍成電影。麥可．辛（Michael Sheen）飾演弗洛斯特非常厲害，法蘭克．藍吉拉（Frank Langella）則把尼克森貼切地演得很陰沉（也很脆弱）。弗洛斯特出色之處在於採訪技巧，很會聽人說話，也有興趣了解對方。這容易被誤認成謙虛。弗洛斯特曾告訴我，他很欣慰戲劇與電影名稱都是取作Frost/Nixon，而非順序顛倒。

一月二十三日至二十七日

前往達沃斯參加一年一度的極致哈拉大會，全球商業、金融與政界菁英雲集。達沃斯人（多半也是男人）長久以來是《金融時報》的天生讀者，這是我第二度以總編身分與會，敲定和全球頂尖銀行業人士會面，首先上場的是雷曼兄弟董事長暨執行長富爾德。

富爾德一九九四年接手公司執行長一職至今，創下華爾街執行長在任期間最久紀錄，挨過多次公司併購、拆分與一九九八年亞洲金融風暴。此人頂著烏黑頭髮、鷹勾鼻，看上去叫人生畏，被人稱作華爾街猩猩其來有自。過去幾次在紐約見到他，幾乎都是好印象，人有禮貌又親切，有一次還答應替奈特—貝格霍特（Knight-Bagehot）研究獎學金主持年度募款晚宴，這是哥倫比亞新聞學院專門提供有段資歷的記者進修的獎學金。

外界認為富爾德的營運沒有問題，但這場辦在貝沃德爾飯店的雷曼兄弟活動感覺有些不對勁，可能是因為我接手的前任總編高爾斯如今搖身一變成為雷曼兄弟海外營運部門的公關長，據點就在倫敦。但也可能是因為富爾德不斷強調金融市場處於大好局面。

聽到私募基金強者黑石集團（Blackstone）共同創辦人蘇世民的談話時，也懷有同樣的不確定感。他辦了一場早餐會，在場都是達官顯要，索羅爵士也在場。史帝夫是位聰明絕頂的企業人士，高中時是跑步健將，很愛不斷與人競爭，今天並無二致，滔滔不絕。對於好得不像話的信貸條件，他沉吟半晌，說：「我的意思是，彷彿幾乎不用還錢⋯⋯」我吃驚地在黑色小筆記本記下史帝夫的話，猜他也清楚這不可能永遠持續下去。一定會有結束的一天。

論壇結束後，我與同仁聊起這件事，一致認為全球正處於信貸泡沫，只是不知何時會破。六月黑石集團公開上市，出售公司百分之十二點三的股份。蘇世民親歷網路泡沫，深知自己需要資本。上市時機抓得剛剛好，恰好就在音樂停止之前。後來他成為翻了不知多少倍的億萬富翁，儘管我們偶爾不合，卻是擔任總編期間最重要的交情之一。

三月十九日，週一

再過幾週，布朗就要接替布萊爾成為首相。上任後要做什麼？他是怎樣的領袖？這些都是《金融時報》讀者想知道的事。幾個月前我派最資深的一位記者尼克・丁明斯（Nick Timmins）去挖布朗過去任官紀錄，將重點放在連續擔任財政大臣將近十年。絡腮鬍白得很快的丁明斯經驗老道，是新聞中心最可靠的記者之一，作風低調，也易被低估。

今天丁明斯幹得太好。他和前內閣辦公室部長暨財政部常任次長安德魯・騰博（Andrew Turnbull）[3]多次訪談中，意外聽到他說布朗擔任財政大臣時如「史達林般殘酷」，對其他內閣同僚「目中無人」，性格像是艾略特詩中那隻犯罪貓「麥卡維弟」，總是有辦法讓別人揹黑鍋。

告訴我騰博還說些什麼？於是丁明斯唸出更多本子上抄錄的話。「這樣手段與目的相稱嗎？這麼做確實會讓財政部更能掌控，但犧牲的卻是政府凝聚力與策略評量。是好是壞見仁見智，但不得不欽佩這種史達林式的殘酷。」這位前官員總結指出，布朗「對人和對同仁的想法十分偏激」。

巴伯：「太棒的故事，他的話都可以刊登吧？」

丁明斯：「他沒有說不能刊登。」

騰博為人正直謹慎，剛好和我都住在南倫敦，還是鄰居。尼克說他認識騰博不只二十年，對方是固定消息來源，提供洞見與評斷，也一開始就清楚告訴對方，新聞目的是要完整報導布朗這個人當官的故事。這番言論出自長期待在布朗身邊的騰博，極具省思意義。

必須刊登這則新聞。

三月二十日，週二

家門外街上停放兩輛衛星轉播車，記者聚集在騰博家門口，維多莉亞擔心這會搞砸兩家之間的鄰居關係，更擔心會影響我們飼養的公貓 Ali G 未來福祉。Ali G 名字來自薩夏・拜倫・柯

---

3 內閣辦公室部長是英國文官體系最高階職位，因一九八〇年代《首相大人》電視劇中虛擬人物亨弗瑞・艾波比的形象深植人心。

恩（Sacha Baron Cohen）的喜劇嘻哈刻板人物。我們不在英國的時候，都是委請騰博大臣替我們照顧Ali G，餵他吃飯，和他聊天。畢竟Ali G是我們家的一分子，為了要讓他能和我們在紐約一起住在公寓四年，特別在他身上「植入晶片」。一身黑毛與白色蓬鬆的胸口，十足像是一襲燕尾服，走在街上引人注目。

早上七點十五分，我潛出大門，坐上隔著一段距離的座車，記者完全不知道這個始作俑者／報社人物正大剌剌地躲在他們面前。到公司路上我在心裡預演接下來會發生的事件，因為這則大條新聞見報後很可能會有人要抓戰犯，我們必須想出一番說詞才行。

為了自己著想，我確實有試圖暗示安德魯會有大條新聞見報，時機卻是在我在葛魯喬俱樂部和金融人士麥克．史賓塞（Michael Spencer）吃晚餐時，聽到對方提示我該這麼做。麥克說的有道理，不應該遲遲不向好鄰居禮貌性知會這件事。不幸的是，安德魯沒接電話。（後來他有來敲我家的門，但我那毛頭小兒子戴希聲稱他沒聽到。）快到午夜時尼克打來，說騰博「極為憤怒」。但隨即補上好消息：「其實你只需要知道一件事，那就是騰博說了五個字：內容是真的。」

出刊後，電視廣播大幅報導，硬是擠下布朗擔任財政部長第十一次、也是最後一次的預算案。這就是有高度影響力的新聞，也是近年來最大的獨家政治新聞。就在預算遞交日的當天，布朗打來。

布朗：「你這週過得挺精采的嘛。」

巴伯：「不是針對你，公事公辦。哪天我們一起喝杯威士忌，我再全部娓娓道來。嗯不對，可能不能全部都說……」

布朗：「你覺得預算案怎麼樣？」

巴伯（看來被放過了）：「我們基本上採支持態度。」

布朗顯然滿意這個答覆，於是感謝許多幫他生出最後一次預算案的公僕同仁，稱呼他們是「同志」，還好這是唯一一次與史達林那件新聞沾上邊的事。

三月二十四日，週六

布朗這則獨家新聞熱度已經下降，是時候和騰博聊聊。我穿過馬路，像個調皮學生一樣被校長召喚到他的書房挨打。六十二歲的安德魯人高馬大，肩膀寬闊，開門後帶我進到客廳。可以看出他依然憤怒異常，稱這則新聞不論對他，對我，或對本報，都殺傷力極大。

第一點我同意。布朗即將繼任總理，掌握大權及人事任命，而騰博一度是國內權力最大的公務員，如今從天堂掉到地獄（至少是一陣子）。有些政府官員可能會認為騰博是被我設局，對我抱持負面觀感，我無所謂。至於最後一點，我全然不同意：布朗叔叔的新聞發人省思，大家開始說《金融時報》是一家犀利媒體。

騰博仍然要求道歉。我試圖展現親切，但不退讓，不過願意和布朗私下談這件事。看來騰博有被安撫，送我到門口時有些懊悔地補了一句：「起碼我不會把你的貓放進微波爐。」

騰博大臣始終是Ali G的好朋友，直到Ali G二〇一八年十一月去世為止，享年十八歲半。騰博也繼續當我的好鄰居，具有商業、經濟與政治銳見。他並不常看《金融時報》。

三月二十七日至四月二日

每當需要給自己加油打氣時，我會到倫敦家中樓下廁所去看一幅裱框相片，那是一九八五年八月三十一日《華盛頓郵報》的頭版畫面，報導南非中央銀行總裁葛哈德・德柯克（Gerhard de Kock）急奔華府力挽國內金融危機。頭版標題寫的是「南非央長無功而返」，一點也不精采，但我不在乎，畢竟是我第一次登上頭版的新聞。

二十五年後的今天首次踏上南非。《每日電訊報》前資深記者艾力克・羅素（Alec Russell）是本報的生力軍，也是我「新人新氣象」招募計畫的一環。艾力克報導過南非在曼德拉解除種族隔離政策後的轉型過程，與執政黨非洲民族議會黨幾乎所有人都有私交。這一週行程我將能觀察艾力克跑新聞，更能深入了解這個重要非洲國家與經濟體。另外還有一件小事，就是週末要去探望女兒法蘭契絲卡，她正在鄰國波札那某個小村落教書，當作一年的壯遊。

艾力克安排一套頂級行程，要在開普敦及約翰尼斯堡與企業菁英會面及晚宴，對象包括昔日工會首腦、今日鉅子希里爾・拉瑪弗薩（Cyril Ramaphosa）。另外會在鑽石礦業奧本海默家族位於卡拉哈里沙漠的茲瓦魯幽靜住所過一夜。最後則是訪談總統塔博・姆貝基（Thabo Mbeki）。

技術官僚出身的姆貝基頭腦冷靜，一九九九年獲選為曼德拉的繼任者，這可不是一件令人稱羨的差事，畢竟「馬迪巴」（Madiba）[4]深具個人魅力與道德權威。如今姆貝基面臨麻煩，內有非洲民族議會黨內副主席雅各布．祖馬（Jacob Zuma）挑起爭端，質疑其領導，外有局勢日漸混亂的鄰國辛巴威，獨裁者穆加比（Mugabe）年紀漸長，每週有上百名難民為了逃離惡性通膨與躲避政府鎮壓，從辛巴威渡過臨波波河湧入南非。我想知道姆貝基打算如何因應這兩種挑戰。

會面安排在涼爽的週一早晨，地點在普瑞托利亞姆貝基的官邸，離約翰尼斯堡車程四十五分鐘。坐落在大片草地的這幢華麗白屋，昔稱自由女神，建於一九四〇年，為開普荷蘭斐式建築風格。種族隔離時代過後，白屋更名為馬蘭巴尼德洛普夫（Mahlamba Ndlopfu），聽加語意為「新曙光」。姆貝基準時受訪，先是客氣詢問我週末在波札那過得如何，接著吩咐人給我們兩位客人送上英國茶。

後續兩小時的訪談讓我們更加了解總統在領導方面的優缺點。就經濟治理面而言，他與財政部長崔佛．馬紐爾（Trevor Manuel）協同合作，十分精明。但對犯罪與公共衛生議題卻視若無睹，尤其是造成黑人群體大量死亡的愛滋病。當他迂迴談到白人憂心犯罪率正在上升時，罕見動怒，認為多半是種族主義陰魂不散在作祟。

「當初實施種族隔離的人說：『用意是要在我們周圍築一道牆，因為我們在這座大陸上身邊有成群黑人，不曉得他們懷有什麼意圖，必須自我保護』……說穿了，恐懼是出於覺得『自

4　譯按：長輩，尤指曼德拉。

己哪一天會被淹沒，會被他們吞噬』。我認為大家接收到的這種犯罪訊息，有些都還是出於這份恐懼。」

談到辛巴威時，姆貝基也動了肝火，但並未直接批評穆加比，更難以置信地認為這位八旬獨裁者哪天會在下台前舉行自由公平選舉。這也難怪，畢竟兩人當年因獨立運動結緣太深。當天下午稍晚時刻，我一邊看著艾力克在住家泳池旁火速寫稿，一邊心想姆貝基施政欠缺曼德拉的個人魅力或道德權威，沒有力量將整個國家帶向和解，也無法讓全世界肅然起敬。

> 南非不需要第二位像「馬迪巴」那般的聖人，姆貝基其實也是稱職的技術官僚，但在政治上就是少了些什麼。說穿了，姆貝基受制於自己過去經驗，參與種族隔離抗爭的地點不在非洲本土，而是在英國大學校園，也沒有像曼德拉蹲二十七年的苦牢。
>
> 南非之所以會在往後十年間急遽衰退，可以從這次訪談看出端倪。姆貝基太輕忽祖馬這個人，結果被對方趕下台，做不成非洲民族議會黨揆。後來祖馬又選上總統，國家遭遇空前貪腐與掏空。姆貝基也過度縱容穆加比，後者直到二〇一七年高齡九十三歲才被迫下台。

四月二十日，週五

華府快閃行程登場。首先是採訪美國國務卿康朵莉莎・萊斯（Condoleezza Rice）。早在她在老布希總統時期任職國家安全會議時就相識，至今快要二十年，當時她是一名蘇聯通。

小布希總統第一任任內，她擔任國家安全顧問，負責在「全球反恐戰爭」與入侵伊拉克戰事折衝協調不同意見，統合政策，經常扮演迪克・錢尼（Dick Cheney）、唐納・倫斯斐（Donald Rumsfeld）及柯林・鮑威爾（Colin Powell）幾頭大象之間的小彈珠。

萊斯出身種族隔離的阿拉巴馬州伯明罕，仕途平順。她在最近剛翻新的國務院辦公室接見我們，室內掛著顯眼的艾奇遜肖像畫，個人認為艾奇遜與詹姆斯・貝克三世（James A. Baker III）是萊斯上任前表現最出色的國務卿。萊斯身穿米色套裝，給人一種鎮定與自律印象，毫不隨性。我問伊朗、伊拉克及北韓問題，答案都中規中矩。我刺激她，問二〇〇五年在開羅那場支持民主的演說還算數嗎？現實主義教主亨利・季辛吉（Henry Kissinger）（剛才在國務院看到他的身影）會贊成她的論點嗎？

萊斯堅稱那次是「我發表過最重要的一場演說」，呼籲胡思尼・穆巴拉克（Hosni Mubarak）舉行「傳統格調埃及選舉」。至於前陣子哈馬斯在巴勒斯坦選舉獲得多數勝利，她則堅持自己支持民意的做法是對的，即便哈馬斯沒有盡到該盡的責任。「總統或執政團隊決不會背棄對中東的信念。我們認為，缺少改革，缺少民主的話，局勢再怎麼穩定也是虛幻，極端主義會繼續滋長。」

我還是沒被說服。選舉背後要靠強而有力的政府制度支撐，否則意義不大。巴勒斯坦境內並非這種狀況。老布希執政時期擔任國家安全顧問，也是萊斯導師的布蘭特・蘇考克洛夫

（Brent Scowcroft），曾在伊拉克戰爭開戰之前告訴我，新保守派企圖將中東打造成「民主花園」實在是異想天開。萊斯不算是新保守派，但在開羅的那次演說即便是善意的，還是推了阿拉伯之春民主運動一把，結果以絕望收場。美國在歐巴馬執政時期既無意在經濟、財務與政治上繼續支持，也沒有能力這麼做，導致埃及與敘利亞等地獨裁復辟。

四月二十一日，週六

一年一度的白宮記者晚宴門票過去炙手可熱，一桌坐八位嘉賓，要價二千五百美元，嘉賓對象也比較偏好有錢、有名與有權人士。近年來越來越多好萊塢名人可以參加，導致聊天內容素質下滑。今晚我主持的活動嘉賓是美國財政部長鮑爾森，人高馬大頭又禿的他，聲音沙啞且結巴，吵雜的晚宴現場很難聽見他在說什麼。晚宴現場唯一靜下來的時刻是期待小布希總統開口酸政敵與媒體。

鮑爾森是眾多從高盛「畢業」後到華府當官的人士之一，官方說詞是「為國家服務」。鮑爾森既富有又是大善人，為了當官出售五億美元高盛股票，沒有理由懷疑他的當官動機，不過酸民可不這麼認為，稱高盛權力網絡為「政盛」（Government Sachs）。

我想了解鮑爾森對世界銀行總裁保羅．伍佛維茲（Paul Wolfowitz）何去何從的看法。伍佛維茲當年被小布希總統提名擔任總裁，是一名新保守主義派國防策士，強烈力主攻打伊拉克，如今卻被外界施壓下台。本報根據兩個消息來源指出，伍佛維茲的女性好友從世銀轉職到國務院時，伍佛維茲下令世銀職員替對方升官及加薪。對此鮑爾森閉口不談，說最重要的兩個人，小布希和副總統錢尼，尚未對外發表看法。我的結論是：鮑爾森希望伍佛維茲下台，但不想動手介入。[5]

晚宴結束後和維多莉亞轉往康州大道，參加克里斯多福・希鈞斯（Christopher Hitchens）辦在十九世紀末落成的懷俄明大樓十二樓住家續攤派對。他的這一「區」夾在氣氛拘謹且華麗的卡洛拉馬使館區與偏波希米亞風格的亞當摩根區之間，亞當摩根區又被他詼諧稱之為「女士風琴」（Madam's Organ）[6]區。

住家占據整層頂樓，可以壯觀欣賞海軍天文台（美國副總統官邸所在地）、英國大使館與不太協調的俄國貿易團辦公地。家中沒有太多家具，因為克里斯多福熱愛建築師設計的原木地板，上面有繁複裝飾。眾多書櫃緊貼白牆，櫃中收納喬治・歐威爾所有真跡（包括在英國廣播公司的開銷），馬塞爾・普魯斯特多數作品也在架上，另外還有詹姆斯・喬伊斯、P. G. 沃德豪斯（P.G. Wodehouse）、伊夫林・沃（Evelyn Waugh）、卡爾・馬克思及伏拉德米・納博科夫的作品。[7]

---

5 伍佛維茲在二〇〇七年五月辭任。世界銀行發聲明指出，相信伍佛維茲行為合乎倫理，對待朋友出於真誠。

6 譯註：Madam's Organ Blues Bar 是華府一家爵士酒吧。Organ Blues 為一九五〇、六〇年代流行的三重奏爵士曲風，會運用風琴演奏。這裡是在玩調換字母遊戲。

7 這些陳設細節是從公共事務有線衛星電視網（C-Span）到希鈞斯家中採訪得知，影片可於 YouTube 網站瀏覽。

一九六〇年代維多莉亞在牛津大學認識早熟的克里斯多福。我則是在任職《華盛頓郵報》期間和他成為朋友（他讀到我寫的愛爾蘭裔美國人的遊說新聞後，邀我共進午餐），後來一九八六年我和維多莉亞回到華府時再度和他連繫上，展開嶄新三方友誼。

克里斯多福手拿琴酒加奎寧汽水，滿面笑容迎接我們。有些賓客是熟面孔，像是調查報導夫妻檔記者安德魯與萊斯莉·柯克本（Andrew and Leslie Cockburn）及各式各樣媒體文人。他的老婆卡蘿·布魯（Carol Blue）則在他身後徘徊。屋內越來越多人，許多權力大人物的到來替現場增色不少，像是美國頂尖外交高手理查·郝爾布魯克（Richard Holbrooke）。克里斯多福還是老樣子，裝成一副驚訝貌，稱重量級貴賓到來實在是蓬蓽生輝。

午夜時屋內擠滿人。克里斯多福緩緩走過來和我聊起伊拉克戰爭，這場戰爭他是支持的，理由是薩達姆·海珊是殘暴獨裁者，這番立場卻惹怒他的自由派朋友。幾杯葡萄酒下肚後，我提到之前和鮑爾森的對話內容，加上我對世界銀行未來的看法。「那則新聞一定要報得成，不能便宜伍佛維茲。」

當時卻渾然不知伍佛維茲就站在我後方，和我一同聊天的所有人樂得要命。

幾天後我和克里斯多福聊到這起醉酒偶遇時，他乾笑說：「很棒的新聞，我想八成是真的。」

四月二十三日，週一

《金融時報》「新上色」的第一天。公關團隊之前建議不要取名為「再設計」，那樣會讓人以為原本的有問題。本來就有問題，但過去是過去，現在是現在。我批示使用新字體與新的頭版編排，新聞小辭典標題要更醒目，「背景」資訊也要更清楚。個人最大亮點是復興《金融時報》的最初格言：「無畏無私。」這就是我的經營立場，《金融時報》是獨立媒體，不會別人說什麼我們就做什麼。撇開支持資本主義與創造財富這一點不會變之外，誰都有可能嚐到我們鞭子的厲害。

> 我在總編任內始終致力於公平公正報導，但這項原則在高度「只論黨派，不論是非」的英國脫歐及川普執政時期，遭到嚴肅考驗。

五月一日，週二

曾將英國石油公司從天然資源業次等生拉拔成優等生的衣冠楚楚石油企業家約翰．布朗（John Browne）突然辭職。他向法院聲請禁令禁止《星期日郵報》報導據稱他四年來多次贈與情人傑夫．謝弗烈（Jeff Chevalier）支票一事，但未獲准。

對《金融時報》而言，這則新聞不好處理。布朗是企業界名人，但他也坦承並未如實交代什麼情況下認識謝弗烈，不是在巴特西公園慢跑時認識，而是透過同志陪侍服務。早在幾個月前我就第一次聽到傳聞說法院禁止報導布朗的同志關係，所以我們什麼也沒寫，但現在這件事已經曝光。這種雙方合意的私人關係，我們到底該寫到多細？該評論嗎？調性要怎麼拿捏才對？

我實在很怕與布朗通話。我們最後搭上線時，他的聲音聽起來極度難過。我安撫他，說他還是這個年代的傑出企業家，不會因此受到影響（我避談幾個月前本報曾經報導英國石油公司的美國工安問題），還正面提到他率領英國石油公司轉型，又首創那句前瞻性十足的行銷標語「超越石油」，可說是預知後續會有氣候變遷爭論。布朗向我致謝，問能提供何種協助。

接下來與其說是訪談，不如說是一段告解。二十分鐘後，我掛上電話，內心十分洩氣。如此一位世界級企業家，在性向上卻要躲躲藏藏，實在令人難過。後來我們刊登一則完整新聞與一則讀者投書，投書由十來位布朗的業界支持者共同署名。希望他哪一天能夠書寫自己的故事。[8]

兩小時之後，發生更大條新聞：梅鐸打算斥資五十億美元收購道瓊，即旗下有《華爾街日報》的金融出版帝國。我們處理這則新聞又更加棘手，因為《華爾街日報》是我們的直接競爭對手，不論對本報或對本報其他對手，像是《紐約時報》或《華盛頓郵報》而言，這種規模合併案都是威脅。梅鐸企圖用大撒錢方式將我們一槍斃命，這招肯定很難不讓主控的班克洛夫特家族心動。

除了這個因素之外，還有一個因素與我個人有關。我的好友馬可斯．布勞奇利（Marcus Brauchli）最近才當上《華爾街日報》執行總編，負責掌管新聞中心。我打給馬可斯時，聽得出來他對梅鐸感到有些不安，我要他別聽信本報前總編、現任《泰晤士報》總編湯姆森胡謅說可以不費吹灰之力，就能保障編輯部獨立性。馬可斯也曉得他在亂講，但總編這個職位是他一路以來夢寐以求的，他也知道《華爾街日報》必須有所改變，梅鐸不會放任不變。他的處境十分艱難。

馬可斯的綽號是火箭，爬上大位是遲早的事。當年他在上海與東京擔任《華爾街日報》駐外記者，對商業金融趨勢觀察敏銳，也很能掌握事物的荒謬，曾經和一群香港人參加目的在促進人民愛國感的活動，待在中國人民解放軍軍營五天，扔擲假手榴彈，練AK-47，最後生出一篇出色專題報導。當他當上《華爾街日報》執行主編時，我覺得身邊兩個好朋友分別掌管全球最頂尖的兩份產經媒體，實在好得沒話說。事實證明確實如此。[9]

五月四日，週五

索羅稱梅鐸一旦入主《華爾街日報》，會把我們活活生吞，會撒錢、挖角，衝著我們而來。但我不這麼認為，認為他會改去對付《紐約時報》。我告訴馬汀：「他肯定會按捺不住要去對付紐約那邊的自由派權貴。《金融時報》頂多是遭受波及。」

8 布朗在二〇一四年出版輕薄小書《玻璃衣櫃》（暫譯，The Glass Closet），坦率回顧在英國石油公司升遷的過程中，有種壓力讓他覺得必須隱藏自己性向。

9 布勞奇利後來當上《華爾街郵報》總編輯，是該報經營權從葛蘭姆家族轉手給亞馬遜的貝佐斯前的最後一任。

結果我說對了，馬汀說錯。梅鐸入主《華爾街日報》後，該報變成更一般性的報紙，增加紐約都會新聞特別版面。重心的轉變對《金融時報》可謂利多，不過挖角我們員工卻讓我們心痛至今。

五月十四日，週一

前往法蘭克福與歐洲央行總裁尚—克勞德・特瑞謝（Jean-Claude Trichet）進行午餐採訪。這位出身技術官僚的法國人，說話立場中性，字句結構嚴謹。自從一九九三年秋天首次和他在布魯塞爾郊區根瓦爾湖畔散步，或在某些歐元會議周邊場合聊天以來，我們陸續有過多次公開或私下訪談，但都沒有套出什麼新聞。

會面約在法蘭克福市中心歐元塔他的三十五樓辦公室，這幢粗獷主義風格建築是歐洲單一貨幣的標誌。特瑞謝衣冠楚楚，身穿深灰西裝配領帶，顏色與漂亮銀髮相呼應。陪同我一起訪談的是本報歐洲央行記者萊夫・艾特金斯（Ralph Atkins），採訪過程十分客氣，但很悶，不論怎麼探問利率及貨幣政策走向，就是被他禮貌性拒答。問到信貸泡沫時，他盡是說些隱晦老掉牙的話，稱自己的基本立場就是要讓歐元當歐洲的支柱，背後潛台詞是單一貨幣是他畢生菁華之作，他可是很在意。

我們錯過特瑞謝訪談那次良機，早知道應該逼問他金融市場上升的壓力，當時誤將重點放在他與法國總統當選人尼可拉斯．薩科吉（Nicolas Sarkozy）的緊張關係。央行總裁是不談政治的，我早該知道這一點。

五月十六日，週三

本報今天刊登一則引人注目的報導，主題在談穆迪、標準普爾及惠譽這三家被外界稱為「金融業大祭司」的信用評等公司。我們的市場線記者團隊再次拋出重要問題：到底能不能相信信評公司能夠正確評估金融商品價值？我們直指一項利益衝突：付錢給信評公司的人是銀行，不是投資人。此外也引述分析人士說法，質疑這些信評公司到底有沒有能力評估像是信用衍生型工具及不動產抵押證券這一類不尋常「結構性金融」產品。最後帶出轟動結論：就算信評給三Ａ，也不見得真的是三Ａ。[10]

個性勇敢無懼、在《週日泰晤士報》擔任「洞見」副刊主編的布魯斯．佩吉（Bruce Page）曾經提到，調查報導只有兩種：「劍指缺陷」或「點名壞人」，而我們這篇文章兩者都做到了。整個信評體系基礎不僅薄弱，且充斥利益衝突。

10　三A是信評機構給的最高信用評級。低評級「次級」房貸被包裝成複雜金融工具，搖身取得高信用評級。理論上認為可以用某些方法排除商品風險，實際上卻錯得離譜。

五月二十三日，週三

詹姆士·梅鐸（James Murdoch）答應與《金融時報》管理高層聊聊，通常這種會議都有點無聊，但小梅鐸是股小清新。四年來他負責經營BSkyB衛星電視，而轉播英超聯盟足球賽事的主要電視台Sky Sports則是旗下金雞母。詹姆士被捧為梅鐸帝國的接班人，但這不見得最符合他的利益。

小梅鐸自詡為數位時代「變革啦啦隊」，演說既明快，又很切題。內容應不應該免費提供？若要免費提供，要提供多少？從衛星電視切換到有線電視，公司要如何管理？「iPod世代」想要「新聞點播」，又最該如何提供他們內容？這些問題都和《金融時報》非常相關，我們有答案嗎？

沒有人真的有答案，但詹姆士·梅鐸問對問題，令我刮目相看。

五月二十八日，週一

老友鮑布·佐立克（Bob Zoellick）可望接替伍佛維茲成為下一任世界銀行總裁。佐立克曾任老布希與小布希高層顧問，當過白宮副幕僚長、美國貿易代表及美國副國務卿。我倆相識二十年，他是我的長期導師，如今準備好要擔任國際金融與公共服務頂尖職位。對他來說是大好消息。對我也是。

六月十四日，週四

布朗晚間六點在唐寧街十一號[11]單獨約見，我猜八成是要談我們報導他施政有史達林風格傾向。

出乎預料的是，好久沒看到他如此開心，從那幅前首相大衛・勞合・喬治（David Lloyd George）的人像畫可以看出端倪。布朗垂涎已久的職位如今總算到手，當初一九九四年布萊爾參選工黨黨魁後獲勝，讓他深感背叛。兩週後他就要入主隔壁唐寧街十號。我想問的是，他準備好了嗎？

布朗一開場就宣示要改革：要打造「嶄新全國共識」，閣員要更多元，政府人員要進行大洗牌，打造唯才是用的「山羊」政府（Government of All the Talents，GOAT）。山羊政府這個縮寫實在不妥，但姑且不談。只見布朗滔滔不絕，細數英國經濟政策、歐洲政策及美國政策。他不打算推動里斯本條約公投，[12]宣稱只是因為反對英國加入歐元區，就被貼上反歐標籤，實在不公。這個嘛，他說得沒錯，《金融時報》如今也是這麼宣稱。

提到改選這件事他很謹慎，說想在政府有一番作為，問題是經濟成長十年，如今正在翻

---

11 唐寧街十一號是財政大臣官邸。由於空間較寬敞，布萊爾與家人改住到十一號，布朗則搬到較小的十號，至今成為慣例。

12 里斯本條約修正並更新一九九二年的馬斯垂克條約內容，於二○○九年生效。疑歐陣營堅稱這是進一步將歐洲帶向聯邦整合。

轉，恐怕他會有志難伸。當他問到《金融時報》關注的重點是什麼，我說是美國經濟和世界經濟，因為「目前情勢大好」。

布朗私下是東岸權貴一分子，自然對美國瞭若指掌。彼得．曼德爾森（Peter Mandelson）曾向我解釋：「布朗不是支持美國，是支持鱈魚角。（Cape Cod）。」

六月十五日，週五

與ITV現任董事長、前任BBC董事長麥可．葛萊德（Michael Grade）在樂彭德拉圖法式餐廳共進午餐。葛萊德的父親是李約爵士（Sir Lew），就是那位愛咬雪茄的厲害節目人。麥可個性有些頑皮，帶有調皮幽默感，詢問許多《華爾街日報》的問題及報紙未來。我稱估計梅鐸會入主《華爾街日報》與道瓊。話題一轉，葛萊德聊起政治，稱估量布朗不會提前改選，但首相也做不久：「這個人不像是布萊爾那樣『會讓你覺得見面很開心』。」

布朗儘管聰明絕頂，缺點是優柔寡斷且易怒。他的脾氣宛如夏季暴雨：烏雲密布，閃電不斷，傾盆大雨，接著雨過天晴，回歸正常。有人認為脾氣這麼差是因為等著做首相等太久了，內心受挫。其他熟人則說只要他不想政治，會是很棒的領袖。

六月十八日，週一

不斷有傳聞稱培生集團打算聯合NBC電視新聞網的東家奇異買下道瓊，《華爾街日報》也有報導。史卡迪諾一直沒回我電話。費爾黑則是莫名激動，摩拳擦掌。若要做這筆交易，勢必要大砍支出，《金融時報》可能要關閉美國分局，《華爾街日報》也要關閉歐洲分局，如此一來我就無望讓《金融時報》變成貨真價實的全球媒體。這計畫不切實際，時候到了我就會說出來（但我不認為真的會走到那一步）。

這股媒體合併與巨資交易風潮再度顯示市面上充斥便宜資金，市場情緒太過亢奮。沃爾夫今天寫了一篇極佳評論，標題是「新資本主義」，認為如今全球處在「二十世紀中葉管理式資本主義轉型為全球金融資本主義」的革命性時期。

馬汀提到許多新興產品如雨後春筍，像是信用衍生性工具及傳統商業金融轉型為交易為主的投資金融。這會構成法規面、社會面與政治面新興挑戰。樂觀人士認為新體系帶來史無前例的效率與穩定，但沃爾夫等悲觀人士不這麼認為。「貨幣條件長期如此優渥，導致巨大風險正在體系中滋長，具體風險無人清楚，且未管控。」

馬汀這篇談「金融缺乏節制」的文章點出市場走到峰頭，用不著一杯拿鐵的錢，就可以從報紙得知全球金融危機成形的一切要素，挺划算的。

六月十九日，週二

赴唐寧街十號進行布萊爾首相任內最後一次訪談，他身穿時髦深色西裝配醒目的粉紅領帶，看起來像是老態搖滾巨星迫不及待要來場告別秀。

老樣子，我們談到共同關注的歐洲議題。我問，里斯本條約批准的勝算有多少？布萊爾分析一遍優缺點、選擇不加入與各種阻礙。他說：「如果搞砸的話，對英國會很不利。」

布萊爾堅稱歐盟立場開始向我們放軟，不會有所謂超級聯邦國家，由布魯塞爾那邊發號施令，而且納入中歐及東歐國家後「聯盟變得更不固定，德法兩國不可能會像以往聯盟規模還小的時候那樣主宰各國。民眾就是沒有認清這一點。」

我同意，但民眾並不在乎歐盟，或者對歐盟一無所知。《每日郵報》與《每日電訊報》不斷主攻歐洲議題，像是外來移民及基本權利法案。布萊爾認為英國在難民等問題上可以選擇不參加，面對非法移民也保有「鍍金緊急煞車踏板」。

聽起來很厲害，但事後證明十分空洞。即便布萊爾在連續兩屆大勝保守黨、如日中天的時候，也說服不了國內媒體或英國民眾相信歐洲方面的「立場正在向我們放軟」。報社總編都不買單，報社社長也對他的魅力攻勢無動於衷。布萊爾告訴我說他一直欣賞梅鐸這個人，覺得梅鐸比其他媒體業主可靠得多。但就歐洲議題而言，「我一點也無法說服他。」

六月二十一日，週四

我在花旗集團的老熟識路易・蘇斯曼（Louis Susman）二〇〇四年曾替約翰・凱瑞（John Kerry）參議員參選總統募得數百萬美元，如今要挺歐巴馬，兩人都曾待過芝加哥。路易還帶來另一條新聞：他叫客戶把所有不重要資產都賣掉，因為私募基金「正在搜刮一切」，市面上充斥便宜資金。他說：「簡直輕而易舉。」

事後看來，這又是一個市場已達顛峰的跡象。

七月八日，週日

參加強納森・鮑威爾（Jonathan Powell）及長期伴侶莎拉・黑姆（Sarah Helm）的婚禮。[13] 在布萊爾的主導下，新工黨如日中天。我和莎拉是在一九八〇年代初期擔任《週日泰晤士報》記者時相識，後來分別擔任華府與布魯塞爾特派員。認識鮑威爾這位幹練外交官則比較晚，此人個性隨和，宛如雷射般銳利聰明。他和布萊爾的婚禮致詞十分華麗，但莎拉致詞時的開場奪走所有人注目：「這段婚姻有三個人：強納森、東尼……和我。」

---

13 鮑威爾在布萊爾首相任內全程擔任幕僚長，也是北愛爾蘭貝爾法斯特協議的共同起草人。後來創辦旨在化解衝突的Inter Mediate公司，歐亞等地多起政府與叛軍談判，皆可見其身影。

七月九日，週一

花旗集團執行長查克．普林斯（Chuck Prince）在日本接受《金融時報》採訪時說了年度金句，甚至是十年金句。花旗是時下私募基金交易背後大金主之一，普林斯否認花旗打算收手。「以資金流動性來看，音樂停止時會有麻煩產生，但只要音樂繼續播，就不能一直坐著，要繼續跳舞，而我們現在還在跳舞。」

普林斯不是叛徒，只是盡其所能說明華爾街眾多銀行的策略，儘管話說得有點太白。這些銀行繼續進行槓桿放貸及「結構化信貸」，如果不這麼做營收就會停止成長，讓從事大肆收購的私募基金這類客戶不開心。華爾街玩的這場遊戲其實很像大風吹，重點不只是要交換椅子，還要來得及找到椅子坐。普林斯忘記這個教訓，沒多久就丟了飯碗。

八月九日，週四

《金融時報》網路新聞今天刊登兩則不安的新聞。法國巴黎銀行下市三檔基金，因為無法確認其價值。這個問題與次級房貸有關。據稱一家不知其名的德國區域銀行也出現麻煩，歐洲央行已出手干預貨幣市場。

布朗政府的財政部長阿利斯泰．達林（Alistair Darling）後來在《千鈞一髮》（*Back*

from the Brink，暫譯）書中透露，當天他在馬約卡度假時讀到《金融時報》這則新聞，發覺大事不妙，金融危機已然產生，但英國銀行看來安然無恙。唉，錯過了一個行銷《金融時報》的大好機會。

九月十三日，週四

現任BBC產經主編、前任本報記者羅伯特．佩斯頓（Robert Peston）挖到天大獨家新聞：北岩商業銀行向英格蘭銀行申請緊急金援，首次顯示這場信貸已經擴及經濟核心領域，金融市場新聞突然占據主流，我們的主場來了。

九月十四日，週五

布朗下令紓困北岩銀行。這下子英國納稅人麻煩了，要幫忙支付數十億英鎊，民眾對於金融業如此不負責任怒不可遏。本報評論人加普提醒讀者，經濟維持開放必然會有風險。

「八月這場金融震撼登場之前，低利率與昂貴原物料及不動產價格，共同推升大量全球資金流動性，其中許多資金流入英國，當中包括企業投資，中東俄羅斯有錢人也購買房地產。只要連鎖反應沒有中斷，不論是北岩銀行、投資銀行，乃至政府官員與主管機關，都充分享受到連鎖反應的好處。」

「情況突然變差時，原本沐浴在熱錢之中的英國人反過來責怪外國人，其實說不過去。一九九七年亞洲金融風暴發生時，某些亞洲國家政府便是如此責怪外國人，不僅難看，也不合理。英鎊與房價增值造成英國人自信心膨脹到不自然的地步，總有一天會要面臨修正。」

九月二十三日至二十五日

工黨在伯恩茅斯召開黨內會議，選舉熱潮不斷，南岸下起小雨也澆不熄。週日與約翰・哈頓（John Hutton）共進晚餐，這位力挺布萊爾的商務大臣，竟也在布朗內閣中存活下來。他還是第一次世界大戰的死忠迷，最近剛寫完一本叫《奇金納的手下》（*Kitchener's Men*，暫譯）的書稿，內容在談第一次世界大戰期間國王在法國的皇家兵團歷史。哈頓力主提前舉行大選，「保守黨現在是一盤散沙……民氣可用，不提前大選的話，還在等什麼呢？早一點舉辦，豁出去。」

隔日我們與布朗的親信艾德・鮑斯（Ed Balls）會面，曾在《金融時報》工作的他，如今是內閣一員，擔任教育與家庭大臣。此人的幽默風格挺冒失（是個很粗魯的足球前鋒，也是諾里奇市足球隊粉絲），腦筋卻是一流，不愧是經過牛津與哈佛大學的訓練。他捉弄我們，不說選舉要辦在何時，只說寧願延後到五月再舉行，這樣布朗可以做出一點成績，工黨也能擬定適當政策。但又說提前大選可以有新民意替他的改革背書。

含糊不清實在讓人抓狂，顯見布朗的優柔寡斷。但鮑斯倒是透露一項重要訊息，說英格蘭銀行總裁金恩決定未來都不紓困銀行「走得太前面了」。

「道德風險」——即獎勵壞行為——這個議題日後會掀起嚴肅爭論。金恩認為弗瑞德．古德溫等銀行界人士行為太過冒進，若要紓困就必須付出代價，不論是財務代價或其他形式代價。政府雖然認同金恩，卻擔心外界會認為政府反商。這些銀行界人士依舊不知悔改。

十月十日，週三

「《金融時報》午餐訪談」（Lunch with the FT）的企劃看似簡單，實則不然。企劃內容是與名人吃美食，聊聊天兼做採訪，座上賓包括總統、劇作家、企業鉅子、影星，以及偶爾會遇見的怪人。今天的來賓曾是英國小說界的奇才壞小子：馬丁．艾米斯（Martin Amis），地點約在櫻草丘演藝界金主常聚集的奧德特餐廳，離艾米斯家很近。

約會有點遲到，稍早花了四十五分鐘在上議院特別委員會接受輕微拷問，主題是關於媒體所有權，但沒有太多洞見。艾米斯身穿黑色西裝背心，人長得削瘦，看得出來等得不耐煩，一言不語盯著菜單好幾分鐘。最後總算開口時，他說：「這菜單怎麼那麼多豬肉。」

我們的談話內容有點像是霰彈槍，聊了一些他和馬克思主義英國文學教授泰瑞．伊格頓（Terry Eagleton）長期不合的事，伊格頓指控艾米斯患有伊斯蘭恐懼症，艾米斯油嘴滑舌予以否認。我問起他老爸金斯利，他說「老爸不是監考官，個性散漫溫柔又體貼，很棒。」最後他匆匆談到與希鈞斯的深厚友誼，可以追溯到兩人在《新政治家》（*New Statesman*）共事的年代，以及一九七〇年代在倫敦的「下波西米亞淫亂生活」。

通常寫「《金融時報》午餐訪談」稿子很愉快，不過這次例外，真是敗給他那大槌般的乏味談話。文稿經過多次改寫之後，總算將兩千字專題交出去給編輯，深知寫得沒有很到位。文章刊出之後，我寫信給希鈞斯討點讚賞，他很客氣，卻對問題不置可否。寫得不賴，但你沒抓到馬汀的幽默感。有趣的是，我二十多歲時讀他寫的《金錢》（*Money*）可是笑開懷，親眼見到本人時卻讓我笑不太出來。給自己備註：有任何疑慮的話，相信直覺肯定不會錯。

十月三十一日至十一月三日

向你坦承一個祕密：我是想成為新媒體人的老派媒體人。對於出身紙媒的我來說，挑戰不只在於科技層面，更需轉換心態，要有意願接納協作、破壞、參與及維基百科這種開放原始碼資訊。這種感覺既暢快又可怕。而最能夠教人學習適應的地方，非矽谷這個數位革命誕生地莫屬。

我們這一行在培生集團內算是高利潤、重文字的教育事業，對於主事者瑪裘莉・史卡迪諾而言也是挑戰，今年她選擇在谷歌總部所在地山景城召開培生集團與《金融時報》管理高層的年度狂歡大會，又稱「布萊頓」會議。往後兩天大家會走進行動網路的世界，認識迅速匯流的科技與極速散播的行動應用程式。

打頭陣上場簡報的是三十二歲金髮女郎瑪麗莎・梅爾（Marissa Mayer），她是第二十位加入谷歌的員工，谷歌所向披靡的搜尋引擎就是由這位明星軟體工程師開發。簡報時滿嘴口號，像是「早點推，速速推」、「創新優於完美」，以及注重「使用者、使用者、使用者」，儘管帶有億萬富翁的自信及破解密碼的篤定感，卻也保有一種孩子般的天真，最經典的就是不經意說出「資料無關政治」這種話。個性頑強實際的谷歌執行長艾瑞克．施密特（Eric Schmidt）也是滿嘴這類口號，聽起來頗為刺耳，他在現場上百名出版業管理高層面前談到谷歌立志要整合全球資訊時沉吟半晌，說「著作權法很奇怪」。拜託。

這次谷歌訓練營讓我更加堅信《金融時報》得加快數位轉型。儘管學不太來矽谷那種想幹嘛就可以幹嘛的文化，仍有許多可以借鏡之處。谷歌也不是十全十美，像是梅爾這種軟體工程師都活在自己的虛擬世界，以為應由他們來制訂規則（最好是靠演算法）而非政府，種下日後衝突的肇因。

十一月二十三日，週五

泰特再度寫了一篇有先知卓見的專欄文章，指出波斯灣一帶投資人準備要進入美國信貸市場當救火隊。油價漲到一桶一百美元，波斯灣投資人滿手現金，正是大撈拮据窘困資產的好時機。

隨著西方國家銀行財務上捉襟見肘，轉向卡達、阿拉伯聯合大公國與中國請求金援時，意味著全球進入金融危機新階段。巴克萊銀行不向政府求援，改拿中東資金，事後證明是災難之舉。

十一月二十九日，週四

古德溫爵士強顏歡笑向我致意。不過才幾週之前，他還是全球銀行業翹楚，與幾家公司大膽合資擊敗對手巴克萊銀行，吃下荷蘭銀行。如今信貸市場緊縮，走路不再有風。

我們約在主教門街二八〇號皇家蘇格蘭銀行倫敦辦公室單獨午餐，靠近利物浦街車站。古德溫明確表示皇家蘇格蘭銀行在市場上取得信貸無虞。儘管我聽到的不是那麼一回事，但他堅稱銀行資本適足性很夠。明明已經被逼到絕境，還在否認。

十二月四日，週二

斯諾登勳爵（Lord Snowdon）邀請我和一群英國大報總編輯合影留念，要刊登在《浮華世界》雜誌上。我身穿深色西裝、藍色襯衫配橘色領帶（我愛的菲拉格慕Ferragamo」），脖子打上博柏利執行長阿倫茨贈送的生日禮物圍巾，很有禮貌提前抵達這位人像攝影師位在赫爾本區的工作室。七十七歲的斯諾登前來致意，看上去保養有方，目光炯炯，不愧當年能夠擄獲二八年華瑪格麗特公主的芳心。還是其實剛好相反？

攝影時間訂於午後二時半，總編們魚貫慢慢抵達，總計十一位中年白人男性加上一名女性：《星期日鏡報》總編蒂娜．魏佛（Tina Weaver）。《衛報》的艾倫．羅斯布里奇（Alan Rusbridger）慣性遲到，有些蓬頭垢面。至於當報社總編當最久的保羅．達克爾（Paul Dacre）則未現身。

達克爾行事低調，我決心哪一天要見見這位讓同仁與政治人物敬畏的灰暗性情總編。

大家合照的時候我不要臉地偷渡一份《金融時報》企圖入鏡，斯諾登客氣請我拿開。他又喊了幾次「西瓜甜不甜」，做了幾次調整，總算高喊滿意。

這次合影見證了權力消退，有些總編輯不久之後被革職、被調職或捲入小報竊聽醜聞。我家樓下廁所牆上掛有一幀合照，僅供私人觀賞。

十二月十七日，週一

拿到霍華德．戴維斯（Howard Davies）寫的評論樣稿，內容在談金融管制的未來，概述金融危機相關重點問題，非常精采。說不定他正在藉此爭取下一屆英格蘭銀行總裁職位，接替現任的金恩。[14]

14　戴維斯爵士曾任倫敦政經學院院長（二〇〇三至二〇一一）。更早之前曾任英國金融主管機關「金融服務管理局」（現已廢除）局長。

戴維斯提出種種唐突問題，質疑艾倫・葛林斯潘（Alan Greenspan）及聯準會是否助長網路危機與九一一恐攻事件以降的信貸泡沫現象。他也質疑其他國家央行是否屬於事後從犯？更直指北岩銀行事件顯示英國法規體系出現漏洞，尤其是銀行監管自外於英格蘭銀行。最後他質疑這場危機是否表示金融市場過度自由化，這套英美模式是否存在重大缺陷？

對《金融時報》而言，這些都是重要問題，攸關二十一世紀金融資本主義。我接任總編時曾經允諾要讓商業與金融核心本業回歸金本位，如今則是一個契機，讓我們以權威及有力論述在新聞上甩開競爭對手。這是我們名揚全球的好機會。也是我的好機會。

第2部

全球墜落谷底

二〇〇八年 雷曼倒閉

二〇〇八年九月中旬雷曼兄弟（Lehman Brothers）倒閉、慘劇降臨以前，這場金融危機就像烏雲密布，感覺不祥，卻不明顯。信貸市場緊縮，金融體系嘎吱作響，信心緩慢蒸發。這對總編而言實在是兩難，言過其實恐怕會引來責難，說我們在助長投機，最終導致恐慌，低調處理卻也會被當成未善盡職守，沒有好好報導我們這一行兩個世代以來最重大的新聞。

銀行界、政界與技術官僚等權力要角不斷堅稱危機可控，尤其在危機震央的英國與美國更是如此。從我造訪歐洲大陸、俄羅斯與中國的經驗來看，多國認為金融危機屬於英美問題，覺得自己相對受到屏障保護。這固然是誤判，但程度比不上我不時在倫敦與紐約所見到的自欺欺人。

一月九日，週三

感謝奧斯本讓我有機會和大衛・卡麥隆（David Cameron）及莎曼珊・卡麥隆（Samantha

Cameron）夫婦一家共進晚餐。前往他們位於西倫敦的家途中，喬治傳來訊息，稱這位女王陛下反對黨黨魁期待與我及維多莉亞相會，但僅止於「認識認識」的場合，不談國內政治。

若「大衛」覺得邀請記者到家裡作客會很不自在，何必邀請呢？頭十五分鐘大家試圖閒聊，我不時嘟著嘴。外燴食物疑似是火雞，並不美味。最終聊到歐巴馬從默默無聞到崛起的過程，看來還是可以聊政治，只要是美國政治即可。我向卡麥隆提到大金主告訴我打算挺歐巴馬時，他的耳朵豎了起來。

歐巴馬在愛荷華州黨團初選勝出，能否繼續乘勝追擊？贏得了希拉蕊・柯林頓嗎？美國人準備好讓黑人當總統了嗎？

我認為歐巴馬有勝算，他具有領袖魅力（二〇〇四年在波士頓召開的全美民主黨大會，歐巴馬發表那場職涯關鍵演說，呼籲放下兩黨對立，當時我人在現場）。從愛荷華的黨團初選可以看出，歐巴馬各方面都比希拉蕊更有組織。希拉蕊的競選團隊幹部多數時候既自大又吹牛，洋洋得意。究竟老公比爾（這隻趴在門廊上的大狗）有什麼作用，實在難以參透。希拉蕊的競選口號說穿了不過就是「輪到我上陣了」。

卡麥隆這位政客聽得入神，要他討論政策似乎興趣缺缺，卻拚命想知道如何打贏選戰。

二月十九日，週二

高調寫了一份投書給《衛報》總編輯，埋怨上次波莉・湯恩比（Polly Toynbee）在專欄上稱我們那則不在籍外國人士避稅[1]報導是挑惹爭端、虛假不實、沒有引據、未經查證且不足為信。瑪裘莉傳來一張字跡潦草的紙條，質問我為什麼要上鉤。

這是我這輩子最後一次向其他報社總編投書。相較之下，我從資深投書編輯希瑟．大衛森（Heather Davidson）那邊發現，別人給《金融時報》編輯的投書多半有趣多了。

二月二十八日，週四

荷西．曼努爾．巴洛索（José Manuel Barroso）向老朋友般招呼我（其實我們不算認識，但顯然我的名字在歐元圈有一定知名度）。這位葡萄牙籍歐盟執委會主席身材矮壯，蓬鬆的黑髮摻有幾絲灰，西裝剪裁完美，搭配藍襯衫及領帶，比起前任主席雅克．德洛（Jacques Delors）脾氣好多了，德洛那位患坐骨神經痛的哲人王凡是覺得提問人無知或無禮時，可是會大發雷霆，有一次對我揮舞拐杖，連珠炮似地用法文飆罵我。相較之下，英語流利的巴洛索和藹許多，儘管英語帶著濃厚葡萄牙腔調。

這次來布魯塞爾要提兩個問題：若這場金融危機的主因是管制失當，接下來立法機關有何打算？其次，情況會變得多糟糕？巴洛索一面怪罪銀行在市面上兜售與債有關的複雜商品，尤其是不動產抵押證券，一面怪罪風險模型運用欠佳，也就是在怪信評機構。他告訴我：「**不能**什麼事都靠數學模型。」但他也很清楚資本自由流動有其好處，故對於實施新管制措施態度十分謹慎。「我們企圖避免管制，但不排除祭出管制。」

至於情況會變得多糟糕則很難說，有傳言稱西班牙已向歐洲央行求援，歐洲經濟動能也正在趨緩。但巴洛索等人似乎認為歐元能夠提供保障，讓歐洲免於陷入金融混亂，可以和美國「脫鉤」。[2]

二〇〇〇年到二〇〇一年網路泡沫化後，我也一度向所羅門美邦公司（Salomon Smith Barney）的國際諮詢委員會提出這種「脫鉤」論點，當時諮委會的主席是曾任美國財政部長的鮑布．魯賓（Bob Rubin）。簡報結束後，魯賓向我道謝，接著說：「我覺得你百分之百說錯。」隨即停頓一下，說：「不好意思，萊奧納，這樣說實在太沒禮貌：是百分之九十九說錯才對。」

三月五日至七日

羅伯特．迪倫施耐德（Robert Dilenschneider）是個年過六旬、頭髮灰白的公關人，體型過

1 達林企圖改革定居英國國內「不在籍」外國人士的稅務規定。本報支持彌補漏洞，但批評決策一蹋糊塗。

2 巴洛索從歐盟執委會卸任兩年後，在二〇一六年當上高盛國際董事長，接替前任的彼得．蘇特蘭（Peter Sutherland）。蘇特蘭曾在歐盟執委會掌管競爭與貿易政策。

重宛如一頭大熊，辦公室位於曼哈頓中城區，緊鄰大都會人壽大樓。羅伯特是我的大粉絲，總是用第三人稱對我說話，像是：「巴伯應該這麼做，巴伯應該那樣做。」瑪裘莉說她不信任鮑布，[3]要我與他保持距離。但他是很寶貴的市場消息來源，也能替我們注意本報紐約分局主任芙里蘭的一舉一動。今天鮑布捎來的消息可以用噴發二字形容。

貝爾斯登「要出售了」，凱恩「輸了一大筆錢」，讓操盤人很不滿。摩根士丹利的約翰·麥克（John Mack）陷入麻煩，花旗集團的韋克蘭·潘迪（Vikram Pandit）則是苦苦掙扎。美國銀行業將有一波整合潮。這真是不可多得的資訊，但要如何寫成新聞，又不會被指控說是在助長恐慌？

首站來到雷曼兄弟會見富爾德，這隻華爾街猩猩身穿漿白襯衫，沒穿西裝外套，雙眼瞪大地看著我。（我大膽問他收支平衡狀況、不動產抵押證券與其他像是對沖基金等「交易對手」對其銀行的曝險程度。）

富爾德指著我的臉說：「我手上有一千億美元擔保可以動用，對沖基金如同狗一般任憑我們鞭策使喚。」

今年富爾德在達沃斯一間疑似用鼬毛裝飾牆面的旅館和我共進午餐時，曾允諾要「了結一些投資」。大意是說：我會更有責任一點。雷曼兄弟賭不動產價格會持續攀升，故不斷重押不動產投資，後來又涉入更大、風險更高的不動產相關交易遊戲。這就是新版本的冤大頭理論，即不論證券是否價值高估，人們可以靠買進賣出來賺錢，賭的就是會有更大的冤大頭願意以更高價格購入。富爾德不是冤大頭，只是變得貪婪，如今想靠聯準會降低利率來助自己一臂之力。他說：「聯準會實在是後知後覺。」

離去前我問富爾德如何看待公司預計會在第二季出現虧損，自己卻又能坐領超過一億美元高薪這件事。他對我破口大罵。從此就吃閉門羹。

隔天早上與焦頭爛額的摩根士丹利執行長麥克共進早餐。不出我所料，他證實情況遠比大家說的還要糟糕。麥克用老家北卡羅萊納悅耳腔調說，去年夏天信貸成長到達顛峰宛如「高潮」，如今則是高潮後的低潮。他稱：「現在是十家長期資本管理公司（LTCM）的程度。」聽起來很不祥，長期資本管理公司是一家在康州格林威治從事高槓桿的對沖基金，正好在十年前被華爾街銀行紓困。[4]

曾任高盛高階主管的美林證券執行長約翰．塞恩（John Thain）證實金融市場狀況令人不安。我與塞恩相識十年，他在擔任現職以前是紐約證交所執行長。陪同他的是新上任公關主任

3　按：羅伯特小名。
4　長期資本管理公司由一群榮獲諾貝爾獎的經濟學家創立，也是一九九八年聯準會委請華爾街銀行進行紓困的對象，以免倒閉引發風波，也是所謂「大到不能倒」信條的先驅。

瑪格麗特．塔特懷勒（Margaret Tutwiler），出身阿拉巴馬州，曾任美國財政部長及國務卿詹姆士貝克三世的資深助理。塔特懷勒早餐專門吃記者，午餐和晚餐也是。瘦小結實的塞恩，精力旺盛到讓人不安，聘用她當公關是個聰明決定。塞恩認為目前危機是「信心危機」，不是「流動性危機」，聯準會的貨幣政策於事無補，至於鮑爾森（他在高盛時期的前老闆）主政下的美國財政部則不夠積極。塞恩說：「現在局面就是傳輸系統不靈。」

高盛的貝蘭克梵則是盼望有好結局，但也會為最糟糕情況做打算。他在布魯克林長大，老爸是郵局雇員，住的是社會住宅，上的是放牛學校，憑藉聰明才智讀到哈佛法學院，畢業後一度從事稀有金屬交易。每次提到人生態度總是語帶諷刺，拐彎抹角，時常以古諷今。他很愛提醒同事：殷鑑不遠矣。

今天他用《聖經》說明目前金融市場狀況。「現在就像是大洪水來臨前的三天大雨，狀況很糟，但還可能更糟。」未明言的是，沒有人能夠在第三天猜得到第四十天會發生什麼事，大家都關注當下的大雨，結果又過了三十七天，挪亞將發現全世界面目全非。

高盛的做法與雷曼兄弟不同，反而積極從事空頭與多頭避險。結果我漏了這條新聞，只看到樹，沒看到林。投資客與操盤人不再相信主要銀行資產負債表上的資產價值。銀行在沒有坦白吐實之前，買賣不會如常進行。這個問題又因過度借貸變得更加複雜，也就是槓桿。

三月十四日，週五

貝爾斯登玩完了，聯準會紐約分行出手介入，挹注二百五十億美元貸款，很快貝爾斯登就會變成摩根大通的囊中物。貝爾斯登從一九二九年股市大崩盤以來，每次金融危機都安然過關。大家都知道這家公司狀況不好，但得知倒閉時仍然不免吃驚。本報經濟專欄主評論人加普如此刻劃這歷史性一刻：「美國版北岩銀行事件正在上演。」

三月十六日，週日

可喜可賀，有大人物上鉤參與這場金融危機的辯論。前聯準會主席葛林斯潘認為當初建置風險模擬有欠周延，對此他有些難辭其咎。他估計這次將會是二戰以來最痛苦的一次金融危機，房地產價格會跌，流動性會加速。不過葛林斯潘將這筆帳算在人性頭上，而不是聯準會的低廉貨幣政策。所謂人性，凱恩斯稱之為「動物本能」，其實就是貪婪。文末，葛林斯潘提出嚴肅預測：「這種亢奮期若如我強烈所認為，來了就難以抑制的話，則要等到這場投機狂熱自行散去，亢奮才會消退。」

三月十七日至二十三日

蘇聯垮台後第一次造訪莫斯科，帶著沒去過俄羅斯的維多莉亞作伴，讓她擔任共同大使。首站是離莫斯科車程三小時的俄羅斯中世紀舊都弗拉迪米爾。導遊說她比較喜歡生活在共產主義年代。我問她為什麼？

導遊：「跟你說個笑話。」

巴伯：「請說。」

導遊：「有個寡頭走進店裡要買船。」

巴伯（興趣盎然貌）

導遊：「店家說不賣船，只賣車。像是伏爾加。

寡頭答：我不需要河，只是要買船。」[5]

隔天早上在前世界西洋棋棋王加里·卡斯帕洛夫（Garry Kasparov）的莫斯科寓所一同吃早餐，加里不只是棋王，也會針砭政府施政。他的母親一言不發望著我們。茶水在茶炊裡加熱的時候，卡斯帕洛夫思緒及講話飛快，彷彿分秒必爭在下棋似的。蘇聯是個道德與財政上都破產的政權，弗拉迪米爾·普亭一度是「希望總統」，但也變調。北約攻打科索沃，[6]美國計畫布署新型飛彈防衛系統，在在令普亭深感不安。政權儘管更加強壯，卻腐敗依舊。現在普亭（暫時）退下，讓迪米崔·梅德韋傑夫（Dmitry Medvedev）上台，「起碼普亭執政還有點正當性，梅德韋傑夫完全沒有。」

卡斯帕洛夫說俄羅斯需要一場政治革新，需要新的草根運動及新議會來挑戰他所謂的「體系」，也就是勾結普亭的那撮新政府權貴（nomenklatura）。

這次行程由駐莫斯科分局主任尼爾·巴克利（Neil Buckley）安排，出身曼徹斯特的他謹慎周延，從不刻意誇大報導。六天行程馬不停蹄，要拜會一群共黨垮台後坐擁權力或權傾一時的俄國人物，例如米哈伊爾・弗里德曼（Mikhail Fridman）與弗拉迪米爾・波塔寧（Vladimir Potanin）兩位靠石油礦業致富的億萬寡頭富豪；軍警政要亞歷山大・沃洛申（Alexander Voloshin）；保守民族主義者維雅希斯拉夫・尼可諾夫（Vyacheslav Nikonov），即莫洛托夫[7]的孫子。也會拜會無法東山再起、戈巴契夫主政時期的自由派人士，像是格里戈里・亞夫林斯基（Grigory Yavlinsky）和耶果・蓋達爾（Yegor Gaidar）。能夠安排到與這些人會面，說明了《金融時報》是有吸引力的，俄國菁英有興趣與世界頂尖資本主義新聞機構打交道。

這趟行程走到一半時，訪問了總統當選人梅德韋傑夫。我們穿過克林姆林宮的廊廳，牆上掛著許多一八一二年拿破崙攻打莫斯科失利撤退的畫作，最後進入一間綠色小房間，裡頭滿是僕役。律師出身的梅德韋傑夫現年四十二歲，在聖彼得堡土生土長，是個隱身幕後的人物。他講話溫吞，用字遣詞精準，不時糾正口譯員的英語翻譯。他說他的目標是要讓法治觀念深植俄國社會。這時，他短暫切換成英語，同意我們的看法，稱「這是艱鉅任務，俄羅斯人民不愛守

5 譯者按：伏爾加是車款，也是河流名稱。

6 布萊爾等人基於「有權保護人民免遭人權侵害」為由，支持新的干預方針，據此北約對位在科索沃的塞爾維亞軍隊展開為期十一週的空襲。普亭則將科索沃視為巴爾幹半島以外的政權也將開始更迭的開端。

7 莫洛托夫（一八九〇—一九八六）是資深蘇聯外交官，一九三九年曾在外交部長任內與納粹德國簽訂惡名昭彰的互不侵犯條約，分割波蘭。

法，就像有人說的，這是個信奉法律虛無主義的國度。」

這難道意味著他會要求克林姆林宮的強權人物（siloviki）別再將黑手伸入法院？俄國版民主是否會保障個人權利，限制國家權力？梅德韋傑夫認不認為自己是民主人士？

梅德韋傑夫既不認為自己屬於自由派，也不認為屬於保守派，而是支持「民主價值」。他無法接受有人說俄國與民主絕緣。「俄羅斯是歐洲國家，也絕對有能力與其他志同道合的民主國家攜手並進。」

梅德韋傑夫其實是個波坦金（Potemkin）[8]總統，虛位沒有實權。真正握有權力的是富可敵國的寡頭人物、隱身幕後且有商業利益的軍警政要，以及普亭本人。卡斯帕洛夫所謂的「體系」就是指這件事，即外人難以參透的複雜安排與交易。漸漸地，大權將會旁落普亭。就在我訪俄五個月後，俄軍入侵喬治亞，吹起後續十年冒險主義的號角，兼併克里米亞與入侵烏克蘭東部。

三月二十七日，週四

薩科吉的綽號是「金光閃閃總統」，因為太常在攝影機面前和超模老婆卡拉・布魯妮（Carla Bruni）擺姿勢。

在溫莎城堡待了一晚後，「薩科」偕同老婆出席辦在市政廳的白領結晚宴。法國總統夫婦走進宴會廳時，號角齊響，矮小的薩科吉身穿白襯衫，肩上斜掛著亮紅綬帶，非常有型。布魯妮身穿栗色無肩帶晚禮服，十分高雅，活脫像是甘迺迪老婆賈桂琳的義法翻版。

薩科兄不太會說英語，晚餐期間興致不高。他恭賀英國經濟興盛，隻字未提信貸緊縮，大概覺得法國很安全。一位法國外交部官員難為情地坦承自己喜歡夾在穿疊層鞋跟的總統與高挑老婆之間，「也可以說我是卡在硬石頭與軟處之間。」

後來薩科表示他和布朗首相的關係會從過去的誠摯協定（entente cordiale）進一步變成友好協定（entente amicale）。他說：「不是一夜情，我們甚至可以隔天一起吃早餐。」像對待布魯妮那樣對待布朗？不太可能吧。但後來薩科吉在G20工業國論壇上與布朗站在同一陣線，攜手處理金融危機。這是布朗最美好的一段時光。

四月八日，週二

《金融時報》榮獲英國年度報業獎，這是對我們回歸金本位的極大肯定，回歸金本位也是我上任總編後允諾要做的第一件要務。獲獎證實我們轉向數位訂閱的做法是對的，商業模式做

8　波坦金（一七三九—一七九一）是軍人，既是俄國凱薩琳大帝身邊權勢十足的顧問，也是她的愛人。據稱波坦金為了不讓凱薩琳大帝在一七八七年造訪克里米亞鄉村時發現當地實際情況，特地打造方便移動的假村莊，波坦金的名字也就從此借指虛假。

了關鍵改變，走向高價位。唯一要注意的是市場開始烏雲密布，不要太過自滿，大條新聞要來了，沒有把握住的話將被譏為黔驢技窮，反之若好好把握，將會發光發熱。

四月二十二日，週二

布勞奇利被踢出《華爾街日報》。我們約在卡萊爾飯店一間幽暗酒吧喝一杯。馬可斯的表情像是在說：「該來的還是來了，祝他們好運。」儘管如此，不免感到失望，畢竟這是他的夢幻工作。我替他感到難過，也真心覺得自己能保住《金融時報》飯碗很幸運，因為瑪裘莉維持尊重編採自主。

四月二十四至二十五日，週四至週五

戴蒙是華爾街的無冕王，一頭銀髮，一張好萊塢明星臉，很有魅力，對管理複雜組織及風險極有一套。現年五十二歲的他處於巔峰，備受同業尊敬，前陣子才剛吞下貝爾斯登，如今準備好要在下一回合銀行合併案勝出。說不定甚至自認是一九〇七年經濟恐慌時聯手金融人士拯救美國經濟的約翰．皮爾彭．摩根（John Pierpont Morgan）的現代化身。我前往戴蒙的公園大道辦公室短暫拜會他，室內陳設低調，牆上掛著芝加哥消防隊致贈的消防斧頭，還特別裱框。火爐上方層架除了置放家人照片，還有一張亞伯拉罕．林肯肖像。林肯是戴蒙最喜歡的總統，因為「老實亞伯」解放黑奴，拯救國家。戴蒙認為貝爾斯登這筆交易很好，稱「財務面差不多解決了，亂七八糟的事情都已攤開來講。」

事後戴蒙承認貝爾斯登這筆交易不如原先設想的美好，因為美國政府認定貝爾斯登押注失利必須部分歸咎於摩根大通。當時戴蒙看市場的角度不太一樣，即口中所謂的「第二章」：信貸緊縮對實體經濟的衝擊。他說：「就業才是真正的問題。」

葛林斯潘當了十七年聯準會主席，地位幾近不會犯錯的教宗，如今卻因信貸緊縮讓銀行金融機構縮緊銀根而黯然失色。他不僅無視泡沫的存在，更用刺激房地產增貸與消費支出的政策助長泡沫。葛林斯潘下台後，聯準會由經濟學教授暨經濟大蕭條專家班恩．柏南克（Ben Bernanke）接掌。經濟大蕭條專家，這項專長實在挺不祥。

思慮縝密的本報美國經濟記者克莉希娜．古哈（Krishna Guha）前往華府聯準會，在柏南克博士樸素的辦公室拜會他。禿頭的柏南克留著整齊落腮鬍，語氣柔和，闡述複雜經濟議題時彷彿昔日在普林斯頓大學講台上授課。（克莉希娜的感覺如何，我不知道，但我沒有不喜歡。）

主席表示信貸緊縮是不祥之兆。「這不是盲腸炎，已經擴散到全身，卻不知道是什麼病。」有兩件事他比較確定。第一件事是「我們還在房地產危機的初期階段」（暗指不動產價格尚未探底）。第二件事是，金融機構恐怕償還不了債務。

實在發人省思。華爾街的老闆們各個堅稱財務健全，認為危機在於流動性，即暫時性資金供應問題。柏南克則稱外界對銀行資產負債表上的資產信心不足，導致出現清償問題。問題不是暫時性，而是攸關存亡。

柏南克指出，重點在於聯準會是否應更積極干預以穩定金融體系。若要干預，該何時干預，干預多少？這場危機會對工業產出與就業等「實體」經濟造成何種影響？銀行體系會如何反應？銀行又已經將多少風險轉嫁給其他對象，像是為公司債提供擔保的單一險種保險公司？

最後他也提到，全球經濟的走向將取決於美國是否與其餘世界「脫鉤或復鉤」。央行不見得能夠掌控一切，他一再重申這一點，更引述二戰期間史達林與邱吉爾的一段對話加以說明。當時蘇聯領袖史達林告訴邱吉爾，很久以前地方村民因為一隻熊會偷吃雞而憂心受怕，一度用槍射熊未果，便決定製作有毒粉末朝熊的臉上吹去。史達林說：「結果那隻熊先朝村民吹氣。」

> 管控通膨，降低失業是聯準會的法定職責，柏南克向本報暗示聯準會準備好要在這場經濟危機承擔更大重任，也是他們從未涉足的領域。

六月五日至六日，週四至週五

幾週以來一直和駐柏林分局的法籍主任貝特蘭・貝諾阿（Bertrand Benoit）安排採訪梅克爾（算是本報對促進德法聯盟的微薄貢獻吧），最後總算定案。

大家圍坐在離國會不遠的德國聯邦總理府頂樓梅克爾辦公室大張長木桌，現場本報除了有我，還有德語流利的貝特蘭及老婆是德國人的駐柏林記者休伊・威廉生（Hugh Williamson）。另外還有梅克爾兩名助理。

梅克爾妝畫得濃，身材圓滾，臉色棕得挺不自然，眼睛很大且友善。但這位路德派牧師之女，從小生長在蘇聯建立的歐洲最高壓共產東德政權，眼神透露出鋼鐵般的堅定。她的行為舉止實事求是，十分企業性格，注重事實，而非意見。

美國前財政部長提姆・蓋特納（Tim Geithner）曾經私下表示，梅克爾是這場金融危機中唯一「懂數字」的國家領袖。

她的話具有道德權威：是時候挑戰「安格魯薩克遜」主流思維及不分青紅皂白式的金融法規鬆綁。銀行似乎對自己銷售的商品不熟悉，也不懂得如何估計價值。接著她表明政治立場：「事情走偏的時候，大家突然又開始喜歡國家介入。」

話題轉到美國，歐巴馬搖滾巨星似的鋒芒令梅克爾刮目相看，甚至吃驚。[9]歐巴馬是誰？他代表著什麼？歐巴馬的共和黨對手約翰・馬侃（John McCain）參議員，則讓梅克爾有些疑

9 歐巴馬曾於二〇〇八年七月以美國總統候選人身分造訪柏林，不僅罕見，也刻意要讓人聯想到當年甘迺迪總統那篇「我是柏林人」的著名演說。

慮，稱「他有冷戰調調，讓人不安」。

她指出，更重要的是，希拉蕊未能出線代表美國政治面貌正在深刻轉變。真有先見之明，主流候選人不再受到美國選民青睞，這一點不僅可從二〇〇八年歐巴馬勝選看出，川普競選總統時更是如此。

四十五分鐘的訪談劃下句點。儘管有些不情願，梅克爾仍然同意與我合照，一旁助理敦促總理閒聊幾句，她卻說：「沒有什麼好講。」相機閃光此起彼落之際，梅克爾問起布朗近況。

巴伯（用德語回答）：「他不太好，做重要決策優柔寡斷。」

梅克爾：「怎麼會呢？他在歐洲高峰會都很正常呀。」

巴伯：「苦於經濟問題。」

梅克爾：「（德語）那卡麥隆就要上台了。」

梅克爾倒是主動抨擊卡麥隆在歐洲議會讓英國保守黨退出立場中間偏右的歐洲人民黨。卡麥隆陣營堅稱這是為了安撫疑歐派，梅克爾則指這麼做形同讓想「撕裂」歐洲的人得逞。臨走前她扔下一句話：除了環境政策等議題外，暫時不會和卡麥隆有太多來往。

卡麥隆認為繼續待在聯邦屬性的歐洲人民黨太過虛偽。他沒有體認到這個立場中間偏右的「家庭」重要性。後來梅克爾告訴我，這次退出的決定形同英國保守黨開始不支持英國繼續留在歐盟。但卡麥隆與奧斯本依舊相信梅克爾會赴湯蹈火，將兩人從自找的麻煩中解救出來，包括最大的麻煩：英國脫歐公投。

七月二十六日，週六

歐巴馬閃電訪問倫敦。布朗認為和這位未來美國總統做朋友的最好方式，是在唐寧街首相官邸來場露天宴會。歐巴馬除了拜會布朗之外，也去拜會布萊爾與卡麥隆。

幾天後，歐巴馬的好友（也是我的好友）透露這位民主黨候選人此行感想。

對布萊爾的感想：有名氣，也有料。

對布朗的感想：沒名氣，但有料。

對卡麥隆的感想：有名氣，但沒料。

八月二十日至三十一日

整個夏天感覺不祥，金融市場卻不見恐慌跡象。傳聞稱體質不健全的銀行被健全銀行吃下，例如貝爾斯登被摩根大通收購。經過評估，我覺得還是可以去中國參加北京奧運閉幕式及去丹佛參加民主黨黨大會，見證歐巴馬獲提名參選美國總統。

我和維多莉亞在暫時看得到藍天的北京（政府當局下令首都周圍工廠停工，不再排放廢氣）獲得高級貴賓禮遇。此行亮點是參觀鳥巢體育館，觀看閃電波特（Usain Bolt）在男子一百公尺短跑決賽拿下金牌。比較不開心的是出席《人民日報》及民族主義媒體《環球時報》作東的午宴。一直顧著講話，全然沒有發現維多莉亞提醒我注意有海參。很難嚼。真的很難嚼。

奧運閉幕典禮的編舞誠屬奧斯卡等級，最後以迎接二〇一二年英國奧運告終。接二連三出現大衛．貝克漢（David Beckham）、吉米．佩吉（Jimmy Page）彈吉他、紅色雙層巴士及倫敦市長強生。只見強生手插口袋，夾克隨風起舞，走上舞台要揮舞奧運旗幟。中國媒體事後斥責強生沒有遵守規定，但強生老樣子也有藉口，稱只是在遵照「開放、透明、個人自由」的政策。

中國藉著北京奧運向世界展現一國之都與體育實力，也向外界展示北京壯觀的現代建築。然而在共產黨主政下，開放、透明與個人自由依舊嚴格受限。在胡錦濤國家主席任內已是如此，習近平上台後更是變本加厲。

我一直想親眼見證歐巴馬被民主黨提名為總統參選人，想要以後能夠告訴子孫：當時我在現場。許多媒體名人也這麼覺得，像是八卦女王蒂娜．布朗（Tina Brown）、想推廣《哈芬登郵報》（Huffington Post）的雅莉安娜．哈芬登（Arianna Huffington）都來到現場。我們和八萬四千人一起在景順投信體育館（丹佛野馬美式足球隊的主場館）忍受酷熱，聽著歐巴馬演說。儘管內容比不上二〇〇四年那次超越黨派、奠定其地位的傑出演說，但畢竟是美國有史以來第一位政黨提名的非裔美國人總統候選人。從主打的口號「有志必成」（Yes We Can）可見，美國人當時是多麼樂觀。

丹佛機場的電視播放突發新聞，馬侃甫提名阿拉斯加州長莎拉．裴琳（Sarah Palin）為副手參選人。當下我心想：要麼這會給馬侃死氣沉沉的競選活動注入一記活水，不然就是瘋狂賭注，讓那個怪誕的右派州長又接近總統大位一步。結果兩個都不是。

九月八日，週一

《金融時報》的 Lex 專欄今天刊登一篇真知灼見文章，內容在談歐元區緊張情勢，尤其是葡萄牙、義大利、希臘與西班牙這四個常被人調侃為「度假聖地」的國家。負責執筆的約翰．保羅．羅斯本（John Paul Rathbone）特別為這幾個南歐國家想出縮寫：歐豬四國（PIGS），還下了調皮標題：「泥濘打滾的歐豬四國」。

羅斯本的筆觸毫不留情：「八年前歐豬四國真的會飛，加入歐元區後經濟飆漲，利率降到歷史低點，以實質利率來看經常為負，信貸隨之熱絡，工資成長，債務膨脹，房價與物價雙雙上升。但如今歐豬四國要從天堂跌落凡間了。」

目前西班牙與葡萄牙的經常帳債務約合國內生產毛額百分之十，希臘高達百分之十四，義大利則是「尚屬溫和的」百分之三。通常因應經常帳赤字上升的方式是讓貨幣大貶，但歐豬四國因為是歐元成員國，不能採取這種做法。

另一種方式是債務國以融資削減赤字，但在信貸緊縮的當前，越來越不易這麼做。西班牙的公家銀行（cajas）一直在用劣質資產抵押擔保品向歐洲央行換取便宜資金，問題是歐洲央行打算要讓借貸規定變得更嚴格。

恢復一國競爭力最下下策，也最痛苦的解決方案是降低實質工資，讓國家陷入經濟嚴重衰退。羅斯本總結道：「如今已有人在納悶，歐元區的歐豬四國屆時會不會變成培根。」

西班牙駐英國大使館不滿指出，「豬」在西班牙文是一種最具貶意的詞彙。有些讀者則稱《金融時報》的格調降到《每日鏡報》與《太陽報》等級。一位（西班牙）投資銀行人士寫道：「想必你們自認比地中海國家聰明，這場危機讓人看清你們的真面目。」

事實上，羅斯本發現歐元區的致命缺陷：遵守財政紀律的北歐國家經濟（像是德國）與恣意揮霍的南歐國家經濟之間並不平衡。說穿了，羅斯本已經預測到歐洲會發生主權債危機。這篇調查報導精采至極，對讀者與投資人都很有幫助。

九月十日，週三

財政大臣阿利斯泰・達林[10]前來布拉肯廳共進午餐，出身蘇格蘭低地的他，個性溫和，權威不足，面對危機時太過於講道理，針對我們的提問總是避重就輕，我想他大概是被布朗批了一頓。

有點太早下定論，達林之所以不願意刻意突顯自己，其實是因為現階段他沒有答案，首相也沒有答案。《金融時報》也沒有。

九月十五日，週一

安息吧，雷曼兄弟，這家華爾街最為人知的公司之一。聯邦政府決定不介入，讓銀行倒閉。收購交易週末終究還是沒能談成，但巴克萊銀行將會收購一半。這是重大世界級新聞，「骨牌效應」才正要開始，恐將牽連其他不穩的金融機構，像是美林證券和摩根士丹利，衝擊全球經濟，決定未來金融管制的態樣。

金融泡沫就像是一群找刺激的人坐在一列雲霄飛車往下衝，沒有剎車。你可以在軌道旁舉起各種警告標語，要列車慢下來，但總是不敵貪婪的重力。政客與管制當局以為有掌控局面，坐在車子上的乘客倒是樂得很，許多人還很盲目。只有在車毀人亡時，列車才會停下來。這就是二〇〇八年九月的狀況。[11]

10 達林生於米德塞克斯的亨頓，在蘇格蘭受教育，是工黨一九九七年國會選舉大勝以來三個做到最後的內閣大臣之一。

11 感謝吉姆．麥克葛雷格提供雲霄飛車的譬喻，我們一起搭過幾趟，令人難忘。

我的職責是號召一支軍隊準備打仗。沃爾夫負責金融與經濟，泰特與約翰．歐瑟士（John Authers）負責市場。銀行線團隊需要多一點像是美國銀行主編法蘭契斯柯．葛雷拉（Francesco Guerrera）這種能挖新聞的人。美國新聞主任蓋瑞．希瓦曼（Gary Silverman）畢竟是紐約人，實在太愛說話，但不愧是精明、經驗老到的前華爾街記者，是這一行最厲害的改寫記者。希穆斯里很能幹，懂得安排報導團隊，與我和迪克森三人一同策劃新聞。

心中仍然掛念一件事。哈勒芙已經安排好十月中的兩週中東行，這次行程企劃已久，我們會到以色列採訪內坦雅胡，去約旦採訪胡笙國王，也許會去敘利亞會見巴沙爾．阿塞德（Bashar al-Assad），還會拜會阿拉伯聯合大公國杜拜與阿布達比等地富有領袖，外加一連串其他新聞來源對象。這次肯定會滿載新聞而歸。從商業面來看，中東本來也就該去，因為《金融時報》打算開發當地讀者市場。問題是去太久恐怕會讓我錯失瞬息萬變的大條新聞。是我自己要身兼編輯記者的，這次中東行面臨的兩難說明了這兩個職務存在緊張關係。所幸應該會有解套方法。

九月十八日，週四

全球金融體系正在瓦解，苦求流動性的銀行緊縮對沖基金的信用額度，商業票據市場開始枯竭，到處都有人在放空。VIX恐慌指數瘋狂飆漲，股市大跌。

我在新聞中心看著電視上一片滿江紅，大家都在賣股票。然而，儘管下午到晚上騷動不斷，我得坦承自己有點像是旁觀者。記者性格讓我想打電話，編輯性格又讓我想催稿子。但我還是不斷提醒自己，當總編就不要坐在後座指揮駕駛，尤其是截稿這件事。不要為一些小事操心，讓同仁好好幹活。

倒是能夠在早上的編採會議直接發揮影響力，和新聞評論人與「主筆人」決定本報對於當日重大新聞採取的立場。通常我都挺放手的，但現在不是普通時刻，今天的議題是政府當局是否應暫時禁止投資人放空。既然放空有助於確立市場價值，我們是否還要支持政府干預市場？或者，既然金融體系已攸關存亡關頭，我們是否要支持禁止放空？最後我們決定支持暫時禁止放空。

就像黑石集團老闆蘇世民日後強調的，主管單位不能不干預，市場信心不斷在流失，老婆克莉絲汀在電話上建議他打給人在華府的鮑爾森。當他說人家可能太忙沒空講電話，何況自己也不知道該說些什麼時，老婆告訴他：「跟他講我們要警長坐鎮。」

九月十九日，週五

今天在頭版上方打出廣告，宣告我們閃亮亮週末精品雜誌《懂得花》（How to Spend It）全新週五版首次出刊，名稱很可笑，叫做《番外篇》（The Bonus Issue）。

一名讀者生氣問道：「懂得花，花什麼？」另一位讀者則不滿《金融時報》失去理智。我把《懂得花》那位榮獲獎項肯定的主編吉莉安・德波諾（Gillian de Bono）叫來，告訴她「不管名字要怎麼取，就是別再叫做《番外篇》！」

九月二十日，週六

人在紐約的加普記錄過去一週大事，先是雷曼兄弟破產，再來是美國保險巨擘美國國際集團（AIG）倒下。

「毫無疑問，目前是一九二九年以來最糟糕的金融危機，究竟還有多少銀行與金融機構會倒，沒有人知道，相當於英國HBOS銀行的美國華盛頓互惠銀行面臨極大壓力，但貝爾斯登、房利美（Fannie Mae）、房地美（Freddie Mac）、雷曼兄弟、AIG等例子比比皆是。」

「要怪的人與機構很多，包括主管當局與不動產貸款經紀人，但也不得不承認，炒房客也是禍首之一。但AIG實在愚蠢至極，如此一個超大跨國保險集團，被公認為核保嚴謹，風險管控良好，竟然會為了多角化發展，踏出自己熟悉的車禍、火災等承保領域，去承保不熟悉的金融衍生性商品。」

九月二十一日，週日

厚臉皮打電話給在倫敦當雷曼兄弟公關長的高爾斯，想不到公司會在他上任後兩年倒閉。我想聽聽他對這件事有何看法，故登門拜訪和他喝杯咖啡，巧的是，他家離我家很近，走路就到。

高爾斯滿臉沮喪站在寬敞廚房。他說前同事都是富爾德身邊「魯莽且唯唯諾諾的啦啦隊」，富爾德堅持在市場大好之刻要繼續賺錢，反應卻總是慢人家半拍。他稱「雷曼兄弟本來可以不用破產的，但二〇〇八年六月之後就大勢已去。」

轉捩點是七月公布第二季出現虧損，富爾德不接分析師的電話，直到十天後才坦承犯錯。安德魯記得富爾德當時說：「我沒有像別人說得那麼厲害，但我也沒有那麼差。」

八月，安德魯搭機前往紐約，設法說服富爾德聘請「策略溝通」專家，稱外界不再相信雷曼會好轉，是時候向市場投資人坦承真相。忠臣在側的富爾德聽不進去，讓安德魯感覺「很可怕」，隨後便遞出辭呈。

這故事也太棒了，安德魯是否準備好要寫下這份告白，讓《金融時報》刊登？我連標題都想好了，叫做「雷曼倒閉：我在這件事扮演的角色」。

安德魯願意聊，但不願意寫。時候未到。

九月二十八日至三十日

思索一番利弊後，我還是去伯明罕參加保守黨大會，股市震盪劇烈，所有人都在關注美國國會動向，是否會通過小布希政府替銀行訂做的超大型紓困方案。大會現場肯定找得到許多銀行界人士與企業家能和我聊聊金融危機，而且他們和我一樣，對於保守黨是否有執政潛力都拭目以待。

與奧斯本進行茶會。奧斯本正在規劃一套經濟管理與金融監管重大改革措施，包括設立預算辦公室以檢視政府支出計畫與提出稅收預測；再造英格蘭銀行，尤其是讓央行能夠監管銀行。他說，現任總裁金恩讓央行變得「太偏向貨幣機關」。

在新模式下，將統一央行與金融服務管理局針對總體審慎政策的權責，因為這兩個單位「就像是兩根手指扣在同一個扳機」。喬治說的沒錯，布朗十年前設計的這套體系過度缺乏橫向協調，各自為政。統一權責固然會讓央行總裁權力大增，但調整之舉乃不得不然。

傍晚主持以倫敦未來為題的次級辯論會，前提是倫敦真的有未來，此時華府那邊傳來讓人胃翻騰的消息。眾議院否決美國政府提交審查的「問題資產紓困計畫」（TARP）。股市應聲大跌，全球金融體系命在旦夕，我人卻在伯明罕。

後來聽迪克森說，TARP新聞發生的時候剛好截稿，他正準備核准出刊報紙的第一個版本，希穆斯里詢問是否可以在頭版標題插進「恐慌」二字。馬汀說：「登吧。」事後回想起這件事時，他認為這是職涯中最刺激的一刻。

十月一日至十三日，中東行

幾度溝通後，我決定不取消中東行，這關係到授權。我信任迪克森，每天早上打電話回倫敦就好了，萬一又出現雷曼兄弟或AIG事件，馬上會搭機回去。

二十年來儘管不時寫過中東新聞，造訪以色列還是頭一遭，帶著維多莉亞一起前往。負責接待的是剛到耶路撒冷赴任不久的英德混血記者托比亞斯．峇克（Tobias Buck）。我倆驅車向西，一小時後抵達位於特拉維夫的以色列國防部，參加高層級安全會報。一名軍政高官坐在牆上掛著奧許維茲集中營照片的辦公室裡，向我說明目前中東政治新局勢。過去驅策外交政策的主軸是以阿衝突，如今取而代之的是對抗伊斯蘭極端主義。以色列與阿拉伯獨裁政權現在有共同敵人，巴勒斯坦何去何從的問題變得次要。

這位資深國防官員繼續說，沙烏地阿拉伯與約旦透過「先進情報」擊潰蓋達這個伊斯蘭恐怖主義組織。我在想，這是不是在刻意暗示以色列有從中協助。埃及則是藉著有效軍事與安全機構控制住相關威脅。以色列最大的國安目標，就是圍堵恐怖主義威脅，不論是蓋達、真主黨或「哈瑪斯坦」（Hamastan）。[12]最後他說：「穩定比民主更重要。」

萊斯說要讓中東地區變民主的話猶言在耳，以色列人卻覺得（起碼暫時覺得）押寶在中東地區的獨裁者比押寶民主派安全多了。截至二〇〇八年，美國斥資兩兆美元要讓伊拉克與阿富汗變民主，為此犧牲許多人命。看在美國最親密的盟友以色列眼裡，不啻在說：傻呀，白忙一場。

12 哈瑪斯坦是帶有貶意的混成詞，係指伊斯蘭組織哈瑪斯控制下的加薩走廊。

回到耶路撒冷，我們踏進戒備森嚴的國會，通過一連串安檢，總算訪問到可望在下次大選勝出並回鍋總理的聯合黨死硬派班傑明・內坦雅胡（Benjamin Netanyahu），人稱「畢比」（Bibi）。內坦雅胡英語流利，當年曾在麻省理工學院讀書，美國口音濃厚。可以看出他很想露一手，採訪一開始先把我們當成高中生，滔滔不絕說明全球金融危機肇因與補救措施。接著才將話題轉到巴勒斯坦議題。

只見內坦雅胡拿起一支綠色麥克筆，起身走到白板上畫出約旦河西岸地圖，大筆一揮，將西岸分割成不連貫的經濟區，各有各的商業主軸。耶利哥古城將成為大量美國浸信會信徒前來觀光的勝地，可望創造數千個就業機會。巴勒斯坦人的人口中心可以保留給巴勒斯坦，但猶大曠野及約旦河谷將續由以色列掌控。

這種大以色列願景完全不同於國際社會所支持的以巴兩國方案，也就是要以一九六七年六日戰爭前、以色列尚未擴大占領的邊界為準。畢比問我對他這套臨時地圖做何感想。我說：「其實我看過，就像是南非的班圖斯坦（Bantustan）。」

內坦雅胡嚇了一跳，繼續說下去，卻索然無味。他的心腹、同時也是沃爾夫的好友多爾・戈爾德（Dore Gold）[13]後來稍微向我表示不滿。其實我拿南非種族隔離做比喻並沒有錯，當年南非白人民族主義者特別為黑人設立保留區，稱作班圖家園，用意是打造一個個給同樣族裔聚集的小國家。這次耶路撒冷會面十多年後，內坦雅胡當選第四任總理，也正式針對巴勒斯坦人推出類似計畫。

十月八日，週三

布朗要將銀行局部國有化，方式是斥資五百億英鎊收購銀行股權，注入資金，幫助信貸流動。這是個重大決定，我和倫敦總部簡單溝通了一番。毫無疑問，我們必須支持這項決定。銀行需要紓困，但重點是取得政府協助的條件是什麼。銀行一定要被監管，但不能細到每天緊迫盯人。我只想問一個問題：這些措施是否足以重振市場對銀行體系的信心？

後續五天中東行程很讓人分心，前往安曼會見約旦國王的路上還差一點死掉。國王的隨扈司機為了要閃避對向的賓士車，大打方向盤，差一點害大家墜崖身亡，宛如當前全球金融局勢。

哈勒芙如今加入我們的行列，清晨開在貝魯特到大馬士革這段路上讓人放鬆許多，行經風景秀麗的秀伏山脈，香柏橄欖歷歷在目，最後輝煌下山到敘利亞首都。阿塞德總統不便受訪，改由曾經久任外交部長、目前擔任副總統的弟弟法魯克．沙雷（Farouk al-Sharaa）上陣。談話十分敷衍。

13 以色列知名外交官戈爾德曾在一九九〇年代出任駐聯合國大使，也是內坦雅胡的高級顧問。

隔天我和盧拉訪問敘國工業部長，他卻和我們談農業改革。部長曾在英國求學，口音十分北方。半小時後，部長突然打住對話，說：「巴伯先生，你想不想向敘國一群各部會資深部長談談全球金融危機？」

毫無預警，也毫無準備。我問敘利亞通的盧拉該不該接受，她說可以。維多莉亞笑稱我有很多可以報告。秉持「一次搞定」的原則，我花十分鐘將想講的寫在紙上，接著被帶到一間會客室，裡頭坐著八位左右官員，頭戴耳機，口譯員坐在小隔間。我告訴他們情勢還會更差。敘利亞看似隔絕不會受到全球金融危機波及，但震波很快就會抵達。有人有問題嗎？

一位戴眼鏡的銀髮男士舉手發問：「有人說這次金融危機是小布希總統故意引起的，就像是入侵伊拉克那樣。你同意嗎？」

待在阿塞德主政的敘利亞這三天，我有種強烈感覺，就是這個社會很僵化，沒有與時俱進。人民畏懼國家，無人尊敬國家。日後人民起義的要素肯定早已具備，只是我察覺不到。

十月十日，週五

全球金融市場動盪不安，但杜拜官方卻認為一切依舊美好，我和盧拉受邀到全球最高建築哈里發塔出席午宴，政府各部會首長似乎到齊，其他達官顯要也在場。不過有個位子是空的，想必是預留給杜拜領袖穆罕默德・賓拉希德・阿勒瑪克圖姆（Sheikh Mohammed bin Rashid Al Maktoum）。巴伯先生，穆罕默德親王可能會來，但不保證會來。看老天安排。

午餐吃到一半時，領袖來了，而且讓人驚喜來著，就坐在我身邊。他稱不論小道消息怎麼說，杜拜沒有金融問題，沒有就是沒有。常去紐馬克特賽馬場的他說，杜拜像是一匹種馬。一輩子的習慣如果現在改掉，會重重打擊他這支親手挑選的團隊信心。「我們挺過伊拉克入侵科威特，挺過兩次波斯灣戰爭，永遠會忤逆潮流。人生中有獅子與綿羊，我們要的是獅子。」我客氣點點頭。

鄰近的阿布達比距離杜拜一百四十公里，開車只要一個半小時。我們要和盧拉的一個資深消息來源一起吃午餐，但他遲到。當他總算到達的時候，人看起來萬分緊張。盧拉問到底怎麼回事，他不願意說。是不是有什麼新聞？有新聞，但不能說。我們敦促他說出來，最後他看了看手錶，說好吧，告訴你們，但你們不能登。「我們已經擔保阿拉伯聯合國大公國所有銀行存款。」

真是令人震驚的消息，穆罕默德親王的掛獅子保證毫無意義。我把杜拜領袖這番話告訴這位阿聯資深官員，他指了指餐廳對面庭院的棕櫚樹，說：「看到那棵樹嗎？我想把他們（杜拜菁英分子）吊死在那上面，這些人太不負責任了。」

債台高築的杜拜經歷痛苦的債務重組後，終於恢復生氣。多位收受好處的企業人士鋃鐺入獄。《金融時報》二〇〇九年對杜拜做了相關報導，政府當局怒不可遏，為此安德魯王子更罕見特地致電居中調停。

約克公爵殿下：「你們杜拜那位仁兄賽門．卡爾（Simon Carr）惹了不少麻煩。」

巴伯：「你是說塞米恩．克爾（Simeon Kerr）吧。」

約克公爵殿下：「對，賽門．克爾（Simon Kerr）……我只是傳話而已……你們的人讓人很頭痛。」

巴伯：「你讀過塞米恩從杜拜發的文章嗎？」

約克公爵殿下：「當然沒有。」

巴伯：「他針對杜拜所寫的一字一句我都讀過，看來沒有問題……」

不久這段對話就結束了。

十月十五日，週三

閃電往返紐約，與高盛的貝蘭克梵共同主持本報舉辦的年度商業讀物大獎。儘管市場局勢混亂，高盛面臨壓力，勞伊德仍然抽空出席。他還是愛說冷笑話，只不過看得出來神情虛脫。最後評審委員選出穆罕默德．伊爾艾朗（Mohamed El-Erian）的《市場相撞》（*When Markets Collide*，暫譯）為年度最佳讀物。書名道盡這個世代。

隔天一早到公園大道花旗集團總部與做事理性的印度裔執行長潘迪特共進早餐。會面地點在一間樸素會客室，不是在有昂貴現代藝術品的高樓層華麗套房。

花旗銀行基本上也要破產了。第一次認識韋克蘭時，他在摩根士丹利擔任高階主管，如今他究竟有無本領扭轉乾坤？只見他懷有決心，卻滿面憂愁，民眾對金融危機的無知令他絕望，大家都不知道哪裡出錯，又該怎麼辦。國會議員也一無所知。他說：「《金融時報》能夠擔綱重任。」

韋克蘭稱現代金融與計算風險的數學公式模型複雜到讓整個系統難以管理。即便是銀行、對沖基金和私募基金的傑出操盤手也會算錯。沒有人知道真實價值是多少。話雖如此，也不能讓全世界回到以物易物這種最原始交易模式的年代。「資產證券化和石器時代的借貸模式之間，一定有個中庸之道。」

韋克蘭說對了，這是《金融時報》主張改革資本主義的契機，讓現代金融不會失序，同時可以適度平衡風險與報酬。但我該怎麼做最好？

十一月五日，週三

在倫敦家中一邊吃早餐，一邊看電視上轉播歐巴馬在家鄉芝加哥葛蘭特公園發表勝選演說。扼腕《金融時報》太早印刷，來不及刊登這則新聞。不過《金融時報》網路新聞 ft.com 倒是鋪天蓋地報導，特派記者分別從華府、紐約與芝加哥撰文報導這位只當過一屆的伊利諾州資淺參議員如何入主白宮。大家對歐巴馬寄予厚望，且太過頭了，他就任的當下，正好是經濟大恐慌以來的最大金融危機。

十一月十七日，週一

培生董事長葛蘭・莫雷諾（Glen Moreno）傍晚時分打來，這位前花旗集團高階主管暨富達國際執行長嫻熟金融市場，還有種古怪幽默感，有次告訴我他在維吉尼亞州自家牧場最愛的消遣是爬到樹上看公牛與附近草原上的母牛交配。

莫雷諾說，現在這場系統性危機「才正要開始」，政府雖已針對AIG及華爾街銀行進行資本重組，但真正的麻煩才正要開始。銀行拚命甩開不良資產，不斷追繳擔保品，好讓自身資本更加寬裕。如此一來所有的「穢物」便會暴露。我想這是專有名詞吧，用來形容幾近破產及像是「導管」（conduits）與「特殊投資機構」（special investment vehicles）等這類充斥劣質次級房貸證券的帳外實體機構。另一方面，私募基金則在「回購自己拙劣交易的債務」。看來現代金融也是一樣，不是不報，時候未到。

聯準會也在做該做的，收購商業票據讓信貸市場保有流動性。不過還有一個巨大風險恐將來臨，「這場金融體系危機會讓世界陷入經濟衰退，會衝擊零售業、商業不動產與汽車業等實體經濟。」

莫雷諾有些無助地說，總之「還沒完」。

後續幾個月莫雷諾成為我的金融市場寶貴導師。除此之外，名義上他是瑪裘莉的上司，也因此（往往是可靠的）培生公司內部情報來源。為了要更加了解這場金融風暴的影響範圍，後續幾天我聯絡了所有可以動用到的消息來源，相關對話也都成為重要「背景資料」，幫助我替後續新聞報導與評論定調。

《金融時報》前總編輯暨英國產業聯合協會（CBI）會長理察．蘭伯特爵士（Sir Richard Lambert）總是直言不諱，讓人獲益良多。早在一九八四年被他聘僱當本報菜鳥記者時，我倆就結下特別緣分，多次在本報當時位在布拉肯屋的總部共進午餐，被他拷問。一位親近的同事曾說，理察當《金融時報》總編輯時具備三個特質：瀟灑的卓越、孩子般天真及老鼠般狡詐。每當出現大條新聞，他就會像是跳跳虎般讓新聞中心動起來，要求編輯記者做到最好，因此獲得許多人死心塌地效忠。

十一月底我和理察通電話，他大概被這次嚴重局勢嚇到，聽起來感覺悶悶不樂。「銀行現在是受驚狀態，差一點歸西。不可以再老樣子度日，信用風險越來越惡化，銀行必須緊縮放貸規模，但也要靠英格蘭銀行介入，讓債務協商有秩序地進行。」

理察稱銀行業全面國有化的說法「荒唐至極」，重點是讓信貸市場恢復流動，他較支持以暫時性財政措施刺激經濟，但不希望太過度，只要恢復現金流即可。許多好企業都要倒了。「總而言之，後續會很顛簸。」

十二月五日，週五

我的二〇〇八年新聞攝影故事集差不多要完成了，記錄這個高速衝向金融末日的世界。我在裡面寫道，回顧這一切，全球金融危機提醒人們歷史並非線性發展。

「有人可能認為這些事件是種天譴，是對這個過量的世代的懲罰，即極端富人與一般民眾差距越來越懸殊。不論如何，這些事件至少挑戰柏林圍牆倒塌以來大家深信的兩種預設：一是西方市場資本主義模式天生優越，二是全球化進展無可避免。」

二〇〇九年 餘波盪漾

二〇〇九年初，全球已撐過金融危機，正在復甦。各國央行挹注銀行大筆流動性資金，「挽救整個體系」，然而銀行的償付能力啟人疑竇。經濟陷入嚴重衰退，眾人也在政治層面重新審視柴契爾與雷根年代以降的自由資本主義模式。實力有待檢驗的歐巴馬剛上任美國總統，美國後續將在國際經濟外交上扮演重要角色。匯聚全球最重要強權國家的新論壇「二十國集團」（Group of 20）將協調推出財政刺激措施。其他團體則將評估重新管制金融業。布朗在各個面向都有重大貢獻。本報在倫敦破天荒訪問溫家寶總理後，特別強調中國作為第二大經濟強權將晉升全球要角。

總編當了三年，我想讓本報再度著重原創報導，尤其是在金融領域。但我也決心要能夠影響這場資本主義何去何從的爭論。最後一項任務則是保持新聞中心邁向新聞轉型的步調。將希穆斯里從新聞主任調任網路新聞 ft.com 執行總編的決定，是今年最重要的人事決策，意味著將由頂尖記者帶領《金融時報》數位轉型。希穆斯里將繼續擔任此職直到我卸任總編為止。

《金融時報》的商業訴求要能實現，得靠編輯轉型。我們大多仰賴銀行、會計事務所、法律事務所及像是國際貨幣基金與世界銀行這類知名機構的企業訂閱，這套「B2B」生意背後操盤手是傑出又頑固的卡斯帕．德波諾（Caspar de Bono），此人說話句句簡短，多半開頭與結尾都是「我們今年會讓業務〔獲利〕貢獻增長兩倍。」卡斯帕團隊是以大量訂閱型態向企業銷售，如同溫布頓賽事頂級座位事先約定模式。多虧科技幫忙，我們可以讓客戶知道讀者數量有多少。當然，這種商業模式要能運作得宜，前提是企業員工不能將個人密碼分享給別人，有些企業都能理解，但仍有例外。

一月二十九日，週四，達沃斯

傍晚在達沃斯主會議中心與華爾街收購大亨蘇世民有約，除了要和他聊聊美國經濟外，也要和他談雙方在紐約的一起訴訟案，內容涉及黑石公司員工訂閱 ft.com 卻少給錢。個人認為控告勢力龐大的黑石集團不妥，但監察長德波諾堅稱有證據可以證明黑石有員工將帳號分享給公司其他人使用，帳號名稱是「黑石集團」，密碼是「黑石」，實在很沒創意。總之，我們主張二〇〇六年到〇八年間他們透過這種方式分享文章多達上千篇，據此索賠。黑石公司不願負責，主張該名資深員工早已離職，雙方僵持不下。於是我向本報董事會提議由我來和史帝夫私下談談。

我們在供應無酒精飲料、咖啡與瑞士巧克力塊的吧檯附近塑膠桌子會面，史帝夫怒斥《金融時報》竟敢提告，不解為何我們堅持認為本報新聞內容不能像實體報紙那樣在他們公司內部流傳，而且我們收費貴死了。但最讓他憤慨的是《紐約郵報》報導了這則新聞，這是一家以報導八卦著稱、華爾街所有銀行人士都會讀的報紙。該報記者拿黑石這種據稱吝嗇小氣的行為，和史帝夫花費三百萬美元的六十歲生日派對相提並論，為了辦那場派對還封閉公園大道其中一線道，邀請洛・史都華（Rod Stewart）來演唱，吃的是一隻四十美元的蟹腳。

史帝夫認為是《金融時報》故意洩漏消息給《紐約郵報》，這不是事實，但說什麼他都聽不進去，認為我們在質疑他的公司缺乏誠信，也暗指他缺乏誠信，為此極為憤怒。這不是史帝夫的錯，我同意，他卻不斷威脅要報復我們，不登廣告啦、杯葛記者啦……等等。最後，我受夠了。

巴伯：「告訴你，很多人說報業是黃昏產業，不可能活得下去。」

蘇世民（儘管生氣，但有在聽）

巴伯：「《金融時報》創了新商業模式，也就是付費訂閱。我們很努力要向大家證明不能小看這份報紙。」

蘇世民（還在生悶氣）

巴伯：「所以呢，我要說去你的。」

蘇世民（沉默許久）：「好啦，知道了。」

最後本報與黑石公司達成和解，其他公司也禁止共用密碼，本報B2B生意於是更加興隆。蘇世民是很慷慨的慈善人士，後來一直會提供我很寶貴的建議與洞見，尤其是美中關係，他還在北京的清華大學成立蘇世民獎學金計畫。我們趁二〇一九年九月他出版回憶錄《我的經驗與教訓》（*What It Takes: Lessons in the Pursuit of Excellence*）之際，一起在黑石集團旗下全新裝修的克里奇餐廳進行難忘的《金融時報》午餐訪談節目。

每次去達沃斯總是期待又怕受傷害，記者（甚至總編輯也不例外）都會被安排到狹小木頭床房間，蓮蓬頭是塑膠製且發霉。總有幾位代表會在冰上滑倒摔斷手肘，街道標語不知所云，每間房間、旅館外牆、馬路大型廣告看板都布滿空洞、「深具前瞻性」的企業品牌標語。在達沃斯舉辦的這場年度談話盛會已成為創辦人克勞斯．施瓦布（Klaus Schwab）的大型搖錢樹。

我告訴自己，今年來到瑞士阿爾卑斯山應該會很有收穫，因為資本主義世界最頂尖人士都會到場。但老樣子，不用期待普亭的專題演說「打造後危機時代的世界」會有什麼新意，其實是針對西方資本主義所寫的訃聞，聽起來十分幸災樂禍。施瓦布熱烈歡迎富可敵國的戴爾電腦集團創辦人麥可．戴爾（Michael Dell）上台致詞。

戴爾問了這位俄羅斯領袖說：「我可以怎麼幫忙？」

聽得懂、也會講英文的普亭狠狠瞪了戴爾一眼，用俄文回答：「我們不需要幫忙，我們不是無法自理的病人，我們智力寬闊無限……退休的人才需要幫忙，俄羅斯不需要人家幫忙。」

隔天一名美國記者詢問普亭為何要給戴爾難堪，普亭住口，眼神像是給對方一記柔道過肩摔，問記者為何手指上要戴那麼醒目的指環，是想表達什麼嗎？表達什麼樣的訊息？不久，記者便畏縮不敢繼續問下去。

一月三十日，週五

巴克萊銀行董事長馬庫斯・艾吉思（Marcus Agius）[1]想私下聊聊，二十五前認識他時，我是財經記者，他則是拉札德（Lazard）的商業銀行員。如今他要尋求巴克萊董事會支持他收購一半雷曼兄弟的生意，希望被外界看作是這場危機的最大贏家。

我們約在「會場外」碰面，挑了代表大會中心附近九八河岸大道的一間會議室，只要肯花大筆錢，全球菁英可以預訂一整周。老樣子，我再度遲到，忘記脫掉身上酷黑色滑雪外套，滿身大汗。艾吉思穿著低調休閒，堪稱紳士銀行家表率。

他特別提到巴克萊、萊斯、匯豐、渣打等銀行有足夠資本緩衝，並拿HBOS、皇家蘇格蘭銀行等魯莽投機者做對照。艾吉思說：「有些人表現還行，有些人則是考慮周全。而巴克萊是其他好銀行的代表。」

1　艾吉思是倫敦金融圈大人物，在拉札德工作超過三十年，二〇〇六年擔任巴克萊銀行董事。此外曾任英國廣播公司董事會會長及皇家植物園信託基金會董事長。

艾吉思避談不願面對的真相。華爾街銀行被迫用政府資金進行資本重組，英國匯豐銀行則順利主張不需政府資助，因為亞洲存款夠多。巴克萊也逃過一劫，拿的是卡達投資人的資金，認為可以照樣度日。英國當局認為此舉並不明智，更是對當局處理危機的一種權威侮辱。

有一張明星臉的前高盛高層、後來擔任加拿大央行總裁的馬克・卡尼（Mark Carney）值得注意。他在達沃斯一場週邊會議上稱銀行「必須重新當產業的基礎」，勿當金融投機者，呼籲制定新規範提升銀行的資本緩衝，強化資產負債表以減少冒險行為，以免受到下次危機禍害。

最後一個行程是在賽赫夫飯店與布朗進行「午餐工作會」，為此得從主會議中心在雪地跋涉半小時，通過一連串安檢。預期這次經濟論壇高峰會主要人物都會到場，像是在達沃斯高峰會固定擔任英國貿易特使的安德魯王子；熱愛歐洲、講話喋喋不休的英國電信董事長麥克・雷克爵士（Sir Mike Rake）；英國聖公會神父暨匯豐銀行董事長史蒂芬・葛林（Stephen Green）（後冊封為爵士），又被稱作「上帝的銀行家」；全球管理顧問公司麥肯錫執行長伊恩・戴維斯（Ian Davis）；以及英國產業人士暨人才管理公司Great and Good實質董事長羅傑・卡爾（Roger Carr）。

總計有三十多位貴賓擠在長桌，桌上盡是酒杯，人人引頸盼望。這是布朗就任首相以來的達沃斯處女秀，眾多企業人士都想聽他親自談談這場危機與政府因應措施。牧師之子的布朗十分熟稔全球菁英，今天狀況極佳。

若要解決下一階段危機，各國必須攜手合作，他已安排英國在四月倫敦召開的G20高峰會[2]上協調各國同意一項振興方案，避免全球經濟陷入嚴重衰退。歷史殷鑑首相心知肚明。一九三三年七月，倫敦經濟會議也曾試圖協調各國針對匯率達成共識，避免爭相貶值，好讓全球經濟脫離大蕭條。布朗尖銳指出：「結果失敗了。」

布朗的經濟外交實踐最終在G20高峰會開花結果，各國同意協調出一項五兆美元全球經濟振興方案，讓國際貨幣基金扮演更重要角色，並推出一系列制度改革。但二〇二〇年他再度呼籲各國採取類似措施因應新冠肺炎時卻碰了釘子，沒人理他。

二月一日，週日

中國總理溫家寶又稱作溫爺爺。去年四川北部發生地震後，溫家寶的哀愁神情家喻戶曉，走遍夷為平地的村莊，號召安葬死者，甚至有一說他流下眼淚，對於不太流露真情的中國共產黨領袖而言，實為罕見。

經過幾週低調協商，總算獲得機會訪談中國駐英大使傅瑩女士。傅女士曾任中國偉大改革領袖鄧小平的口譯員，聲音柔和有自信，處事鐵腕。她是北京當局使出的十年魅力攻勢之一，

---

2 G20高峰會是為了協同各國因應危機所增設，納入大型開發中國家，如中國與印度。

目的是要讓外界不要將中國崛起當作威脅。《金融時報》被視為一種傳遞更重要訊息的媒介，訊息就是：中國在奧運落幕後登上世界舞台，成為管理金融危機的要角。

預計在騎士橋文華東方飯店採訪溫總理，總理抵達前，傅女士在午餐時向我介紹這位六十六歲、從政前是地質學家的總理模樣，稱他是個「好人」，喜歡讀亞當．斯密（Adam Smith）的《道德情感論》（*Theory of Moral Sentiments*）及中國古詩。在來之前，本報中國專家詹姆斯．金吉（James Kynge）也向我做過兩場簡報，建議尊敬對方，不亢不卑，傾聽不要插話。這實在很難，因為採訪只有一個小時，逐步口譯會占去許多時間。

溫家寶準時抵達現場，精力充沛，衣冠楚楚，友善微笑致意。總理一大早就起床，甚至繞著海德公園慢跑。平常用來喝茶吃甜糕的蘿絲貝里廳為了這次採訪被重新精心安排，坐在總理右邊的是年輕女口譯員，本報四名記者（分別有我、金吉、北京分局主任傑夫．戴爾〔Geoff Dyer〕及FT中文網總編輯張力奮）依序就坐，我被安排在溫家寶的正對面。溫總理以平和卻堅定的口吻替這場訪談立下規矩。

他用食指指著我們說：「我先明白告訴各位，我會盡量誠懇回答問題，但不見得會有問必答。」

溫家寶在中國國內形象以謙遜節儉著稱（但不久之後傳出他的兒子溫雲松當年在中國經濟開放之際發了大財），今天低調穿了一套深色西裝、白襯衫配灰領帶。他稱中國政府為了刺激國內經濟，挹注無數資金在基礎建設，搭配大量減稅。中國已努力重振需求，其他國家必須跟進。

我說，外界五十年來向北京當局鼓吹唯有資本主義能夠救中國，如今一下子卻變成中國要拯救資本主義。總理不同意我的看法，於是我換個角度，說金融危機雖然是美國造成的，但他是否同意是因為中國過度儲蓄的關係，才間接助長這場危機？溫家寶表情僵硬，稱「花費過度的人責怪借錢給他們花費的人，這是顛倒是非」，更引用十六世紀有名中國寓言小說《西遊記》裡的豬八戒角色，稱豬八戒總是責怪幫助他的人。

現場那位年輕口譯員將豬八戒翻譯為「豬」的時候，一名資深中方官員起身，直指「翻譯錯誤」，令口譯員感到難堪。停頓一會兒後，溫家寶繼續說下去。

訪談最後我引述《道德情感論》的一句話，想讓總理刮目相看，只見他微笑稱是。最終，我們客套握手致意，他便前往邊間會見久候的布萊爾與卡麥隆。

此時傅女士突然出現，拉拉我的衣袖，埋怨說：「別提豬的事，別提豬的事。」一下子我還搞不清狀況，事後才恍然大悟：原來溫總理似乎暗示美國是隻「豬」。這隻豬也許不算貪婪，但豬終究是豬，恐怕會引發外交風波。我的當下想法是靜觀其變，但傅女士堅持說：「請不要提到豬！」

回到報社後，得知中方大使館已多次打來警告明天報紙不得提到豬。我討厭被人擺布。於是我說，我們要先看一下逐字稿，**還要**查一下豬八戒是什麼角色。大家經過一番研究、翻譯與討論後，我認定豬八戒是個很神奇、具有多重身分的正直人物，其中一個身分是豬。於是我們會在訪談裡用音譯提到豬八戒，但不會說是隻豬，往後也是如此。

二月三日，週二

性格自負的《每日電訊報》與《標準晚報》前總編暨戰爭史學者麥克斯．海斯汀（Max Hastings）找我吃午餐。我們約在倫敦聖詹姆士區最棒的魚料理餐廳威爾頓。麥克斯說不定可以當我們的特約撰稿人，但說不定不行，很難理解究竟他的哼聲代表好或不好。人高馬大的他神態宛如貴族，若非有著極佳幽默感與滿嘴八卦，不然肯定令人生畏。我清楚他不會離開《每日郵報》，畢竟收入太好，但若能成為《金融時報》特約撰稿人一定很棒，於是我向他開價。

巴伯：「一個專欄付你五百到六百英鎊怎樣？」

海斯汀（有點被看不起的樣子）：「這也太少。」

最終和他敲定稍微高一點的稿費，後來他成為《金融時報週末版》數一數二最厲害的特約撰稿人，文章主題遍及政治、歷史、旅遊及其他領域，期間僅停筆片刻。他是我有幸合作過最多才多藝（寫作速度也很快）的撰稿人之一。

二月四日，週三

包括《金融時報》總編在內，一共有五位頂尖財經記者被請到下議院財政特別委員會說明銀行危機相關報導，大家一字排開坐在保得利大廈溫爾遜廳的長椅上，這棟現代大廈是議會的附屬建築，位置正對著下議院。現場有幾位觀眾，包括等著我們出糗以便大書特書的國會特寫員。

老樣子，佩斯頓第一個上陣回答問題。我殷切要回應老掉牙論點，也就是造成風暴的是記者，而非銀行業者或政府當局。我們雖然不是無辜的旁觀者，但絕對也不是幫兇。我們的職責是報導與回應事件進展。這本來就不是容易的事。套句天空電視台主播傑夫・蘭道（Jeff Randall）的話，當有人聘僱一大票人阻止我們獲得真相時，做好本分更是困難。

代表里茲東區的工黨議員喬治・穆迪（George Mudie）問我，我們報社是否因為擔心一旦報導北岩銀行出狀況，報紙會銷路不佳，才刻意忽視銀行出狀況的傳聞。等等，話怎麼這樣說。我們常被大家指控報憂不報喜，這是因為報憂才會讓報紙賣得好。不過穆迪確實說對一半，我們的職責不是散播傳聞，只是當初HBOS銀行與北岩銀行在信貸市場一片大好時拚命擴張，我們應該要更加對外示警才對。

二月十二日，週四

近傍晚時分，在白金漢宮附近史蒂文森家中飲酒，深聊培生公司、《金融時報》與這場金融風暴，一瓶夏布利白酒也就如此飲盡。HBOS銀行出狀況時，來自考登翰的史蒂文森勳爵時任董事長，從這些事件獲得哪些教訓？哪裡做錯？很期待丹尼斯替我們寫些文章，只是目前他還沒上鉤。儘管後續碰了幾次面，喝了幾杯美酒，始終沒有上鉤。

二月十三日，週五

與英格蘭銀行總裁金恩共進早餐，他不滿布朗首相一直被許多銀行擺布，這些銀行既不配合放貸，也對資產負債表上的不良資產一概不認。金恩說：「我向來覺得銀行是危險機構。」

金恩喜歡來硬的（「若是柴契爾夫人的話，八成會召集他們到一個房間，告訴他們現在的狀況如何如何」），認為布朗收到的建議並不一致，讓他很難下定決心。布朗很擔心銀行局部國有化會帶來不良政治後果，也確實有此可能，畢竟新工黨主打的政策訴求之一就是廢除黨綱第四條的產業共有制。布朗擔心此舉將落入保守黨口實，負面新聞滿天飛。

我說，布朗過度焦慮於每天新聞發展，金融危機不是打一場戰役，而是打一場戰爭，而且是持久戰。回想一九四〇年到一九四一年之間邱吉爾的處境，戰爭轉捩點並不是撐過倫敦大轟炸，後續還有北非與義大利戰役要拚。金恩這位歷史通想必對我這不三不四的比喻嗤之以鼻，只是不好意思說出來。

他說，政策制定必須大膽、清楚且果決。英國與美國搞得太複雜。他傾向的做法是，當銀行資本適足率低於一定水準，例如百分之四時，則藉由股權交換方式由政府保證補足資本。這麼做會讓投資人產生國有化預期心理，因此逃離市場。逃離就逃離吧。

三月九日，週一

沃爾夫轟轟烈烈展開本報「資本主義的未來」社論系列第一篇，指出全世界已見證金融自由化的尾聲，如同革命式社會主義之死一樣意義重大。馬汀總是不放過任何稱得上是歷史時刻的機會，寫道：「又一個意識型態之神殞落。」

柴契爾與雷根的親市場意識型態三十年來出盡鋒頭，原因之一是原本以凱恩斯模型為主的混和經濟發展不順遂。但還有其他原因，像是鄧小平將中國從計畫經濟改為市場經濟，共產主義瓦解，以及印度停止效果不彰的中央計畫經濟。然而這場全球金融危機破壞市場經濟的正當性，也讓相信市場無敵的人（如葛林斯潘之輩）名譽蒙羞。接下來該何去何從？

馬汀在這篇評論預期政府將在未來經濟治理中扮演重要角色，也將推出更多管制措施。國家舉債規模將會上升。且如同經濟大蕭條後的一九三〇年代，重心將會從全球政治轉為國內政治。金融危機落幕後，大政府的腳步稍稍停歇，直到COVID-19新冠肺炎疫情才又捲土重來。

三月二十七日，週五

歐巴馬答應接受本報專訪，令人欣喜，因為想採訪他的美國同業都吃閉門羹。我也想一窺史上首位入主白宮的非裔美國人的廬山真面目。好吧，也許我帶有一點追星心態。

會見歐巴馬的地點不在橢圓辦公室，而是在羅斯福會客廳。此會客廳以大小羅斯福總統的姓氏命名，老羅斯福（Teddy Roosevelt）是共和黨的進步派，酷愛狩獵，小羅斯福（Franklin

Roosevelt）則是連任四屆總統，任內挽救身陷經濟大蕭條的美國，協助歐洲抵禦法西斯主義。歐巴馬總統身穿深色西裝、白色襯衫，搭配心愛的紅寶石色領帶，太陽穴旁有幾絲灰髮。

總統說：「別人還沒在看《金融時報》的時候〔指一九八〇年代的芝加哥〕，我就已經在看了。」我們深感榮幸。「想不到現在看《金融時報》變成一種潮流，人手一份。」

陪同我採訪的有本報華府分局主任艾德．盧思（Ed Luce）及美國區執行總編芙里蘭。我和艾德都覺得這場年度訪談盛事由兩個人一起訪談剛剛好，多一個人恐怕有些多餘。但克莉絲緹雅很想參加，也在情理之中。唯一剩下的問題是，要不要向歐巴馬索取簽名。不行，想都別想。

要問的問題已準備一段時間，甚至是過度準備。雙方有共識要將提問重點放在美國經濟與金融危機。隨著逐一聊到即將召開的G20高峰會、經濟振興方案及避稅天堂。避稅天堂，怎麼會要談這個？我開始納悶這樣子的對談是不是過於舒適。

歐巴馬如打禪般淡定，非常講道理，呼籲盟友「團結起來應對危機」，至於銀行業人士，則認為他們必須為這次危機負起責任，獎金薪酬的發放要節制。全球必須避免陷入一九三〇年代盛行的保護主義。絲毫看不出日後他會對一群華爾街高層代表團說：「你們會不會下油鍋，由我的執政團隊決定。」

採訪才剛過二十分鐘，出身阿拉巴馬州的白宮發言人羅伯特．吉布斯（Robert Gibbs）在我面前桌上放沙漏，害我直到採訪結束前注意力都集中在沙漏，而非歐巴馬。轉眼間，結束時間到了，儘管問到的內容足以撐起全版訪談，卻了無生氣。早知道該問一個不在訪綱上且無關主旨的問題，像是您沒有管理經驗，請問管理風格是什麼？偷偷用一個問題撬開這位新總統的外殼。

這次採訪如同替《金融時報》做行銷，返回倫敦途中，遇到一個很迷歐巴馬的機組員想聽我在白宮一個半小時採訪歐巴馬什麼，特別讓我升級到商務艙。這次採訪歷久彌新，有別於川普的「美國優先」施政方針，歐巴馬選擇與盟友協調合作，共同面對危機。

四月三日，週五

我和美國頂尖外交高手郝爾布魯克大使維持超過十年亦師亦「折磨」的關係。[3]當年我在紐約時會固定和他在曼哈頓中城區首屈一指名流早午餐的麥可餐廳共進午餐。郝爾布魯克（大家因種種原由稱他為「機車」迪克）像是帶著一些缺陷的公象，傑出聰穎，也是傾授我美國外交政策最深入的專家。但他的個性也很霸道，從過去他和塞爾維亞總統斯洛波丹・米洛塞維奇（Slobodan Milošević）過招的經驗來看，像是簽署達頓和平協定，這一點不難想見。近距離接觸並不討喜就是了。

---

3 感謝曾獲普立茲獎的作者暨美國駐聯合國大使（二〇一三—二〇一七）莎曼珊・鮑爾（Samantha Power）首創「亦師亦折磨」一詞來形容郝爾布魯克。我將這個詞改成「亦學子亦受苦」。

郝爾布魯克今天來《金融時報》找我吃午餐。他的新頭銜是歐巴馬的阿富汗暨巴基斯坦特使，這是眾人避之唯恐不及的差事。國務卿一職他垂涎已久，至今依然如此。儘管（誇張）宣稱歐巴馬都會聽他的，其實擔任特使算是降格。

郝爾布魯克的主張很有道理，稱要解決阿富汗衝突，必須一併考慮阿富汗與鄰國巴基斯坦（「巴國是個分化國家，還不到失敗國家的地步」）。兩國族裔關係可溯自數百年前，雙方模糊邊界沿途「都有可能爆發戰事」。當年他在越戰期間擔任年輕幹練外交官，目睹越方游擊隊是如何逐漸羞辱美方軍隊，故想避免這場阿富汗衝突再度像越南那樣「美國化」。四十年後的今天，他依舊認為美國可以當個正義之士。這一點我有同感，美國即便曾經犯錯，二十世紀多數時刻仍然站在歷史正確的一方。然而吃完這頓午餐後，卻讓我深信美國在這場不幸的阿富汗遭遇最終會以失敗告終。

郝爾布魯克二〇一〇年十二月因主動脈剝離癱倒在希拉蕊國務卿辦公室，同月離世。美國在二〇二〇年川普任內終於放棄對塔利班作戰，儘管這場敗仗不如越南那般難堪，依舊是外交政策重大挫敗。

四月十三日，週一

「資本主義的未來」系列以一篇全版社論告終，文章如此開場：「有些危機散播恐慌；有些危機澄淨人心，奪人耳目。這次危機則是二者兼具。」

文章論點是，市場不見得每次都會自我修正。市場若不受管制，不僅不會改善社會效率，更可能減損效率。但這是資本主義家的過錯，不是資本主義的問題，無損於自由市場經濟應有的特徵，像是私有財產權、明智與公平的管制措施及民主政治。但我們總結認為，若要維繫金融市場的全球化與安定，勢必國與國之間（包括中國在內）要在金融管制、全球宏觀經濟與貨幣政策等面向更加密切合作，要有一套全新的國際取徑才行。

四月二十一日，週二

接受耶魯大學波因特獎助計畫邀請到校演講，主題談「媒體是否錯過這場危機？」我還在想媒體當初怎麼做會更好，也許我們之前太專注在倫敦與紐約華爾街金融機構的高層人物，不夠注意投資客動向。有人像是電影《大賣空》（Big Shorts）[4]的古怪投資人般，發現美國房市甚至整個金融體系的基礎如沙子般鬆散嗎？

大賣空人士有仔細讀財報，做好盡職調查，直覺認定市場狂熱不合理。記者、政客與管制當局的毛病在於缺乏想像力，沒有掌握到寬鬆貨幣政策、信貸擴張與複雜債券商品之間的關

4 麥可・路易斯寫的《大賣空》後來改編為好萊塢電影。書中描寫一群預測股市會崩盤的「怪咖」，書名則是指大量下注與股市對賭。

聯，太過專注在股市，例如股價與上市公司營收，而非信貸市場與「影子銀行體系」。真正大賺錢的是這一塊。當初我們也應該更明確對外示警，指出風險所在，結果卻和當年網路泡沫時一樣，沒有做到。

但我也告訴台下聽眾，商業刊物始終要抵禦一股強大勢力：貪婪。當市場情勢大好，信貸流暢時，我們很難當一隻「永凍熊」。

四月二十七日，週一

到阿布達比兩天，參加波斯灣版《金融時報》開報儀式。本報團隊下榻占地八十五萬平方公尺金碧輝煌與大理石建成的酋長皇宮酒店，房間極為寬敞，套房衛浴間充滿好料。我打給維多莉亞，說要去Le Café餐廳吃早餐還得搭乘高爾夫球車。這家餐廳最出名的招牌卡布奇諾，上面會灑二十三K金金箔。當然，金箔是食用級的。

這項中東計畫由哈勒芙和瑞丁負責主導。我們會將波斯灣地區記者群增加到四人，提升杜拜以外地區發行量，還要加入一個叫做阿布達比媒體中心的組織。我告訴盧拉已替這個多金大公國想好新名字了，叫做「阿布多喜」（Abu Doshi）。

五月八日，週五

保守派報紙《每日電訊報》挖到議員浮報公帳的獨家新聞。曾經任職本報的該報總編威爾．路易斯（Will Lewis）[5]下令在頭版大肆報導，彷彿第三次世界大戰爆發。爆料內容來自一張花錢買到的爆料光碟片，酬勞金額不明。浮報公帳細節難以卒睹，從疏通護城河、蓋鴨舍乃至可疑的第二棟房子，全被英國議員當成報帳名目。這一點錢與華府那般龐大花費相比起來不算什麼，重點在於這個古老體制以往是靠「做事正直」的人來維持，如今卻被收入不高的民選代表鑽漏洞，令英國民主黯然失色。

此事長期會對國家機關造成何種害處尚難評估，但有害處是一定的。撇開高深問題不論，現在問題是《金融時報》還能找到什麼報導面向。最讓人提不起勁的就是拾人牙慧，報導別人獨家新聞的後續消息。

六月三日，週三

唐寧街傳出布朗有意撤換達林，改命鮑斯顧問擔任財政大臣。聽說是因為上次歐洲議會選舉布朗輸得難看。我與沃爾夫決定，儘管鮑斯曾是本報同仁，但我們還是要支持達林續任。社論摻著隱喻指出：「撤換他形同一場政治大戲，一場為了轉移大眾視線的木偶秀，好掩飾（選

5 路易斯曾經任職本報，是個熱情洋溢的記者，二〇〇〇年接下我的位子成為新聞主任，後來加入《週日泰晤士報》與《每日電訊報》，很快升上總編輯，接著又當上掌管《華爾街日報》的道瓊執行長（二〇一四至二〇二〇）。

舉」一敗塗地的事實……達林先生應該留任。」掃過一遍之後，我批准刊登。

達林後來告訴我，布朗讀到這篇社論後，決定不撤換他了，這篇社論是他的救命符。《金融時報》很少會像這次涉入政治，但我們認為達林是非戰之罪，不應被降職。提拔鮑斯則未免殷切過了頭。

六月五日，週五

受《標準晚報》年輕東家伊夫吉尼．雷貝德夫（Evgeny Lebedev）之邀，與維多莉亞參加一場向戈巴契夫致敬的晚宴，辦在西敏寺耶路撒冷廳，即當年亨利四世率領十字軍東征未及啟程便去世之地。當過蘇聯情報單位KGB幹員、現在從商的伊夫吉尼老爸去年我在莫斯科見過，他也來到現場。外界認為他是批判普亭的改革派，但誰又曉得他的廬山真面目？

雷貝德夫父子長期支持戈巴契夫白血病研究慈善基金會，留著黑鬍子的伊夫吉尼活脫像是契訶夫小說人物，也是倫敦社交圈新明星。坐在我身旁的大衛．弗洛斯特（David Frost）稱這陣子戈巴契夫看起來氣色不好，隨即給服務生使了眼神，請他再次斟酒。「萊奧納，還是紅酒最好，你說對不對？」

二十年前我在莫斯科與華府兩地見過戈巴契夫從政，這位蘇聯改革派當時魅力十足，信心滿滿，在國內卻是跛腳領導人。普亭瞧不起戈巴契夫，指他主導這場「二十世紀最大地緣政治災難」。就我看來，戈巴契夫比較像是悲劇英雄，明知共產體制早已破產，卻希冀藉由經濟而非政治改革力挽狂瀾。儘管他不是民主派，卻改變歷史軌跡。

六月十一日，週四

《金融時報》推出一個會自動更新的手機應用程式，能讓讀者在各種平板與智慧型手機載具上閱讀新聞內容，且不用透過蘋果iTunes及谷歌安卓系統的商店下載。

這是《金融時報》重大時刻，我們是其中一家新聞媒體率先主張可以靠自身價值與讀者忠誠度抗衡其他勢力，甚至不用向蘋果低頭。我們打賭讀者會主動上門，不會堅持要我們和管理員分享利潤。當然，公開場合我們沒有如此明講，做就是了。

七月二十七日，週一

到聖保羅大教堂參加前英格蘭銀行總裁艾迪·喬治（Eddie George）的告別式，他和我同樣畢業於道維奇學校（Dulwich College），學業優異。當年央行在布萊爾首相任內獲得獨立地位，正好是喬治執掌央行，從此央行能夠獨立決定利率，不會受到財政部或首相干預。但這麼做其實很吃虧，因為銀行的監管權改委由剛成立的金融服務管理局行使。喬治抨擊這麼做是錯的。

沒有錯，一旦限縮英格蘭銀行執掌，代表央行的重點變成是控制通膨與擬定利率政策，而非維持金融廣泛穩定。很難不讓人聯想，如果過去體制維持不變，「穩定艾迪」是否會提早察覺到危機跡象。

八月四日，週二

吃完戈巴契夫晚宴後，再來是吃雷貝德夫午宴。伊夫吉尼在聖詹姆士街自家旗下日式料理「清酒之花」宴客，想就如何改進《標準晚報》一事請教我的意見。我建議他「要聚焦」，要和《金融時報》一樣將重點放在比較擅長的主題，以《標準晚報》為例會是報導藝文新聞、房地產新聞與強生的市政。伊夫吉尼點頭稱是，隨口提到老爸認為報導多一點倫敦的俄國人新聞也許是好主意。別妄想了。他又說打算將《標準晚報》改成免費贈送。想不到小雷貝德夫比我想像還要認真。[6]

八月六日，週四

新上任的新聞申訴委員會（Press Complaints Commission）執行長巴斯康柏女爵（Baroness Buscombe）提議一起午餐。所幸目前為止我和委員會沒有太多瓜葛。讀者若有不滿，我比較傾向和他們直接迅速溝通，且自從泰瑞．史密斯事件以來，我很不喜歡打官司。

巴斯康柏上任以前，委員會執行長是由前英國駐美大使與梅傑議員發言人的克里斯多福．

梅約爵士（Sir Christopher Meyer）擔任，此人友善但愛誇誇其談，最為人知的是愛穿紅襪。女爵邀我到克勒肯威一家有點潮的史密斯餐廳用餐，可以從露臺眺望聖保羅大教堂。律師出身的她是保守黨議員，帶有些許魅力。這頓飯本來吃得愉快，直到她開始批評《衛報》總編羅斯布里奇。她說，羅斯布里奇太執著於報導《世界新聞報》竊聽風波，且希望新聞申訴委員會介入此事。若竊聽屬實，該交由警方處理才對。

新聞申訴委員會明顯很緊張，艾倫日後告訴我竊聽事件非同小可，考驗著新聞申訴委員會的可信度。他認為目前尚未掌握到事件「核心」，需要認真追下去，希望《金融時報》一起追蹤新聞發展。先靜觀其變再說。

十月六日至十九日

好一段時間我對我們的拉丁美洲報導很挫折，認為缺乏新聞亮點。如今總算找到對的人，那就是具有一半古巴血統、一半英國議員後代血統且帶有演戲天分的 J. P. 羅斯本（他老爸的表哥貝錫曾經飾演福爾摩斯角色）。J. P. 個性低調卻優雅，善於獨立思考，富有拉丁魅力。三個月前我把他叫進辦公室，暗示要拔擢他擔任拉丁美洲主編，至於會不會成真，則要視這次一同

6 二〇二〇年七月雷貝德夫獲強生任命為終身貴族中立議員，遭批評是搞裙帶關係。

去阿根廷、巴西與哥倫比亞（他喜歡的國家）的結果再做決定。

我目前的看法是：經濟發展迅速且政治（明顯）穩定的巴西將成為區域強權，該國的人民生活水準在魯拉總統（Lula da Silva）任內有所改善，一部分得歸功於中國大量的原物料需求。憲法規定總統僅能連任一次，若要繼續連任則要修憲，故魯拉決定不尋求連任，改推派缺乏魅力的幕僚長迪瑪．羅賽芙（Dilma Rousseff）繼任總統。相較之下，阿根廷政局不穩，經濟政策短視近利，導致人民三餐不繼。結論是：我看壞阿根廷，看好巴西。

我與維多莉亞兩人和羅斯本在波哥大再度會合，撇開週末會在卡塔赫納（Cartagena）為此次拉美行劃下句點外，這次出訪的重頭戲是到總統府訪談阿瓦洛．烏利貝（Álvaro Uribe）總統。烏利貝個子不高，是一頭灰髮的硬漢，任內幾乎擊潰左翼激進分子「哥倫比亞革命軍」（FARC），讓世界上打得最久的內戰劃下句點。他深信老羅斯福的格言：抓住敵人的命根子，他們的心便降伏於你。

維安規格宛如以色列國會般嚴格，只見身穿淺藍色制服女子們手持重型突擊步槍在走道上來回巡邏。訪談安排在晚間六點，等待期間服務生不斷端上哥倫比亞咖啡。到了八點，實在要抓狂了。

一名矮小男子上前說明狀況。

「總統先生很忙碌……委內瑞拉的事讓他焦頭爛額。總統還要接見華府的訪問團。大概再一個小時就會接見。好嗎？」

然後就走了。

巴伯：「太扯了吧，還要再等一小時，甚至更久嗎？發生什麼事？這傢伙到底何方神聖？」

羅斯本：「呃，他叫烏利貝。」

等了將近四個鐘頭，一行人總算被喚入一間瞠目結舌的黃色國旗色會客廳，等待總統的到來。總統坐在一張巨大、打磨得宛如玻璃般光亮的紅木桌對面。他點點頭，坦承與鄰國委內瑞拉有些紛爭，似乎關係到植物衛生標準。接著，我向他拋出一記震撼彈：喬治．華盛頓都只肯當兩屆總統，烏利貝總統為什麼要當更多屆？

這位哥國硬漢從座位上跳起來，走向我，像是要修理這沒禮貌的傢伙。結果他綻開笑顏：「因為我還在尋找接替我的湯瑪斯．傑佛遜。」

烏利貝最後還是下台，讓前國防部長璜恩．曼紐．桑多斯（Juan Manuel Santos）得以接任。經過一番辛苦談判，桑多斯政府與哥國革命軍簽定和平協議，該協議雖未在首輪全民公投過關，最後仍然順利獲得批准。烏利貝後來成為一位愛在推特上發牢騷的人。不過他有助自己的魁儡人馬伊凡．杜各（Iván Duque）一臂之力，在二〇一八年順利選上總統。

十月二十九日，週四

本報深入追查布萊爾卸任首相後的賺錢術，如今開花結果。專題名為「直擊布萊爾企業」，打算趁布萊爾非正式競選歐盟理事會第一任全職主席之際刊出。若以資歷來看，撇開伊拉克敗局不論，他絕對有資格擔任該職。但我們也點出這麼做的政治風險。

「歐盟領袖們若曉得此人來往對象錯綜複雜，甚至來者不拒，恐怕會考量再三。布萊爾的生意來往對象包括：利比亞的姆厄瑪．格達費與兒子賽義夫；科威特阿布達比政府；盧安達獨裁者保羅．卡加米；哈薩克獨裁總統納札巴耶夫。遑論摩根大通還給他百萬美元酬勞。」

後來布萊爾沒有順利當上歐盟理事會主席，生意（與慈善事業）倒是蒸蒸日上。我個人尊敬布萊爾，但要求記者注意他的一舉一動。他的事就是我們的事。

十一月四日，週三

魯拉總統前來倫敦向投資人推廣巴西，同時想試探外界對他提名的繼任者人選羅賽芙的反應。曾經當過機械廠工人的魯拉參選過三次總統，直到二〇〇二年才順利當選，有點萊赫．華勒沙（Lech Wałęsa）的影子。他手持雪茄煙，不斷拍拍採訪人的手臂，一邊大談讓百萬人脫貧的巴西經濟奇蹟。採訪尾聲，他邀我下次去巴西時到他的農場走走。

當時是巴西經濟鼎盛時期，但隨著原物料價格下滑，巴西經濟弱點與魯拉第一任任內造成的制度貪腐隨之浮現。本報駐巴西記者強納森．惠特利（Jonathan Wheatley）向來對巴西的經濟起飛有所保留，事實也確實如此。後來魯拉被關進大牢，我也沒去他的農場。

十一月九日，週一

在法國吃早餐時接到布朗的公關主任賽門．路易斯（Simon Lewis）來電，請我待會和首相通電話。（法文）談什麼？賽門說，是有關《金融時報》報導上週末布朗在蘇格蘭聖安德魯斯主持的G20財政部長會議。

九點左右布朗首相打來，對於我們報導政府變卦氣憤填膺，報導說政府原本要提議課徵全球金融交易稅，現在又不打算提了。當時我正走在巴黎某條大道，試圖要好好聽他說話，但雙方越來越大聲，維多莉亞要我滾開。突然間發現自己走進墓園，果真適合讓人冷靜。

布朗拋出金融交易課徵「托賓稅」（Tobin tax）[7]的構想，遭到美國反對，只好撤回。他愈是說我們內容通篇錯誤，我愈要繼續報。事後看來，我應該對他好一點，首相當時想

7 托賓稅旨在藉由對外匯交易課徵為數不多的稅額，以減少頻繁交易。首次提出這個構想的是一九七〇年代的諾貝爾經濟學獎得主詹姆士．托賓，按理來講應該要能促使金融穩定，也要讓銀行付出本來應該要承擔的代價。

展現全球領導風範，覺得《金融時報》卻在扯後腿，畢竟我們是有影響力的。話說回來，布朗是個「牢騷鬼」，新聞本身若有爭論，站在他那一邊很危險。我們如果真的做錯，我一定會有所行動。但若不確定是否做錯，我肯定會站在記者這一邊。

十二月十一日，週五

自以為是的澳洲總理陸克文（Kevin Rudd）想和我聊聊哥本哈根氣候變遷高峰會。之前通過一次電話，內容很有料。陸克文以宏觀策略家自居，總是把別人當三歲小孩一樣對待。

巴伯：「剛才跟布朗通話，他說要向你問候，請我代為轉達。」

陸克文：「是哦。」

巴伯：「凱文（陸克文的英文名），我覺得布朗是世界上花最多時間在意自己民調水準的人，其次就是你。」

陸克文（一陣沉默）：「每天早上起來都要吃狗屎三明治，還能不在意嗎？」

第3部

樽節當道、列文森調查與iPhone世代

二〇一〇年 聯合政府

一月一日，週五

當了四年總編，是時候啟動高層團隊人事輪調。我打算調泰特去紐約當美國區執行總編，接替芙里蘭的位子。芙里蘭成績不錯，但我猜她其實垂涎我的位子，所以我要調她去華府分局當主編，看她是否有意願。瑪裘莉應該不會喜歡這項安排，但目前為止她還是尊重我的人事任命權。最後也確實尊重我的決定。[1]

泰特人事案是高層團隊大洗牌的一環，我想靠新的執行總編推動新聞中心下一波數位改革。我也關注一位前途看好、頗受同仁歡迎的南非產製記者，名叫麗莎・麥克里歐（Lisa MacLeod）。柏格勒一直是控制支出的得力助手，相信調到新職位協助瑞丁生意面業務會得心應手。史丹・歐尼爾（Stan O'Neal）說得對：當《金融時報》總編四年也捱過來了，是時候要有新氣象。

歐元區債務危機是本報二〇一〇年最重要的新聞，希臘被爆出做假帳，債務高達三千億歐元，為現代史上金額最大。外界擔憂其他如葡萄牙、愛爾蘭與西班牙等債務累累的國家恐將步上希臘脫離歐元區的後塵。至於英國國會大選，卡麥隆的新保守黨來勢洶洶，劍指布朗。一年伊始，我踏上意料之外的行程，與英國將領造訪阿富汗。

一月二十一日至二十四日

人生首次身處戰場是在一九九二年的洛杉磯，替《金融時報》報導警方毆打羅尼·金恩（Rodney King）所引發的暴動事件。如今皇家空軍上將史蒂芬·達頓（Stephen Dalton）邀請我陪同他前往阿富汗。毫無疑問，這是一趟公關行程，但這場干戈既然祖國有分，身為總編也該親自直擊衝突，即便只是蜻蜓點水。我們坐上C17運輸機從諾特霍皇家空軍基地起飛，傍晚時分準備降落阿富汗首都喀布爾時，獲邀進入駕駛艙，只見夜幕低垂，天空閃爍著城市火光。該不會是火箭炮的火光吧？實在比一九九〇年代初期走在洛杉磯中南部街道還要可怕。

最近剛成立的聯合司令部由美軍特種部隊將軍史丹·麥克克里斯托（Stan McChrystal）[2]指揮，準備對死灰復燃的塔利班加強作戰。聯軍部隊很晚才發現二〇〇六年同盟國發動的戰事注

---

1 芙里蘭後來不去華府，改去路透社，最後轉換跑道回到加拿大從政，很快升任外交部長及財政部長，成為全球自由民主的先鋒，也找到人生第二志業。

2 麥克克里斯托後來因為當著《滾石》記者的面嚴詞批評歐巴馬政府資深官員（包括郝爾布魯克），被迫辭職。

定失敗，全因自大且無知。如今要反擊。一名英國司令表示，「孤注一擲了」。

後續三天匆匆隨著裝甲車隊造訪喀布爾各地，接著到坎達哈空軍基地，乘直升機到赫爾曼省巨大英國基地堡壘營。受邀一同前往的其他平民百姓包括：英國廣播公司新聞台海外主編瓊・威廉斯（Jon Williams）與首相的反恐首席顧問羅伯特・哈尼根（Robert Hannigan）[3]。奇妙的是，我和瓊在槍林彈雨的真真假假威脅下，一個晚上迅速成為好友。

然而要一直到造訪軍方醫院，聽見穿牛仔褲的外科醫生提及曾替遭到土製炸彈炸傷的軍人開刀，順口說到手術室一度血流滿地，才意識到戰爭就在眼前。

某位英國司令將這場戰事比喻為當年在南阿瑪與愛爾蘭共和軍作戰，屬於族裔與部落性質，互不相讓。也有人認為「關鍵在於誰能掌控夜晚優勢」。塔利班不僅具有堅強決心，也很足智多謀，會挑比較弱的聯軍下手（顯然是指德國）。國際安全援助部隊（ISAF）設定的軍事目標是區劃陣地、清除陣地、戍守陣地與重建陣地。聽起來很了不起，但在阿富汗這個國家，一切都很不確定。

外界對善於操弄部落民心的民選總統哈米德・卡札伊（Hamid Karzai）寄予厚望，但一名英國軍官稱卡札伊就像是「不搞性醜聞的柯林頓」。事實上是期待過高。卡札伊是出身坎達哈的普什圖族，不是阿肯色州狡猾的白人政客，無法隨心所欲，往後也將會是如此。短期內暴力情況會持續惡化，若針對塔利班實施反叛亂行動，恐怕會讓恐怖組織將攻擊目標導向平民。

某天早晨與達頓等人一起參加國際安全援助部隊高階簡報會議。麥克克里斯托將軍外出演習，會議改由尼克・帕克（Nick Parker）中將主持。一頭灰髮的帕克是沙場老將，兒子去年被詭雷炸彈炸到重傷，帕克說國際安全援助部隊的全新司令組織架構比較像是「強迫剖腹」的結果，不是自然產。是否能夠達成和解「有些難料」，盟國這項做法來晚了：「我說的是『有贏的勝算』，不是『一定會贏』。」

帕克簡報完，達頓向他道賀，並請他界定在阿富汗打勝仗，結果會是什麼模樣？

帕克將軍表示：「長官，勝仗就是把這個國家變成經濟一團亂的其他第三世界國家……」

眾人不安地大笑。

帕克將軍進一步嚴肅表示：「不要太寄望於民主。」

想讓阿富汗變成民主國家的構想始終行不通。阿富汗幅員太大，太窮，太多不同族裔。我很想支持英國軍事行動，但離開喀布爾時，內心依然抱持疑慮。

三月十日，週三

英國大選在即，二〇〇七年本來要提前改選，布朗卻臨陣退縮。如今時間所剩無幾，工黨民意下滑，卡麥隆領導的保守黨微幅領先，選戰呈現拉鋸。誰會勝出，關鍵恐怕取決於自由民

3　哈尼根後來負責掌管從事情報工作的英國政府通訊總部（GCHQ）。

主黨黨魁尼克・克萊格（Nick Clegg）的決定。今晚來到西倫敦他家參加晚宴。

早在布魯塞爾時就認識尼克，一直很欣賞他。當時他是歐盟貿易委員黎昂・布利坦爵士（Sir Leon Brittan）閣員之一，腦筋聰明絕頂，不過和老闆一樣做事缺乏彈性，也有些自命清高。不意外，畢竟有荷蘭人血統。（英國駐比利時大使約翰・克爾爵士〔Sir John Kerr〕有次告訴我，看到一堵牆還會加速向前衝的，就是荷蘭人。）克萊格與在倫敦當頂尖律師的西班牙裔老婆米莉安都是堅定的歐洲派，支持英國與歐洲經濟與政治整合。兩人育有三子，分別是阿爾貝托、安東尼歐與米格爾。多重語言、多重文化，這就是保守派選民的溫和替代人選：克萊格夫婦一直是《每日郵報》攻擊與唾棄的對象。

克萊格的住家十分中產階級，並不花俏，牆上不掛鋪張畫作，桌上不擺骨瓷水晶。維多莉亞稱之為溫暖小窩。其他受邀貴賓包括《泰晤士報》專欄主筆麥修・培里斯（Matthew Parris）、培里斯的伴侶及《衛報》評論人朱利安・葛羅佛（Julian Glover）。大家想知道自民黨到底會和保守黨合作，還是工黨。克萊格以我們猜不透為樂。「哦，不太確定耶，真的，我還沒決定。」我猜克萊格早就決定要和哪一黨合作，社會政策方面他是自由派，經濟面則是保守派。八成會挺卡麥隆。

走中間路線的克萊格是個新面孔，第一次電視辯論會上氣勢凌人。但後來他說英國「誤以為自己在二戰多偉大」，「克萊格旋風」隨即消散，遭到《每日郵報》抨擊他罔顧國家榮譽。尼克自找的這堵牆，竟自己加速撞了上去。

三月三十一日，週三

卡麥隆神采奕奕快步走進下議院私人辦公室，沒打領帶，穿白襯衫配黑色休閒褲。別看他今天這副模樣，以前在伊頓中學讀書時可是穿短西裝，在牛津大學布靈頓俱樂部則穿客製海軍藍燕尾服，搭絲絨領結、芥末黃西服背心及天空藍領帶。大衛．威廉．唐諾．卡麥隆（David William Donald Cameron）今天走平民路線，為未來掌權蓄勢待發。他深知《金融時報》尚未表態下次大選支持哪位候選人，打算給我們留下好印象。

我和本報政治線主編喬治．帕克（George Parker）一起採訪，他曾任布魯塞爾分局主任，也是騎單車的同好。撇開水晶宮足球隊不論，我和他共通點挺多的，都是十足記者性格，愛追大條新聞，大聊八卦，還有靠腎上腺素趕截稿。後續幾週喬治的每日評析將相當程度左右我對這場選戰的看法。

比起前幾次碰面，這次卡麥隆自信許多，也更加侃侃而談，勾勒一個叫做「宏大社會」（Big Society）的願景。這與林登．詹森（Lyndon Johnson）總統主張的龐大聯邦福利計畫「偉大社會」（Great Society）願景相差十萬八千里，而是一種艾德蒙．柏克（Edmund Burke）的願景現代翻版，將社會交由一小群關心公眾事務的自願人士及從信仰出發的慈善機構主導。但這些善心人士如何能夠取代國家角色。我與喬治都認為，宏大社會只是幌子，真正目的是要削減福利支出。結果不出我們所料。

談到歐洲政策，卡麥隆承諾要和歐洲如「友好鄰居」般相處，不要當「不情願的房客」，會待之以誠，坦率直接，一起合作。又是一句日後英國脫歐時會食言的話。卡麥隆在辦公室出入口附近放上一張與梅克爾合照的照片，大剌剌要讓本報明白保守黨比我們想像得還要親近歐洲。卡麥隆堅稱「兩人相處甚歡」，渾然不知我兩年前在柏林採訪梅克爾時，聽到的卻不是那麼一回事。也許這段期間他們關係變好了吧，但我很懷疑。

四月七日，週三，馬德里

倫敦最厲害的公關人物艾倫・帕克（Alan Parker）[4]實在很煩。就算他和卡麥隆很要好，這傢伙還是很煩，不斷承諾要幫我安排在馬德里採訪社會主義派的西班牙總理荷塞・路易斯・羅德里格斯・薩帕德洛（José Luis Rodríguez Zapatero）。很感謝你，艾倫，薩帕德洛若想要我們採訪他，由他的陣營直接聯絡我們即可。其實我太挑剔，現在是採訪的絕佳時機，因為希臘債務違約風險上升，薩帕德洛卻是志在安定金融市場，要讓投資人相信西班牙不會重蹈希臘覆轍，才會希望《金融時報》協助傳達訊息。

採訪在蒙克洛亞宮舉行，即總理官邸暨辦公廳。四十九歲的薩帕德洛是職業政治人物，綽號「邦比」或「小拖鞋」（取自西文姓氏）。比起二〇〇〇年我採訪的前任總理荷塞・瑪麗亞・阿茲納（José María Aznar）那般粗魯，薩帕德洛耳根子軟多了。面對問題，他的解決策略是砸錢。西班牙若是在大興土木的成長年代，這麼做不會有問題，但二〇〇八到〇九年經濟崩盤後，西班牙亟需改革。

薩帕德洛說：「我們有計畫，計畫可信且可量化。若需靠更多樽節或更強烈措施，也都會確實實施。」

然而他的話都帶有但書。至於開明社會議程與同性婚姻法方面，立場倒是比較確定。考量到西班牙民情保守、宗教色彩濃厚，這一點難能可貴，只是與經濟危機相較之下並非主軸。我被他搞得很厭煩，索性拋出一記震撼彈問題。

「請問總理先生，您認不認為未來歷史學者回顧您任內政績時，會覺得西班牙的歐洲地位就是在此刻從相當於甲級足球聯盟降級到乙級聯盟？」

薩帕德洛嚇了一大跳。「不，西班牙不會又被降到乙級聯盟。這陣子確實不好過，但我們還是會和強國一起待在甲級聯盟。」

採訪結束後，驚魂未定的薩帕德洛邀我陪他到官邸林區散步。

總理（總算開口說英語）：「我的朋友布萊爾最近如何？」

巴伯：「很好，想念當官的日子。」

總理：「回到你剛剛的提問。西班牙不是希臘，不是乙級聯盟。」

4 帕克爵士一九八七年成立全球公關公司Brunswick，擔任董事長，因商業與慈善事業有功，於二〇一四年獲授爵位。

巴伯：「總理先生，水已經要淹到你的脖子了，再不行動，恐怕會凶多吉少。」

總理：「我了解，我了解，可是我們西班牙很保守……人民住在村子裡面，不會移動。若不妥當處理，人民可是會走上街頭……」

一個月後，薩帕德洛推出樽節措施，但來得太晚，為此付出選舉代價。繼任者馬利安諾．拉霍伊（Mariano Rajoy）看似是不怎麼聰明，只顧著默默做事，結果實施經濟改革，讓西班牙逐漸起色。

四月二十日，週二

英國石油公司在墨西哥灣的鑽油平台「深海地平線」發生大爆炸，造成十一死，路易西安納州周遭海域遭到數百萬加侖石油汙染。這讓我想起本報曾對該公司在美國的不良工安紀錄做過深入報導，獲得獎項肯定。但這起「爆炸」意外規模更大，更像是埃克森瓦德茲（Exxon Valdez）的阿拉斯加灣漏油事件。這起事件改變整個世代更加重視環境安全（也讓埃克森美孚公司後來變得更好，更注重安全）。對《金融時報》來說，這是大條新聞：英國最重要的一間公司在美國陷入大麻煩。我派出更多記者進行報導。

四月二十二日，週四

報導商業財經新聞之外，我的工作不時會帶我到一些壓根都想不到的場合。今天我和維多莉亞參加性手槍（Sex Pistols）樂團經理人馬康・麥拉林（Malcolm McLaren）的葬禮，見證龐克年代的結束。麥拉林催生出忤逆英國權勢的龐克運動，我曾在一次非正規任務、二〇〇九年本報於摩納哥舉辦的豪華企業高峰會上採訪過他。他人很親切、貼心，但由於罹癌的關係，人很蒼白，最後不敵病魔撒手人寰。

告別式辦在大波特蘭街地鐵站對面的萬瑪莉樂彭，這裡曾是教堂，現已轉作世俗用途。我和維多莉亞受麥拉林伴侶楊恩・金（Young Kim）的邀請一同出席，坐在麥拉林前伴侶，也是時尚設計教母薇薇安・魏斯伍德（Vivienne Westwood）的後方。薇薇安額頭綁著「混亂」二字招牌頭帶。現場來賓還有鮑布・葛多夫爵士（Sir Bob Geldof）、透納獎得主翠西・艾敏（Tracey Emin），以及頭髮染成橘、綠、烏黑的龐克年代名流人士，許多人還穿皮衣，戴吊飾。

告別式有種失控喜感，有一家子在吵架，來自北極圈的人學狼嚎，麥拉林母校堤芬中學合唱團則是獻唱，性手槍的招牌曲〈挺空虛〉（Pretty Vacant）在最後響徹雲霄。噴有「活得太快，死得太早」幾個字的消光黑棺被送上靈車，由馬匹拉曳到馬克思安息地的高門墓園，一群身穿傳統珠寶服飾的民眾走在後頭。安息吧，麥拉林。

四月二十六日，週一

奧斯本答應在米爾班克的保守黨選戰總部接見，目前民意差距不大，奧斯本不像平常那般放鬆，研判這場選戰結果會很接近。這是否意味著要籌組聯合政府？影子財政大臣奧斯本沒說是，也沒說不是，雖然並未直接表明尋求本報支持，但有提到希望我們「能給點力」。接著主動提到保守黨可能要和北愛爾蘭的民主統一黨[5]一起合作。

我打給喬治．帕克，他也對此表示懷疑。共同的結論是，這次選舉最後若勢均力敵，就不得不籌組聯合政府。結果會是由保守黨拿下最多席次，籌組政府？或者布朗會後來居上，拔得頭籌？

四月二十七日，週二

是時候決定這次選舉要挺哪個政黨了。一九九二年本報雖然挺尼爾．金諾克（Neil Kinnock）率領的工黨，但挺得扭扭捏捏。當時我請長假在加州大學柏克萊分校的政府研究學院進修，指導教授是（各方面皆屬）重量級的尼爾森．波斯比（Nelson Polsby），他很熱衷英國政治，問我《金融時報》會挺誰。我不假思索就說是梅傑率領的保守黨。從此校園再也沒有人相信我的話。

當上總編時，本報立場是偏布萊爾，一九九七年、二〇〇一年及二〇〇五年都支持新工黨。布萊爾與布朗是英國經濟的稱職操盤手，親歐洲，也確實現代。當時本報立場容不下恐歐的保守黨。二十年過去了，我決定不要重演當年金諾克的尷尬局面，要好好做出選擇，並篤定對外宣告我們的立場。

資深同仁對工黨或保守黨幾乎都沒有好感，許多人在某次會議認為應該要實施憲政改革，改革投票制度[6]與上議院。自民黨或包含自民黨在內的聯合政府勉強獲得多數人支持。我對克萊格雖有好感，但《金融時報》不可能挺自民黨，因為他們不可能成為多數黨。於是我召來最近剛聘請的總主筆約拿森・福特（Jonathan Ford）商量此事。我會挑約拿森是因為他很會寫，我們也需要某個人來平衡本報過度傾向布萊爾的立場，並不在乎他到底是哪一種保守派。

接著某位同仁給我看照片，上面是約拿森年輕時身穿布靈頓西裝與強生坐在基督堂學院外的石階上，那是一九八七年的事。而卡麥隆就站在中間，神情高傲。我的老天爺（不是說那個學院）。多年前約拿森曾經喃喃提到布靈頓那票人的事，我有同感。約拿森有自己的政治傾向是沒錯，但也有顆探求真相的心。我會聘用他也是因為這個原因，接下來會和他一起寫選戰評論。我告訴約拿森：「這裡不是波蘭國會，不是每個人都有否決權。」

幾篇草稿下來，我們兩人一致認為改變時刻已到。「英國需要有個穩定、有正當性的政府帶領國家渡過財政危機，在國際發揮影響力。整體而言，保守黨比較符合期待。」

---

5 民主統一黨由伊安・佩斯里（Ian Paisley）創立，是北愛爾蘭政壇主要勢力，主張維持與英國統一。

6 自民黨主張國會選舉制度應偏向比例代表制，而非有利於保守黨與工黨兩大黨的第一名過關制。

五月七日，週五

保守黨成為國會最大黨，卻未取得絕對多數，看來聯合政府已成定局。幾次和同仁聊下來，更加確定保守黨配自民黨對英國最好。我於是打給奧斯本，他說：請關注後續消息。

五月十二日，週三

卡麥隆與克萊格並肩站在唐寧街十號玫瑰園，十足新婚夫婦模樣，但不是閃婚。新任聯合政府的人事安排花了將近一週才敲定，自民黨在內閣占有五席，克萊格本人會擔任副首相。根據最新通過的固定任期制國會法，聯合政府任期將是五年。新工黨執政十三年後，總算迎來新政局。

我認為聯合政府維持得下去，因為克萊格與卡麥隆都是中間派，兩人在個人層面不會有政治齟齬。問題出在能否控制強生這種人，強生稱聯合政府是鬥牛犬與吉娃娃的混種。保守黨人想要一黨主政。

參加露西．凱拉韋（Lucy Kellaway）的新書發表會：故事在講兩段自始注定失敗的辦公室戀情。露西是一九八五年晚我幾週進《金融時報》的前同事，後來成為本報明星專欄主筆。身形嬌小的她有著調皮笑容，與讀者關係獨樹一格，面對自大浮誇、有權有勢的人（還有我），總是不假思索吐槽。前一陣子我說需要強化《金融時報》的陣容時，她竟然抱怨說，萊奧納，又不是他媽的足球隊。

五月三十日，週日

深海地平線漏油事件爆發後，英國石油公司執行長東尼．黑瓦德（Tony Hayward）這五週以來一直在救火，他打電話告訴我：「這裡像戰場一樣，美國人的怒氣終日不消。」公司就是封不了井，數百萬加侖的石油不斷流到路易西安納、阿拉巴馬與密西西比州沿岸。某天黑瓦德被人發現搭乘私人遊艇出海透氣，結果上了頭條新聞。面對外界質疑，他卻表示：「我要過正常生活。」簡直是公關災難。而英國石油公司公關部主管不是別人，正是高爾斯。雷曼兄弟的詛咒果然陰魂不散。

六月三日，週四

谷歌執行長施密特前來拜會，這位（紙上）價值億萬的品牌大使是一座連結虛擬世界的軟體工程師與真實世界政客、記者與大眾之間的橋梁，自大無比，每次講完幾句話就笑，笑得很目中無人。今天他努力想要討人喜歡，估量是要我們多給他們正面報導。

谷歌曾經立下包羅萬象的「不作惡」公司座右銘，好一段時間幾乎沒有人質疑他們的道德操守，畢竟旗下搜尋引擎確實讓消費者獲益良多。但隨著勢力增長，谷歌在英國及歐洲的名聲開始下滑，有人質疑谷歌納的稅不夠多，有人質疑隱私問題。街景這個產品號稱是要繪製街道與屋舍地圖，卻是意外在收集個人無線網路使用數據。線上媒體競爭對手不滿谷歌獨厚自家數位廣告業務，讓他們的排序往後掉。面對種種批評，施密特不願正面回應，但我察覺到大眾的態度有所改變，特別是隱私議題。這次歐洲總算走在美國前面。

六月十一日，週五

吹哨者維基解密網站取得多達二十五萬份美國機密外交電報，《衛報》與《紐約時報》在內的國際新聞媒體都報導了外洩文件內容，像是美國政府令人難堪的對巴基斯坦核子武器計畫的立場、美國軍事司令嚴詞批評英國在阿富汗的軍事布署及俄國情治機構委託黑幫從事犯罪勾當。儘管讓人難受，我們還是得跟進後續消息。

挑選新聞的複雜程度超乎想像，有一段時間本報國外新聞充斥著「根據維基解密」這類的開頭，最後我下令暫時不要再報導維基解密，《金融時報》記者應該寫出原創新聞才對，而不是人家報什麼就跟著報，或是靠人家選擇性洩漏的文件當報導素材。

六月十六日，週三

出席新聞國際公司辦在肯辛頓公園橘園餐廳的夏季派對。不愧是梅鐸，請得動重量級人物，卡麥隆與老婆莎曼珊連同克萊格一起來了，米勒班兄弟檔大衛與艾德也在現場，顯然是企圖尋求梅鐸的報社力挺他們問鼎工黨黨魁，接替決定下台的布朗。其他夏季派對的常客，像是英國廣播公司總裁馬克・湯普森（Mark Thompson）、喜歡交際的亞伯丁資產管理公司暨BSkyB蘇格蘭執行長馬汀・吉伯特（Martin Gilbert）、零售商Topshop億萬富翁菲利浦・葛林爵士（Sir Philip Green）、演員暨諧星詹姆斯・柯登（James Corden）也都到場。我向頂著火焰髮型的《太陽報》蕾貝嘉・布魯克斯（Rebekah Brooks）打招呼，自從耶誕節前和她在黛安娜王妃最愛去的名流聚會餐廳聖羅倫佐吃過午餐後，我們變得很熟。就在此時，我看見梅鐸遠離一群人站在草地上，政客們正列隊準備親吻大宗主的指環。

> 梅鐸在英國的地位臻於這場夏季派對，不到幾週後將爆發小報電話竊聽事件，終結他三十年來在英國政界呼風喚雨的歲月。

七月一日，週四

羅馬特派員蓋伊・丁摩（Guy Dinmore）參加奇異公司執行長傑弗瑞・伊梅特（Jeffrey Immelt）的私人晚宴時撈到好新聞，奇異公司是一家業務橫跨飛機引擎到醫療的大企業。伊梅特當著眾多義大利企業高層人士的面砲轟歐巴馬，稱美國國內氣氛「糟糕透頂」，企業與總統互看不順眼。他也對中國嚴詞批判，稱物產豐饒的國家恐怕會被「殖民」，北京當局越來越保護主義。「我猜他們〔指中國〕最後打算來個玉石俱焚。」

就在準備發這則新聞的前一刻，奇異施壓要我們別發。我碰巧很要好的一位義大利企業高層人士打電話給我，抗議說那場晚宴言談是非公開的，但蓋伊堅稱當時沒有清楚告知是非公開，伊梅特說的內容也相當程度攸關公共利益。其實這幾週以來我也一直聽聞有人抱怨歐巴馬對企業態度冷淡，我想一旦發了新聞，奇異肯定會大發雷霆，但最後他們也只能接受。不論如何，這則新聞必須要發。

七月二十六日，週一

黑瓦德下台一鞠躬，他的最大錯誤在於站在前線領導。出身史洛的他，個子矮小又有一張娃娃臉，走在路易西安納州海灘上，實在難以讓美國人信服他會率領清除漏油，結果落得「美國最討厭的男人」稱號。繼任者是出身密西西比州，人高馬大，講話輕聲細語的鮑布．達德利（Bob Dudley），往後他將與真正重要的休士頓石油業圈內人保持良好關係。達德利先前負責英國石油公司與俄國TNK公司的一項危險合資事業，最後逃離俄國。我記住要與他保持聯絡，要和他保持與布朗及黑瓦德同樣良好的關係。

八月二十四日，週二

在國會議員最愛去的酒館肉桂俱樂部與大衛．米勒班共進早餐。外界看好這位布萊爾陣營前外相當上工黨黨魁，現年四十五歲的他既聰明又能言善道，但就是缺少些什麼。他很愛現，非得讓大家知道他是在場最聰明的人不可。儘管承襲布萊爾從政之術，卻缺乏布萊爾那般自然與人搏感情的能力，即明知自己被他引誘，還願意上鉤。說穿了，大衛就像學究老爸，像個講師，不太聽人家講話。

我問大衛選戰打得如何。很好，但夏天放假變胖不少，全因飲食不正常的緣故。我想問他與弟弟艾德打對台的感覺，但他就是不上鉤，於是我改問他在這場選戰當中與工會的關係。英國最大工會聯合工會才剛宣布力挺艾德。

大衛說不擔心工會票數，和工會走太近可不行，因為得在之後的國會大選保持中間路線。巴伯：「這又不是國會大選，大衛。你還在初選而已。」

大衛與黨魁失之交臂。在工會的力挺下，艾德最後苦勝。沒有人曉得若是大衛當上黨魁的話，和卡麥隆競選誰會贏。後來他與家人移居紐約，成為難民慈善事業國際救援委員會（International Rescue Committee）主席，表現出色。據說後來兄弟倆再度和好。

九月一日，週三

《紐約時報》一篇報導厲害說明新聞國際公司獲取消息所慣用的竊聽手法，且不僅少數幾個壞蛋這麼做。除了先前《衛報》的爆料之外，《泰晤士報》則是根據法庭記錄與記者採訪，指出有線索指明《世界新聞報》固定竊聽民眾手機，倫敦警察廳卻未追查。這則新聞居然被外國媒體追出來，讓我羨慕又羞愧。

九月七日，週二

巴斯康柏女爵在（能幹的）副主任史提格．艾伯爾（Stig Abell）[7]陪同下來到我的辦公室，替新聞申訴委員會打抱不平，該委員會是報章雜誌紙本媒體自主約束機構。自從上次委員會答應要替某個退休泰國警官對本報提出的內容申訴展開調查後，我再也不信任委員會。該警官不滿本報亞洲主編凌大為（David Pilling）在專欄批評泰國軍方「大量殺害」抗爭人士。但他們本來就是這麼做，就是在殺人。新聞申訴委員會為何要替遠在天邊的他國人士展開調查，何況這些人士是在為暴力政權辯護？

巴斯康柏為此與我爭辯，我頓時火大，警告她若再這樣下去，《金融時報》就不再參與新聞申訴委員會。

> 事實上，新聞申訴委員會來日無多，儘管電話竊聽醜聞由警方主責處理，外界對新聞申訴委員會已留下擺爛印象，開始施壓要對此事展開公開調查。

十月一日，週五

高盛董事長暨執行長貝蘭克梵罕見致電，稱先前向歐盟主管機關發表的談話被《金融時報》報導不實，指本報誤稱高盛要脅撤出或減碼歐洲市場，給公司帶來「嚴重傷害」。確實，他那時說的話略有不同，但本報銀行主編派崔克・詹金斯（Patrick Jenkins）並非犯下十惡不赦的大罪，何況我們後來有對內容稍加修正。但貝蘭克梵就是纏著不放，稱我們的錯不只在於報導內容是否正確，或是否有公正詮釋，而是這起事件突顯新聞業「自身弱點」，習慣誇大新聞，為了賣得好，強迫將新聞帶到「超乎自然壽命」的地步。新聞業也有內建誘因去誇大、扭曲與「炒作」新聞標題。一根手指頭指別人，四根指自己，銀行業還不是一樣善於誇大。我點到為止。

我與勞伊德都清楚彼此關係不僅止於這起新聞事件如此單純。高盛是《金融時報》年度商業讀物大獎的贊助商，他很識相沒提起這件事，我也不想扯進去。我欣賞也尊重勞伊德，拜託，即使去年他輕率表示銀行都在「做上帝旨意的事」，我仍然不顧同仁反對，力拱他當年度風雲人物。這年代的銀行人士比記者及房地產業者更惹人厭。詎料他卻說冷笑話。

貝蘭克梵：「你大權在握。」

巴伯：「我不是所羅門王。」

貝蘭克梵：「對，因為你沒有所羅門王的智慧，但你有所羅門王的權力。」

---

7 艾伯爾曾任記者，後來在新聞申訴委員會從基層做起，最後升上主任。他在二〇一三年擔任《太陽報》執行總編，又不可思議地在二〇一六年順利當上《泰晤士文學副刊》主編，並於二〇二〇年協助創立泰晤士廣播台。

高盛始終認為本報存在某種內建偏誤。多年後一位企業高層向我表示，我們報導高盛的新聞都是一種「點擊誘餌」，用來引起讀者注意，繼而造訪報社網站。高盛的新聞表現很好，故無疑問，但這是因為高盛是全球勢力最大的一家銀行，加上它的某些客戶有問題才會成為新聞焦點，像是葛林爵士與馬來西亞國家投資基金1MDB多達數十億美元遭到盜用。不論好或壞，高盛永遠會是本報與各家媒體關注的對象。雖然偶爾會有這些不快的插曲，我依舊認為貝蘭克梵是華爾街最具開創性思維的人。

晚間六點整，巴克萊的美國老闆鮑布．戴蒙（Bob Diamond）到我辦公室單獨會面。他說，不能再自責下去（但明明一點自責也許能讓路走得更順）。倫敦金融業的大老們與英格蘭銀行對他（或巴克萊）不肯接受英國政府紓困的行為始終無法諒解，戴蒙說不要再批評銀行人士了，不然銀行不會願意承擔風險，和私部門共同創造工作機會、促進經濟成長，所以《金融時報》必須幫忙。

戴蒙拿資本主義的優點當說詞，想讓一切回歸老樣子。但若要我們現在就袒護銀行業者，時機尚不成熟，倫敦與紐約仍有銀行因不當行為接受調查中，像是倫敦同業拆放利率操縱事件。我雖然認同銀行角色對現代經濟不可或缺，但整件事尚未落幕。

戴蒙在新一年度出席國會委員會聽證，聲稱以後他不要再「自責與道歉」，也不願意鬆口是否會像過去兩年那樣不拿紅利獎金。結果他遭到嚴厲批評，最後被迫下台。

十月九日至二十三日，印度巴基斯坦行

這次十天印度與巴基斯坦行程的起點是杜拜，搭機前往加爾各答的途中，一位長者坐在我的座位附近，維多莉亞說那是坎特貝里大主教羅文．威廉斯（Rowan Williams），正聚精會神讀著一本磨得光滑的大部頭巨著。

該怎麼稱呼大主教呢？陛下聽起來太過教皇。也許稱作「殿下」或「神父」會好一點。還是叫他「大主教」好了。後來得知我們都會去加爾各答與新德里。班機一降落，大主教便迅速坐上小車隊迅速離去。至於我們這些平民，則是由南亞分局主任詹姆斯．拉蒙特（James Lamont）接機，他是資深海外記者，走起路來具有貴族姿態。

維多莉亞想去觀光，第一站先去維多利亞紀念館與印度博物館。逛了幾小時後，因為時差的關係，人很疲憊，便返回奧貝洛伊大飯店休息，卻發現房卡壞了。請飯店行李員送上新房卡，進入房間後覺得不大對勁，一名年長白人男性這時洗好澡走出浴室，身上裹著白色浴巾。竟然是大主教，還好他沒戴眼鏡！

隔天接近中午與前曾任情報頭子、現任西班格爾省長納瑞雅南（M.K. Narayanan）在巴凡府喝茶，當年加爾各答仍是首都時，巴凡府曾是總督官邸，建築風格仿效英國克松家族在德比的克德斯頓會堂。我們聊到恐怖主義、巴基斯坦與中國。衣冠楚楚、一頭灰髮的省長說中國影

響力正擴及緬甸、巴基斯坦與斯里蘭卡，中印邊界糾紛起因於北京當局宣稱擁有西藏自古以來的領土，雙方糾紛至今無解。「但開戰對中國將是災難。」省長先生，開戰對印度也是災難。

納瑞雅南接著將話題轉到美國。他說過去低估小布希總統了，小布希不畏外界批評，執意與印度達成歷史性核子合作協議。省長引述小布希的話，認同地說：有十億人口、上百萬個問題，結果還是民主國家。

參觀完孟買、德里與瓜里爾堡後，搭機前往阿姆利則，即金廟與一九一九年英國屠殺錫克教徒的事發地。從那裡再到瓦加邊界哨站，這裡是亞洲的查理檢查哨（Checkpoint Charlie），武裝軍人每天傍晚會昂首闊步舉行降旗儀式。不久再度迅速驅車前往拉哈爾，此地曾是英國統治時期的權力中心之一，也是教育古城。

旁遮普省長薩爾曼・塔西爾（Salman Taseer）在官邸接見我們，官邸有壯觀花園與寬敞斑駁房間，室內牆壁褪色，天花板挑高，還有一間附有彈性地板的舞蹈間。省長有一點壞性格，黑髮油亮，語氣跋扈，曾經當過政治犯，也是布托與鰥夫總統阿希夫・阿里・札達里（Asif Ali Zardari）的長期盟友。他的談話重點讓人想起郝爾布魯克說的：巴基斯坦不是阿富汗。

儘管如此，塔利班最近在史瓦特河谷一帶發動攻擊，志在奪下旁遮普省，這可是威脅到巴基斯坦的存亡。塔西爾稱這群叛亂分子是外國戰士、走私客與惡棍，和伊斯蘭教八竿子打不著。套句他的話，就是「被洗腦、目不識丁的部落」。

塔西爾不到十一週後死於暗殺，凶手是他的一名隨身保鏢，理由是不滿他寬容褻瀆行為。

最後一站是伊斯蘭瑪巴德，先是受巴國空軍之邀，搭乘俄製Mi-171直升機到伊斯蘭瑪巴德北部水災區勘查兩小時，再乘車上山拜訪昔日板球好手，現在是反對黨政治人物的伊姆蘭（Imran Khan）。前往位於山頂宅邸的路上，車子不斷左彎右繞閃避坑洞與水牛。到了之後，除了採訪他之外，我也在眺望拉瓦平第與伊斯蘭瑪巴德的壯觀花園裡，與他打一場板球賽。

伊姆蘭人很高，肌肉發達，儘管年紀已五十七歲依然俊色不減。他家明亮寬敞且時尚，接見我們時身穿傳統乳白色禮服禮褲，搭配棕色佩希瓦里涼鞋。多虧長駐巴國記者法罕．波卡利（Farhan Bokhari）的幫忙，我帶來新的板球拍，新的護脛與新的打擊手套（猜他應該是全部報公帳）。我們開場先聊聊伊姆蘭的慈善事業（他正在替水患受災戶及紀念母親的癌症醫院籌措資金）與巴國政局亂象。接著走到花園臨時搭建的板球三柱門，大師以慢速擲出六球，最後一球被我筆直打到花園邊緣，滾落邊坡草叢。伊姆蘭說：「好球，但別現在去找。」

晚間與伊姆蘭的政敵札達里總統共進晚餐。通過數個檢查哨後，一行人進入地下停車場，只見停滿賓士黑頭車與豪華休旅。我們在十位全副武裝的保全護送下，上樓走進一間缺乏自然採光的偌大房間，房間有兩個厚重電動門，不知為何會自行開開關關。這間私人房間置有多張遭人暗殺的前總統布托遺照，可說是一半碉堡，一半靈堂。

戴眼鏡的黑髮主人因愛收回扣的癖性，又被稱作「十趴先生」，英語講得結巴，上菜時我發現他有請人試毒。我與維多莉亞面面相覷，很想向札達里說：「方便的話，也請幫我們試毒。」但我們不敢說。

用餐期間，札達里面對我的提問總是避重就輕，或者索性不答。直到我逼問他巴基斯坦在鄰國阿富汗動用伊斯蘭武裝分子是否是為了當作未來和平協議的籌碼時，他說：「你若覺得戴金耳環太重，就會摘下來。」

札達里從來沒有操作空間，尤其是身後有巴國軍方與可怕情治單位把持。二〇一三年下台後被洗錢指控糾纏，也不斷為遭到殺害的亡妻尋求正義。

十月二十六日，週二

赴哈佛大學約翰甘迺迪學院發表演說，題為「歐元撐得下去嗎？」主持人是該院院長暨前國務院資深外交官尼克．伯恩斯（Nick Burns）。很幸運有沃爾夫、沃夫岡．蒙喬（Wolfgang Münchau）與最近剛來，曾在美國教書的挪威經濟學者馬汀．桑德布（Martin Sandbu）為智囊，讓我對大型議題形成看法，也有助於打造《金融時報》（與我自己）成為「思想領袖」品牌。

美國菁英分子向來對歐洲實施單一貨幣有所疑慮，魯賓即曾以博物館形容歐洲。（我猜法國廳主題是社會團結，德國廳是工業，義大利廳則是文藝復興精神。）華府有不少人士認為歐盟在權力行使上無足輕重。

我主張要保持謹慎樂觀，歐元原本設置確實有瑕疵，預算紀律的執行程序行不通，也缺乏紓困機制。但歐盟已經慢慢地走向合作。我提出四種假設情境：

情境Ａ：法國與德國同意現況維持不下去，歐元區會員同意比照美國那套國與國之間移轉模式，實施財政移轉支付，讓貨幣聯盟能夠運作下去。結論：希臘不會違約。

情境Ｂ：歐元不倒，但目前的歐元區會倒。希臘違約，不再採用歐元，引進彈性匯率。如此一來會變成更小、更緊密，以德法兩國為中心的歐元區。金恩屬意這套方案。

情境Ｃ：歐元會倒，德國不再遷就歐元區多數成員國，自己力量大到走自己的路。結論：不太可能發生這個情況。政治上風險太高，德國匯率也會飆升。

希臘違約雖絕非不可能，但各國會努力避免。個人認為情境Ａ頗有可能，但最有可能會發生的是情境Ｄ，也就是勉強混過去。

演說結束時，台下學生客氣鼓掌，尼克很滿意。我給自己打Ｂ＋分數，確實如我所說，維繫歐元區的最重要因素是政治因素。但歐元區改革進展慢得難熬，希臘差一點就在二〇一四年到一五年間脫歐。

十一月一日，週一

布朗在保得利大廈國會辦公室約見我。上次選後，布朗寫下一張字跡不工整的字條給我，感謝我與《金融時報》對他執政與金融危機展現的領導力給予（泰半）公允的報導，並祝福我的未來前程。不過也僅止於此，雙方沒有通話。

到了辦公室，接待我的布朗助理看起來侷促不安，有些不對勁。布朗前來迎接時，兩度問起我的女兒，因為記得她在非洲充電一年。接著他切入正題。

布朗：「你怎麼會這樣？」

巴伯：「會怎樣？」

布朗：「別裝蒜了……支持保守黨啊……」

我說，《金融時報》這次支持卡麥隆的理由不太一樣，布朗聞言暴怒，稱卡麥隆與奧斯本會讓英國經濟陷入嚴重衰退，兩人不曉得為了因應下次金融危機，國際必須合作，他們是信奉英國至上的「小英國人」，而支持保守黨的《金融時報》與我也都是眼光狹隘的小英國人。

保守黨畢竟恐歐，這一點布朗不算說錯，但我在華府、布魯塞爾與紐約工作過，孩子都在海外受過教育，竟敢說我眼光狹隘！

布朗向我道歉，好一段時間氣氛平靜，詎料不久又重複同樣問題：「你怎麼會這樣？」然後大肆抨擊。

最後我說，我得回公司了。他氣噗噗說再見，離開時他的助理向我致歉，我說：「挺精采的，但以布朗的標準來看，還算溫和。」

十二月五日，週日

維基解密創辦人阿桑奇今早因性騷擾與性侵等罪遭到倫敦警察廳逮捕，恐將被引渡到瑞典受審。今晚將在萬茲沃斯監獄度過一夜。

《金融時報周末版》「居家房產」主編珍恩・歐文（Jane Owen）認識阿桑奇的律師馬克・史蒂芬斯。她也是我的好友，腦中不缺荒唐鬼點子。今天拋出一個點子，要我在牢裡與阿桑奇來一場《金融時報》午餐訪談。我耳聞阿桑奇是自大狂，很難相處。謝謝你哦珍恩，但算了。我猜萬茲沃斯監獄也不會想讓我進去採訪他。

十二月十三日，週一

安德魯王子辦公室的亞曼達・瑟斯克（Amanda Thirsk）稱約克公爵想要午後三點在白金漢宮見我。上次杜拜那次談話記憶猶新，安德魯這次又在盤算些什麼？從來沒進去過皇宮的我，決定來場探險。

是日初冬美好，陽光和煦，沿著帕默爾街散步，走到主門時左拐，想找宮殿入口。我請宮殿門口角落的護衛讓我入內。「先生，走錯門了，你得從主門進入。」於是我奔至頭戴熊皮帽衛兵戍守的主門，上氣不接下氣進入宮殿。瑟斯克出來迎接，帶我搭乘電梯上去到所謂的一樓，接著走在看不到盡頭的地毯上好一段路後，來到約克公爵的辦公室。他本人正在另一間房間與人通電話，先前我讓他等了幾分鐘，現在換我要等他。

王子上前迎接，坐下後便直視我，問道：「你的工作有不有趣？」

巴伯：「很有趣。」

王子殿下：「都做些什麼？」

我不打算講宏觀內容，只談細節，於是告訴他我的每日行程：六點二十六分起床，七點車子來載，七點三十五分到四十分抵達公司。接著看《金融時報》與網路新聞，一邊吃早餐一邊工作，或是看更多新聞。九點半召開新聞晨會，十點半高層會議，午餐可能會在外面吃……

就這樣超現實地聊著，直到最後我問他：請問殿下，我如何能為您效勞？

王子說外界對他的公共角色有所誤解，他當貿易特使能為國家創造扎實價值，如何能傳達這份價值讓大家知道？我要不要考慮派個記者陪同他出訪？或者由總編輯親自出馬如何？

我客氣婉拒提議，稱之前《金融時報》午餐訪談已經報導過他了。王子難掩失望，問我能給他什麼建議？

巴伯：「我是記者，不是企業顧問，但我可以提出我的觀察給您參考。」

約克公爵聞言為之一振。

巴伯：「最好別再繼續和哈薩克那群人有不動產生意往來。」[8]

不久我便告辭。

8 哈薩克總統納扎爾巴耶夫（Nursultan Nazarbayev）（一九九〇至二〇一九）的女婿庫利巴耶夫（Timur Kulibayev）購入王子那間桑寧希爾公園宅邸時，比開價一千兩百萬英鎊多支付三百萬英鎊。

二〇一一年　海嘯

動盪，是二〇一一年反覆再現的主題：中東阿拉伯之春數百萬人湧入開羅、大馬士革與的黎波里街頭；希臘債務危機引發歐元區不安；英國爆發電話竊聽事件，導致梅鐸被迫關閉小報《世界新聞報》。

幸運的是，我有哈勒芙協助報導阿拉伯之春，她在中東地區有十五年報導經驗，人脈很廣。阿拉伯之春正好說明美國與西方面臨兩難：究竟要不光是紙上談兵，進一步支持新生民主運動，或者要繼續以穩定為藉口，支持古老獨裁政權。美國在利比亞協助英法兩國推翻格達費上校的殘暴政權，令利比亞陷入失序。至於埃及，以文化與歷史層面而言，在中東地區屬於重要國家，因此對埃外交政策抉擇就不是如此顯而易見。

回到英國國內，動盪風險倒是沒那麼大，卡麥隆指示由列文森大法官針對小報竊聽醜聞事件展開公共調查。往後兩年我會花相當精力在這件事情上，與其他新聞業同儕戮力建立新自律體系，以取代信用破產的新聞申訴委員會。同一時間卻也見到蘋果、臉書與谷歌等數位巨擘牢牢掌控媒體配送管道，擴張數位廣告業務市占率，令我感到不安。

小報事件不僅違法，也濫用公眾信任。整體上，新聞業已不再被視為民選官員與大眾之間的守門員，只能寄望於網路扭轉頹勢，在世界各地培養一群忠實讀者。《金融時報》旨在擔任最受信任的新聞、評論與重要新聞分析來源。當下最迫切要處理的是歐元危機。所幸能在二〇一一年初先放個假。

二月十六日，週三

我與維多莉亞離開倫敦前往維京群島度假，短暫過冬。今天早上做日光浴的時候，手機響了，是義大利央行總裁德拉吉打來。

初認識他是在一九九六年，當時他是義大利財政部高官，我則是在佛羅倫斯郊區費索利的歐洲大學學院當訪問研究員。歐元能夠成為單一貨幣，以及義大利能夠在一九九九年加入歐元區，馬里歐的協調功夫居功厥偉。當年我們一見如故，即便他一度短暫離開公職去高盛工作，接著再回來接任央行總裁，我們始終保持聯絡。

馬里歐先向我致歉，覺得打擾到我，「真的哦，你人在加勒比海？」接著輾轉聊到重點問題：我覺得他有沒有希望當上下一任歐洲央行總裁？德國聯邦銀行（央行）總裁艾克瑟．韋伯（Axel Weber）原本是最可望繼任的人選，但他不久前退出，[1]馬里歐想了解義大利人的身分是否會不利於總裁之爭，尤其會不討德國人欣賞。

我們都很清楚義大利人的滑稽形象：開快車，愛亂花錢。基本上就是不嚴肅的一群人。反觀德國人則是很嚴肅，尤其談到存錢及守規則這回事。但馬里歐完全不屬於義大利那派滑稽印象，出生在羅馬，老爸在央行工作。他是歐元的催生者之一，也是真正有國際視野的央行人。高盛工作的經驗使他對財經市場直覺更加敏銳。

我提醒馬里歐，所有高階職位的選任，不論是歐盟執委會主席乃至歐洲央行總裁，照理講都不得考慮國籍因素，他是實力堅強的候選人，這一點我再次肯定。

但馬里歐似乎還是半信半疑。

巴伯：「馬里歐，這事很難說得準。你絕對有當上的機會。」

馬里歐打的這通電話，隱約是要拉攏《金融時報》支持他出任央行總裁。其實我一直支持他，因為根本沒有其他人選比他更理想。後來，他在六月獲任命為歐洲央行總裁，自此我們關係變得更加緊密，在這場危機同舟共濟。

三月八日，週二

到唐寧街和卡麥隆「敘舊」。首相不願談空降特勤隊（SAS）最近在利比亞搞砸的任務，

1 韋伯退出歐洲央行總裁之爭的理由是反對央行積極實施債券收購計畫。後於二〇一一年七月獲任命為瑞士銀行UBS董事長。

任務內容是打算由一批武裝空降特勤隊及軍情六處人員護衛英國外交人員進入利比亞反抗軍占領區。結果直升機才剛降落，就被一群年輕反抗軍包圍，俘虜了四天。乍看之下這次任務像是遞出橄欖枝，要和反格達費的陣營展開對話，但實情恐怕更加險惡。我說，這不是我們最內行的嗎？卡麥隆聳聳肩，說：「世事難料。」

首相比較有興趣談歐元區危機。他欣賞本報評論人蒙喬，覺得《金融時報》這一家立場親歐的報社，竟然裡面會有個德國人質疑歐元，頗有意思。卡麥隆說，蒙喬不會對著歐盟當局說詞照本宣科。

卡麥隆似乎認為，拯救歐元的唯一方法是大幅度經濟整合。他對倫敦金融業要面對的新規約憂心忡忡，且英國只能作壁上觀。我倒不認為德國人準備好要大幅度經濟整合。這場會議有收穫的大概就是這些內容，包括稍早與卡麥隆的新聞發言人克雷格・奧利佛（Craig Oliver）聊天得知的訊息。他主動透露安德魯・蘭斯利（Andrew Lansley）[2]那套英國健保改革方案簡直糟糕透頂。

卡麥隆一直想和我談歐洲，不過也許是我想和他談歐洲。我知道歐洲是他的政黨弱點所在，他也清楚《金融時報》最熟悉歐洲議題，是這方面最有影響力的媒體。但除此之外，幾乎從他身上挖不出什麼新聞。

三月十一日，週五

日本東北地區遭逢規模九的地震，誘發三十九公尺高的海嘯直衝岸上，造成數千人死亡，更多人無家可歸，且損毀福島核子反應爐冷卻系統。我的第一個念頭是想確認東京分局和業務同仁是否平安。所幸他們平安，但這場大規模天災需要額外報導人力，也要妥善判斷究竟要讓同仁多靠近福島核子事故現場。有一個老早就規劃好的行程即將啟程，要去南韓、中國及菲律賓，我們跟著時下趨勢在當地設立辦公室，委外處理財務與基礎編輯事務。事態如此，一定也要去東京。

幸運的是，《金融時報》有日語流利的記者，像是德米崔．瑟伐斯托普洛（Demetri Sevastopulo）與羅賓．哈定（Robin Harding），兩人在福島事件後針對人們的苦難故事，寫了不少動人報導。稻垣加奈與李奧．路易斯（Leo Lewis）後續則對福島電廠廠主東京電力公司的企業災難及鬆散規範體制寫了尖銳報導。我們的日本報導品質一流，對我和對報社都是好消息。

2　保守黨議員暨衛生大臣蘭斯利任內推行的英國國民保健服務（NHS）改革引發爭議，爭議之大，曾被外界形容從外太空清楚可見。後來獲頒貴族爵位。

三月十八日至四月一日

北亞行首站來到南韓，造訪位於南北韓非軍事區的板門店邊界。接著回到首爾拜訪南韓大財閥之一的三星集團家族接班人李在鎔。[3]三星集團生產電視、冰箱、洗衣機、智慧型手機，及很重要的半導體晶片。李在鎔說，網路革命不僅讓平板與手機需求雙雙暴增，數位服務需求也大幅成長。

李在鎔熱愛三星產品，經常會帶自家高科技裝置到太陽谷（Sun Valley）媒體會議，邀請一批貴賓代表進到房間展示給他們看。二〇一七年他因賄賂、盜用公款、抽逃資本與偽證等罪被判五年徒刑，上訴後刑期減半，二〇一八年二月獲釋，緩刑四年。時任總統朴槿惠也因此遭到彈劾，更引發全國人民對大權在握的南韓財閥憤慨無比。二〇一九年李在鎔再度因貪污罪嫌上法庭，但仍是三星集團實際掌門人。

三月二十八日，週一

安排閃電行程到深圳拜訪快速崛起的中國電信設備供應商華為公司，或許可望訪問到魅力十足的創始人暨執行長任正非。此行由本報駐北京科技記者席佳琳（Kathrin Hille）陪同，她是中文流利的德國人。深圳看起來像是一九八九年左右的矽谷，草皮修剪得整齊，企業建築很像大學風格，許多年輕軟體工程師到處閒晃。

華為高階主管前來接見，其中包括自稱去年出差一百六十天的副董事長胡厚崑。拍完合照，大夥兒接著參觀廠區，一覽讓華為晉升世界第二大、年營收達二百八十億美元的產品，像是無線基地台、手機與複雜電信設備。

我想聽「任總」親口談談當年離開人民解放軍創立華為的故事。但據說他人不舒服，聽起來是不想接見西方記者的禮貌藉口。就在和胡厚崑吃午餐，我一邊大量做筆記時，突然被叫進一間房間，發現氣度不凡的任正非在兩名護理人員陪同下，正走在園區路上。

任正非看起來是感冒了，進來之後不斷嘟噥。一名護理人員在我左腳附近擺一盆銀光閃閃的痰盂，另一名護理人員則準備針灸器材，以防病人身體感到不適。我向任正非自我介紹，也介紹凱特琳，但沒和他握手。

任正非稱其成就全歸功於放棄計畫經濟，改採管制性市場經濟的毛澤東接班人鄧小平。鄧小平當時想讓組織過於膨脹的人民解放軍瘦身，時任團長的任正非丟了飯碗，便去替電話業者製造封包交換設備。即使國營業者企圖扼殺他的新創企業，華為終究是日漸順利成長，從沒人重視的鄉村市場做起，接著進軍城市與海外。

一九九二年時，任正非去了一趟矽谷。「我到美國時身上帶了八萬美金，因為對物價懵懵懂懂。」那你把錢放哪兒？任正非聞言大笑，指著胸前口袋，稱將剩下現金縫在夾克裡。

3　三星由李在鎔的爺爺創立，二〇一二年占南韓出口金額五分之一強。李在鎔長久以來被視為三星接班人。

他持續研究美國科技公司，特別是半導體製造商超微（AMD）、英特爾（Intel）與IBM。千禧年初期網路遭遇泡沫化，華為成長得太快，差一點就要破產，如今已復甦。「我們在中國市場獲得極大成功，但政治上遭遇阻礙，因為政府先前不認為我們會如此成功。」

這番話呼應了華為公司對外說詞，即國家沒有在背後撐腰。不論任正非或其他高層人士都否認美國人的指控，表示華為自始至今沒有受惠於大量補貼。任正非也清楚美國政府開始盯上華為，不祥地補充一句：「我們堅決要打入美國市場……我個人看法是，美國人很怕華為太強。」

> 這次與任正非非公開的訪談，難得讓我們深入了解華為的全球事業企圖，後來更以專題形式大篇幅探討此事。這也預示華為日後將在5G領域成為領軍者，引發歐美反彈，以及遭遇美國總統川普實施廣泛禁令。西方世界意識到華為帶來的威脅時，華為早已攻城掠地，攻克對手。

三月三十至三十一日，週三至週四

東京街頭幾近空蕩，天空鉛灰，詭異寧靜。剛在東京柏悅酒店游完半英里。這家酒店是比爾．莫瑞（Bill Murray）在《愛情，不用翻譯》（*Lost in Translation*）片中飾演過氣影星的拍攝地點。在東京分局主任穆爾．迪基（Mure Dickie）的安排下，採訪處理這次危機的政府發言人：日本內閣官房長官枝野幸男。

六名日本助理鞠躬微笑迎接我們，其中幾位感謝我前來日本，我也感謝官員安排這次採訪。枝野幸男在這段期間每天晚上都會穿上清潔員與工廠作業員的招牌藍領夾克登上電視，象徵他與海嘯受災戶、福島核電廠緊急救難員與工程師同在。

助理提到，自從事件爆發以來，枝野幸男幾乎沒睡覺，多半在辦公室過夜。今天他要接見法國總統薩科吉，但也很高興與《金融時報》總編會面。一見到他，我先向海嘯與核災受災民眾表示哀悼，接著問起福島目前進展如何（很緩慢），以及無家可歸民眾的安置狀況（還算不錯）。

我問枝野幸男那件藍色外套打算繼續穿多久，也提到在民眾生活尚未回歸正軌以前，日本人民將持續「自肅」，即「自我節制」。這個字是我從葛文．羅賓森（Gwen Robinson）聽來的，我的日文程度很初級，但這是與枝野幸男拉近關係的方式。自肅是日本的微妙概念：民眾在別人悲痛苦難期間節制消費，以表示哀悼與負責。

日文兩個字，英文卻要用二十五個字才表達得出來意思。語言課終究還是有派上用場的時候。

枝野幸男臉上先是閃現一絲笑容。「我打算換成平常的西裝。」卻隨即回歸日本人的曖昧性格。「一有需要，我會馬上換回這套夾克。」

隔天枝野幸男就沒再穿藍夾克了。

四月十二日，週二

在比爾．柏克萊（Bill Berkley）位於紐約中城區的寓所喝茶。這位出身紐澤西的億萬投資客從十二歲起從事投資交易，人聰明絕頂，即使不見得懂保險及信用衍生性商品等複雜議題。他透露一個扼要重點：金融交易速度與規模已幾乎難以理解，連普通人都能夠大筆下注，有人還在家中賺進上百萬美元呢。

我忘記問那位在家投資交易的人叫什麼名字，但離去時我更了解到科技如何顛覆華爾街傳統權力結構。金融海嘯與柴契爾與雷根時代實施去管制化以前，銀行老闆對銀行內部瞭若指掌，備受紐約社會尊重。但根據某天午餐後與傳奇債券市場巨擘亨利．考夫曼（Henry Kaufman）沿著陽光明媚第六大道散步時的說法，如今卻變成沒有人掌握得了銀行狀況，華爾街再也找不到業界代表人物。如今是操盤人的天下。真是一針見血，卻又不祥。

> 金融海嘯之後，演算法交易大量興起，量化分析師成為新興要角。假設每次交易單位是一百股，可以透過交易賺取百分之一利潤，且百分之一秒即可以成交，加上一天交易八小時。如此一來今非昔比，操盤人再也不敵量化分析師。

四月十三日，週三

共和黨內部主張少課稅、財政思維保守的茶黨運動來勢洶洶，令歐巴馬在這次期中選舉慘敗，我為此特地前往華府觀察目前政治氣候。最近剛基進化的共和黨人要脅總統減少政府支出，否則不願支持提高國債上限。技術上來講，美國政府有可能會違約，此時為何不見尋求跨黨派妥協？總統跑到哪裡去了？

參議院目前有所謂「八人黨」，即八名參議員試圖就國債上限與聯邦赤字擬定解決方案，其中一名有意未來競選總統的維吉尼亞州民主黨籍參議員馬克・華納（Mark Warner），正嘗試協調勢如水火的兩黨。華納透露近期態勢「令美國蒙羞」，茶黨卻樂見僵局繼續下去。

從雙方對預算僵持不下可見，共和黨與民主黨已將談判的藝術拋諸腦後。雷根與老布希執政時期，貝克曾居中協調對立的兩黨，如今貝克在休士頓的自家法律事務所觀察事情進展，內心備感焦急。提醒自己：要和貝克三世敲定在德州進行《金融時報》午餐訪談。

接近傍晚時分，一行人拜訪雷根前總統執政時期的白宮幕僚長肯恩・杜伯斯坦（Ken Duberstein），目前他是企業說客，熟知華府內部狀況，稱美國民眾目前不太相信政府機關，對華府的信任度不如從前，歐巴馬的領導風格於事無補。「他很擅長面對大群民眾，但從一開始有多常接觸共和黨？總統要和國會互動不是沒有原因。」

歐巴馬根本無意在門廊與共和黨人抽根雪茄，拜託，他連自家國會民主黨人都很少來往。面對華府骯髒的政治圈，他也許過於不沾鍋、太理性用事。有時我覺得他去當最高法院法官還差不多。

五月五日，週四

短暫到都柏林對卓越生意人與企業家發表演說，題目是歐元區危機。過去幾個月來，愛嘮叨的愛爾蘭企業聯盟主席丹尼·麥考伊（Danny McCoy）不斷催促我過去，亟盼博得本報支持。先前愛爾蘭不動產市場大跌，元氣仍在恢復。我對愛爾蘭其實深表同情，因為愛爾蘭向來是最親歐的國家，卻被德國人與特瑞謝主導的歐洲央行搞到烏煙瘴氣。我在演說中預測歐洲債務償還時程將會重新調整，愛爾蘭經濟會緩慢復甦。事後別人透露，我的演說在晚間新聞力壓愛爾蘭總理恩達·肯尼（Enda Kenny）訪問華府。

愛爾蘭總理訪問華府沒出什麼差錯，只是《紐約時報》刊登一則難以忘懷的更正啟事：「先前報導誤植新任愛爾蘭總理恩達·肯尼為女性，實則為男性。」

六月十日，週五

企鵝公司執行長約翰·麥金森（John Makinson）前來共進早餐。他在《金融時報》做過一段時間，後來到企鵝擔任執行長至今十年。我猜他仍有意願接替貝爾爵士，擔任至今人選尚未確定的《金融時報》董事長。如果當上，日後可能有助於本報與培生集團溝通，但我持保留看法。約翰並未直接提出這項要求，倒是提起一件趣事：亞馬遜除了威脅到企鵝的書本生意，更在盧森堡大量避稅。約翰說，亞馬遜創辦人傑夫·貝佐斯（Jeff Bezos）靠這些避稅方案取得大量優勢，建議我們調查一下。

結果我們錯失機會，早知道更應該深入追查。我們對這些不受拘束的跨國企業，尤其是大型科技公司的租稅套利現象實在是後知後覺。

六月十三日，週一

出色的評論分析主編羅素針對線上內容提出新想法：定期向各界卓越人士邀稿，就每日重大議題撰寫評論。作者群由最近剛卸下歐巴馬首席經濟顧問一職的勞瑞・桑默斯領銜，其他作者包括安—瑪莉・史勞特（Anne-Marie Slaughter）、霍華德・戴維斯爵士、彼得・曼德爾森及喬治・索羅斯（George Soros）。我也同意艾利克將這群作者稱作「A級陣容」。

消息一出，資深首席政治評論人暨內部專欄作者群的非官方工會代表菲利浦・史蒂芬斯（Philip Stephens）要求見我，對「A級陣容」一詞大表不滿，稱這下子連同他在內，沃爾夫、泰特與加普不啻成為「B級陣容」。拜託，什麼跟什麼！

《金融時報》同仁向來對A、B級區分很敏感。一九九九年我告知盧思不能讓他當經濟線主編時，他不解又不滿，當時我得解釋為何屬意的人選（艾德・克魯克斯〔Ed Crooks〕）拿A，而他拿B。盧思經過多年消沉，最後成為本報最厲害的寫手與專欄作家。表現真的是A＋。

七月四日，週一

美國國慶日發生一則震撼消息。《衛報》報導指出，《世界新聞報》記者聯手私家偵探葛倫・穆凱爾（Glenn Mulcaire）破解遇害的十三歲女學生的手機。報導還說，女學生手機上某些訊息被刻意刪除，好騰出空間收發新訊息，讓人以為她還活著。

雖然無法證實是這兩個人刪除的，但破解遇害女學生的手機震撼大眾良心，迫使政府出面要求司法介入調查。

七月六日，週三

在太陽谷參加艾倫投資銀行（Allen & Co）記者會。索羅捎來消息，稱梅鐸會提早回倫敦。確認此事無誤後，我們在頭版大打這則新聞，還放上梅鐸在太陽谷老態龍鍾模樣的照片。他和很注重形象的老婆鄧文迪肯定不會喜歡，但不管，這新聞太勁爆了。梅鐸一回到倫敦，即宣布要關閉他一九六九年買下的八卦媒體《世界新聞報》，最後出刊日是本週日。

七月八日至九日，週五至週六

這次電話竊聽事件，《衛報》有更多爆炸性新聞進展：梅鐸的《世界新聞報》付了封口費給數十名重要受害者。一旦證據全面公開，受害人數會上升，梅鐸也會面臨更多求償。根據

《衛報》的說法，《世界新聞報》前總編安迪．克爾森（Andy Coulson，二〇一一年一月之前他還是卡麥隆政府發言人）對這整件事是知情的，並也推波助瀾。這顯得卡麥隆聘他當小報看門狗是魯莽之舉。《衛報》也提出證據說明這家世界級媒體從事的不法勾當。

七月十八日，週一

羅斯布里奇邀我到《衛報》吃脆脆「燕麥片早餐」，聊聊接下來列文森大法官針對英國媒體文化、媒體實務與媒體道德展開的調查，卡麥隆首相已要求盡量深入探討各個層面，包括記者與政治人物的關係，以及警方與大眾之間的關係。包括總編輯在內，所有證人都要宣誓作證。

上週列文森大法官對公共領域從業記者提了一個古怪問題：「誰來監督監督者？」我向來認為媒體是監督者。儘管媒體經常從事拆穿虛偽、打擊不正義的好事，小報卻也是偷窺成性，踐踏隱私，以性醜聞勒索名人政客。這是小報經營的一種商業模式，也是言論自由的代價。

後續幾個月，艾倫試圖邀請其他總編輯齊聚一堂，針對媒體規範、隱私與公共課責等議題坦率辯論。主持辯論的是聰明的北愛爾蘭管理顧問東尼．丹克（Tony Danker）。我與《獨立報》的克里斯．布萊克赫斯特（Chris Blackhurst）盡量每次出席。《泰晤士報》的哈定與《每日電訊報》的東尼．蓋勒格（Tony Gallagher）則出席幾次。《週日泰晤士報》的約翰．威瑟羅（John Witherow）及《每日郵報》的達克爾則從未現身。他們對艾倫這位自由派感到不以為然，認為他打算破壞安逸現況，企圖讓主要新聞媒體不再能夠透過（近似於）紙老虎的新聞申訴委員會來自我評價。我猜，達克爾和威瑟羅早餐也愛吃粥吧。

九月一日，週四

前往老維克劇院觀賞凱文．史貝西（Kevin Spacey）飾演理查三世。第一次看到莎士比亞筆下這號背駝反派人物是在一九八〇年的愛丁堡藝穗節，當時是觀賞喬治亞國家劇團的演出。台上在說什麼，我一個字也聽不懂，只記得表演令人如痴如醉。史貝西的演技很厲害，但有一點點做作。

九月十六日，週五

瑞士龐大瑞銀集團（UBS）傳來震驚消息，一位名叫奎谷．阿杜波里（Kweku Adoboli）的流氓經紀人經手損失超過二十億美元。他交易了些什麼？怎麼沒人監督？我正準備要會見倫敦瑞銀投信總經理卡斯登．康傑特（Carsten Kengeter），這位德國人長相粗獷。神奇的是他竟然準時現身。雖然沒有對此事多做說明，起碼沒有取消會面。很有格調的一個人，也很有善意。

九月十九日，週一

在下議院諾曼蕭南大樓艾德．米勒班（Ed Miliband）的辦公室與他會面。他和其他政治人物一樣，一劈頭就正經八百提問：「我想聽聽《金融時報》對……一事的看法」今天談的一個議題是所得稅。米勒班仍希望將最高級距稅率上調至百分之五十（目前是百分之四十五）。我說，這不見得會提高稅收，甚至完全不會，還會讓中產階級選民反感。工黨該談的是「抱負」，不是不平等。他與長兄大衛一樣聰明，卻比大衛更親近人一點。話雖如此，仍然不是推銷的料子。何況卡麥隆奧斯本這對執政拍檔執政至今不到十六個月，《金融時報》目前無意放棄支持他們。

米勒班注意到英國當今不平等現象，這一點確實重要，但調高所得稅不是解決之道。

十月十九日，週三

首席大法官伊格．賈吉（Igor Judge）以新聞獨立為題的演說十分傑出，稱新聞獨立是「憲法根本」，更引述約翰．威克斯（John Wilkes）[4]：「新聞自由是英國人的天賦權利，也是本國各項自由之中最堅定的堡壘。」

---

4 威克斯（一七二五—一七九七）是一名傑出且放蕩不羈的記者與政治人物，曾因煽動性著作遭到國會驅逐，後來率先倡導新聞自由。

我與賈吉僅有一面之緣，與他在一家倫敦餐廳辦給總編輯與「資深司法界人士」交流場合上認識。當晚首席大法官身穿法袍，感覺有些不自在，卻很有威嚴，讓人肅然起敬。哪天一定要邀他一起吃晚餐。事實上已經邀過兩次，但都收到同樣的回覆：遺憾無法共進晚餐，但賈吉夫人非常愛看《金融時報週末版》。

賈吉稱無意干預列文森調查。確實。但才剛大張旗鼓在西敏寺對面的伊莉莎白會議中心宣布啟動列文森調查之後，賈吉馬上就發表這番「言論」，顯然是要警告政府及列文森大法官：規範媒體小心會有不良後果。我把賈吉最足以說明媒體獨立重要性的一段話貼在這裡：

「媒體獨立的情況下，不論是媒體本身或媒體從業人員，確實偶爾會犯罪踰矩或醜惡不公，令被害人承受大量公眾蔑視、仇恨或不該有的苦難。但同一天也可能會有其他媒體揭發公共醜聞。」

賈吉的警告果然有先見之明，列文森後來企圖制定一套新的媒體規範，遭到媒體編輯與業主強烈反彈。巧的是，達克爾的《每日郵報》也經常引用威克斯的話。我有兩種看法，而且都有道理：不要讓國家規範媒體，電話竊聽則屬於刑事案件，應該交給警方辦理（顯然他們怠忽職守）。列文森對眾人避談的事情幾乎沒有著墨，那就是網路對報業商業模式的影響。就此而論，這次調查並不完善。

十月二十九日，週六

到肯特的十七世紀鄉村度假所志奮領府邸與克萊格共進晚餐，志奮領通常是外相官邸，克萊格仗著自己身為副首相住進這裡。目前他內政外交兩得意，狀況極佳。米莉安坐在我隔壁，她對保守黨很不滿。晚飯結束後，尼克拉我到一旁，和我聊到他的疑慮。目前聯合政府狀況很好，他和卡麥隆關係也不錯，但不滿保守黨不支持選制改革。今年五月的選擇投票制（alternative vote）[5]公投是讓國會轉為比例代表制的千載難逢好機會，也是自民黨成為多數黨的唯一方法。結果造勢卻遭到保守黨攻擊，我想，卡麥隆這麼做恐怕會不利聯合政府後續發展。

十一月十三日，週日

馬里歐・蒙蒂（Mario Monti）從在布魯塞爾擔任單一市場與競爭執委起就是我的老朋友，也是消息來源。最近他獲任命擔任義大利總理，貝魯斯柯尼再也耍不了小丑把戲。他的盟友直指這次是法蘭克福與布魯塞爾在背後指使，形同一場對總統發動的政變。這個說法不能算錯，畢竟沒有經過選舉。但義大利國內僵局已歷經數月，造成金融市場不安，債券殖利率上升。總要有人讓步。

---

5 按照選擇投票制的規定，選民必須將候選人依照喜好程度進行排序，候選人必須獲得至少百分之五十的選民支持才能當選，若無任何候選人獲得百分之五十以上選票，則亦納入第二與第三順位人選進行多輪對決。

蒙蒂完全不像是「騎士」貝魯斯柯尼那般愛享樂，出身北義瓦雷瑟的他，是一名聲音低沉的經濟學者，做事極為認真且正派，面對問題有條不紊。他也愛看《金融時報》，日後將穩住義大利這艘快沉的船。但他畢竟不是政治人物，猜頂多只能撐兩年。

十一月二十九日，週二

達克爾找幾位報社總編與媒體老闆到高霍爾本區燦斯利飯店私人包廂「輪廓廳」開會。現場宛如地下酒吧，達克爾則是電影《教父》中馬龍．白蘭度，繞著桌子逐一介紹客人：《每日電訊報》的羅德．布萊克（Lord Black）、鏡集團的保羅．維克斯（Paul Vickers）及《星期日郵報》的彼得．萊特（Peter Wright），彷彿各個是犯罪集團大老。我（彷彿）可以聽到達克爾說：「感謝紐澤西、芝加哥、拉斯維加斯……的好朋友特地過來。」

《衛報》的羅斯布里奇遲到，會議期間神情警戒。達克爾呼籲各家媒體在列文森調查期間團結一致。羅斯布里奇質問媒體標準財務委員會（Pressbof）是做什麼的。這個委員會與信用破產的新聞申訴委員會一樣，都是報業與雜誌業業主的利益發聲團體。羅斯布里奇直接衝著主導委員會的達克爾與布萊克說，這個委員會既不透明，也無法課責。然而達克爾暫時不予以回應。這恐怕會是我擔任總編以來第一次捲入同行之爭，不得不選邊站。

十二月九日，週五

與麥肯錫執行長戴維斯共進早餐，地點在我們定期會去的麗思飯店隔壁的沃斯麗餐廳。伊恩是我的職場導師，向來會給我一些大型組織領導與變革方面的建議。他也擔任勞斯萊斯董事長與英國石油公司執行長（英國石油公司至今仍深陷深海地平線事故之中），這兩家公司的挑戰令他應接不暇。老樣子，他劈頭就問：「現在在想些什麼？」我說，當總編也六年了，今年還不錯，但不算很出色。怎樣才能讓我的高層團隊重新立刻動起來，也讓大家更願意關注《金融時報》？

伊恩想了想，說：「我覺得從『做第二任』的角度去思考，會滿有用的……」

第二任。這句話就是我要的，好讓我有目的，有種總編會帶來新氣象的感覺。明年打算用這個概念和同仁共事。

十二月十日，週六

辦在布魯塞爾的歐洲高峰會對首相卡麥隆可說是災難，一整晚堅持反對德法兩國提出的歐元區「財政協議」。德法兩國說得有道理，英國不是單一貨幣的會員國，沒有反對的理由。卡麥隆凌晨威脅要否決提案，其他國家卻無動於衷，逕行達成共識。今晚來到愛德華八世的貝沃德城堡參加蓋倫・威斯頓（Galen Weston）[6]盛大生日晚宴與煙火秀時，發現卡麥隆與老婆莎曼珊在一起，一臉頹態。

巴伯：「首相先生，您還好嗎？」

卡麥隆：「不太好。」

巴伯：「真讓人難過。」

卡麥隆：「你就放過我吧。」

十二月十四日，週三

在法蘭克福採訪新任歐洲央行總裁德拉吉，結果很有啟發。他說歐洲央行不久就會擴大職責，會和有「防火牆」或「火箭筒」之稱的歐洲金融穩定基金（EFSF）一起干預並穩定市場。他說，理想上各國政府老早就要設立防火牆，對銀行進行資本重整，要求私部門吸收銀行帳面上減價資產的損失。但實際上順序卻是顛倒過來。「有點像是缺乏一套管理金融機構失靈的機制，就讓金融機構倒閉。就像當年的雷曼兄弟。」

德拉吉很客氣，沒有明白指出這些私部門干預（PSI）措施是德國政府施壓的結果。他清楚歐洲央行若要扮演更積極角色，必須要有梅克爾的支持，因此才會呼籲維持財政紀律，要歐洲北方國家與南方國家恢復互信。對策除了要靠貨幣政策，也要靠公共赤字管理與旨在促進經濟成長的結構改革。這就是歐元區大家心知肚明，只是不明講（也沒做到）的協議代價。

我問德拉吉是否打算進一步讓歐洲央行的信譽建立在干預，像是美國的量化寬鬆，或是其他措施？

他說：「人們必須要認知到，我們必須也永遠會在法律基礎上依據職責做事。」

馬里歐並未否認歐洲央行會像美國聯準會進行大幅度干預。但他的措辭既然如此謹慎，《金融時報》便不能過度炒作，也不會炒作。最寶貴的心得是我知道他心裡在想什麼了。德拉吉準備要採取行動。

6 英國裔加拿大籍商人威斯頓（一九四〇—）涉足全球零售與食品通路事業，是英聯食品的大股東。折扣服飾連鎖品牌Primark即為英聯旗下事業。

二〇一二年
新媒體與舊媒體

我在二〇一一到一二年間花了許多時間精力因應列文森調查，調查範疇涵蓋英國媒體文化、媒體行徑與媒體倫理。除了一月出席公聽會之外，也多次發表演說、上過幾次課。同行總編輯與政客也不斷遊說我，要我針對往後媒體管制一事表示立場。對美國記者來說，媒體管制是遙不可及的概念，因為他們可以根據憲法修正案第一條主張自己有言論自由。

但相較於矽谷數位巨擘改變媒體生態的威脅而言，列文森調查只是小菜一碟。甫收購Instagram的臉書公司五月上市，市值達到一千零四十億美元。至於歐洲，歐元區債務危機持續造成金融市場震盪，直到夏天德拉吉大幅出手干預後才結束。多虧史匹格的帶領，本報得以透過布魯塞爾廣大記者群進行報導。彼得的西班牙文說得普通，法文發音和強生一樣糟，但歐元區新聞他功不可沒。

一月十日，週二

第一次要在皇家司法院接受列文森調查，心情難免忐忑。本報律師奈吉爾・漢森（Nigel Hanson）幫我惡補誹謗法、資料保護與新聞申訴委員會的重點。媒體溝通長艾瑪・吉爾賓・傑克布斯（Emma Gilpin Jacobs）則準備在法庭上出席，對我的表現進行作證。之前艾瑪告訴我唯一重要的「說法」就是巴伯總編輯率領《金融時報》數位轉型。

調查委員會顧問卡琳・派崔・霍斯金斯（Carine Patry Hoskins）首先開場，針對本報標準與倫理提出幾個溫和問題。我引述本報行為方針，表示所有新聞都要有兩個獨立新聞來源。我並主張，重點在於新的規範體制要對紙媒與網媒一視同仁，平等競爭。例如，不能說網媒可以報導足球員私生活，紙媒就不行報導。其實這是老問題，早在一九三六年，愛德華三世和美國離過婚的女子華麗絲・辛普森（Wallis Simpson）的情事被美國媒體大肆報導，英國知名媒體卻被禁止報導。

此時列文森插嘴，扼要總結我的論述。我想誇讚他，便說貴為大法官的他，果真直搗問題核心。

列文森（以曼徹斯特口音輕微責備）：「說話不用那麼客氣。」

巴伯：「沒有在客氣，我是在奉承。」

我主張由新的管制機構取代新聞申訴委員會，組成分子要更多元、更多來自外部，也要賦予更大的調查權。列文森有進一步細問這個構想。我還提到誹謗成本極度高昂，原告與報社之間權力失衡，這一點從先前本報與史密斯所費不貲的爭端可見一斑。列文森表示會考慮實施獨立仲裁，以降低新聞業成本，也能更迅速補償提出申訴的讀者。

列文森問得對：誰來監督監督者？《金融時報》的立場是，英國實施的自律體系會讓人以為報社總編輯會神奇地圍坐成一圈，自我批判。不論是要改革新聞申訴委員會，或是創立新機構，我們都抱持開放態度，但堅決反對國家干預。

我很想多花點時間和列文森大法官辯論如何拿捏隱私權與公眾知情權，因為這顯然是目前媒體界最關切的重要問題。事實上，史諾登事件即將就要告訴我們，隱私權的爭論已轉移到更大、更重要的戰場，所牽涉到的不僅是國家安全，還有科技巨擘（共犯）的角色。這些科技公司各自也都在收集大量個人資料。

一月十四日，週六

今天在策略營「喜來日」（Here Day）[1]上，我隨口提到當「第二任」總編的想法，好展現出新氣象。沒有人反對此構想，幾個人苦笑幾下。我在意的是如何不顧英國記者聯盟的反對，力推改革。這群「上教堂的人」——其實沒幾個人上教堂，這個字眼是以前借指公司內部工會成員——不滿我打算進一步彈性調整每年員工薪資。由於編輯部預算有限，我想按照員工績效決定薪資，不是按照資歷。為此雙方僵持不下。

既然希望有更多人站在我這邊，代表執行主編要換人了。麥克里歐心裡肯定不好受，但英國記者聯盟覺得已摸透她。我屬意拉蒙特接她的位子，二〇一〇年出訪印度巴基斯坦的那次，我曾近距離觀察拉蒙特，覺得他生性低調，但很能幹。他經常在思考下一年的事，這正好是我的弱點，因為常被每天新聞牽著走。我也需要有人在我走偏的時候告訴我，讓我避開衝突危險。

我十七歲時，學校橄欖球教練把我從傳鋒調去接鋒。我問他為什麼，他說：「因為你老是跟前鋒打架。」把我調到場上的策畫球員位置，效果非常好。我沒意識到的是，不僅要在場上避免和別人發生不必要衝突，場外也是，尤其是在管理方面。總編輯這個策畫角色也確實比較適合我。

一月十八日，週三

義大利總理蒙蒂來到《金融時報》進行國是訪問，同時也要去唐寧街會見卡麥隆。滿頭銀髮的蒙蒂先前已赴柏林和巴黎，說詞一樣，合理但又有些不安：他會進行經濟改革，但底下技術官僚政府需要外界協助。義大利國民經過這次樽節，早已坐立難安，國內開始有反歐盟、反德國與反歐洲央行的聲浪出現。

---

1 名稱誇大了，畢竟大家不是在昂貴飯店會場「玩耍」，而是在辦公室工作。

蒙蒂預見義大利國內反歐盟情緒高漲，為此提出警告。五星運動與反外來移民的聯盟將持續囊括民眾支持，勝過中間偏右與中間偏左的主流政黨。歐盟始祖成員國之一的義大利正轉向疑歐，關鍵原因就出在歐元區未能有穩健經濟成長。

二月九日，週四

布萊爾前來午餐，整桌坐滿人，聽他論述全球政治與全球趨勢真是拍案叫絕，六月他即將卸任首相屆滿五年，他提議和我來場訪談，隨時都行，在世界各地都可。我說可以，但有個條件：布萊爾必須要談他的豐潤生意。他有興趣，便約定進一步詳談。

三月十三日，週二

白宮國宴。感謝美國駐英國大使蘇斯曼，讓我與維多莉亞成為歐巴馬的座上賓。歐巴馬與第一夫人蜜雪兒站在迎賓區親切迎接我們兩人。卡麥隆看到我驚呼：「你在這幹嘛？」我說，白宮邀請我們來啊。

一邊喝著餐前酒，一邊看看現場有哪些來賓：有好萊塢大亨哈維・溫斯坦（Harvey Weinstein）、維京集團億萬富翁理查・布蘭森爵士（Sir Richard Branson）、《時尚》雜誌總編安娜・溫圖（Anna Wintour）、《唐頓莊園》演員休・邦尼維爾（Hugh Bonneville）與伊莉莎白・麥高文（Elizabeth McGovern），演員伊卓瑞斯・艾巴（Idris Elba）與凱莉・墨里根（Carey

Mulligan）、蘋果公司王牌設計師強納森・艾夫（Jonathan Ive）及喬治・克隆尼（George Clooney）。

我和克隆尼第一次認識是在紐約一個非公開場合觀賞他演出的電影《晚安，祝你好運》，劇情在講哥倫比亞廣播公司新聞主播艾德・默羅（Ed Murrow）的人生與事業。不知為何，話題最後聊到貝魯斯柯尼。我提到「騎士」貝魯斯柯尼曾經在格拉齊奧里宮私人宅邸向人吹噓他的四柱床有多厲害。故事是從時任法國總理弗蘭索瓦・費雍（François Fillon）聽來的。他說貝魯斯柯尼堅持要給他看床的模樣，且要他猜為何他從未在這張床上和女人共度春宵。法國總理完全猜不到，貝魯斯柯尼於是說：「因為那樣我就不知道女人是想和我共度春宵，還是想睡在這張床上。」

克隆尼聞言大笑，稱貝魯斯柯尼也告訴過普亭這個故事。

晚餐吃的是香脆比目魚佐脆皮馬鈴薯及白宮菜圃摘來的小羽衣甘藍菜。主餐是取自北達科他州、精心烹調的威靈頓水牛。這道我不愛。我也不愛卡麥隆挑選的餐後樂團蒙福之子（Mumford & Sons）。

四月二十日，週五

前往紐約庫柏聯盟學院大禮堂參加希鈞斯的告別式，出席者眾。最近從《經濟學人》雜誌聘來的專欄作家傑南・甘內許（Janan Ganesh）稱希鈞斯是「異教徒中的異教徒」。當年希鈞斯辦的派對無人能出其右，聊天內容非常精采，尤其是在午夜過後。記得約莫十五年前，希鈞斯到我在布魯塞爾裝置藝術的家中吃晚餐，問起屋子的歷史時，我卻一無所知，非常汗顏。當時他是去法蘭德斯地區參觀戰壙，記得他栩栩如生談到壕溝內的苦難故事，直到葡萄酒喝得一滴不剩。

他的文字美到令我稱羨，總能寫出合乎邏輯、合理又懷有道德憤慨的字句。但他在《沒人好騙了》（*No One Left to Lie To*）一書中攻擊柯林頓，我的書評也沒對他客氣。希鈞斯卻不介意。若真的要講爭吵，還有比我們更精采的，像是他和曾是好友的希德尼·布魯門塔（Sidney Blumenthal）之間的故事，以及日後因支持美國入侵伊拉克而與自由派人士爭論。他登在《浮華世界》的癌症最終奮鬥文章，我和維多莉亞都逐字逐句讀過。一如曾經在庫柏聯盟學院留下足跡的其他人士（林肯曾在一八六〇年在此發表反黑奴演說），希鈞斯也將受人緬懷。

六月八日，週五

中國最有權勢的一名政治人物薄熙來與妻子谷開來遭到逮捕。兩人被懷疑涉嫌殺害尼爾·海伍德（Neil Heywood），海伍德可能是她的情人，或是貪汙共犯，或二者皆是。

北京分局主任賈米爾·安德利尼（Jamil Anderlini）寫的這則陰謀故事真是勁爆。賈米爾生於科威特，在紐西蘭長大，中文流利，老爸是義裔美國人，母親是紐西蘭人。他是我們最寶貴的駐外記者之一，能夠不斷適應新環境，像柚木一樣堅定，還是個中國通（一部分是因為娶了中國老婆蘇菲亞）。

今日率本報代表團到中國大使館午宴。事前已有心理準備對方會淡化薄熙來的新聞。果不其然，劉曉明大使呼籲《金融時報》忽略「傳聞」，重視「大局」。不久我失去耐性。

巴伯：「大使是否剛好認識薄熙來，能否向我們說明薄熙來是個什麼樣子的人？」

大使：「我在薄熙來還是大連市長時就認識他，當時我是駐美公使。」

巴伯（覺得頗有意思）

大使：「某天，薄熙來從大連傳來重要訊息到華盛頓我們這邊，說想會見重要美國人士。」

巴伯（覺得有意思）

大使：「於是我列出重要美國人士清單：布里辛斯基（Brzezinski）、卡特……季辛吉……」

巴伯（越來越覺得有意思）

大使：「隔天收到大連的訊息，稱薄熙來不想會見布里辛斯基、卡特和季辛吉……他說想見史達林。」

巴伯（震驚貌）：「可是大使先生，史達林已經死了呀。」

大使：「抱歉……英文發音不標準。薄熙來想要會見的是〔席維斯〕史特龍（Sylvester Stallone）。」

論對好萊塢的著迷程度，薄熙來並非共產黨人特例。一九九二年我休假去柏克萊大學進修時，遇到一位名叫法蘭克·李的學者，曾經擔任毛澤東太太江青的英文譯者。文化大革命時，法蘭克被下放到鄉村勞改，某晚被帶去北京黨內高官住所，進到黑暗小房間後，勉強看出一名女性坐在大銀幕前。原來是江青，正在看電影《午夜牛郎》。法蘭克替這位四人幫人物與難以置信的電影通口譯多部影片，《午夜牛郎》是其中一部。

六月九日，週六

我和布萊爾坐在耶路撒冷的四方代表辦公室頂樓露台，這是他在全球各地擔任銀行與政府顧問、賺進數百萬美元之餘的兼差工作，旨在調停以色列與巴勒斯坦。太陽從圓頂清真寺方向西沉，該清真寺為哈里發阿布杜・馬利克・本・馬萬（Abdul Malik ibn Marwan）於公元六九一／二年所建，位置在第二座猶太聖殿之上。布萊爾身材苗條，曬成一身小麥色，穿的是今天第三套襯衫，白色斜紋布做的，中間明顯掉了一個鈕扣。

兩小時前，這位他的同事口中的「老闆」，正坐在室內給世界級人物攝影家姬莉安・艾德斯坦（Jillian Edelstein）拍照。過程本來很順利，直到姬莉安說布萊爾的手很大。這位前首相不苟同，但她卻堅稱很大。「老闆」覺得被冒犯了。「親愛的，我的手不大。萊奧納你說，我的手很大嗎？」

頓時啞口無言。我說，布萊爾的手比我的大，但比柯林頓的要小。我也告訴布萊爾，老婆維多莉亞向來很欣賞柯林頓的手，因為像大理石般，手指又特別長。

布萊爾嘆了一口氣，幾近傷感地說：「對，比爾的手指像鋼琴家。」頓時我和姬莉安還以為聽錯了。

採訪將近兩小時，談論他在五十四歲卸任首相後截至目前擔任的種種角色，這則採訪報導日後刊登在《金融時報》週末雜誌。布萊爾既是慈善家、政治家、調停人，也是財務顧問。據本報估計，他在卸任後靠著擔任哈薩克與科威特政府顧問、演講費（單場高達三十萬美元）及協議抽成，收入便多達上千萬美元，顧問公司與基金會養了超過一百五十名員工。

談到代價慘痛的伊拉克戰爭，布萊爾拒不道歉，但語氣有些懊悔。「我對中東議題後來有更進一步的認知……了解到這個地區的政治深受宗教影響。本來以為自己很了解，但其實沒有了解夠透澈。」這句話若是從別人口中說出來，會覺得他很不誠懇，但布萊爾就是有股魅力，讓人對他有好感。

我問他想不想念當首相。「有時候會。大概是因為不記得當首相是什麼感覺。」隨即意識到這答案很虛偽，說：「每當重大議題出現時，我會希望能夠在那個位子上處理。」

不論外界對布萊爾做何感想，他從來都不怯於處理重大議題。他是那個年代最重要的政治人物之一。

六月十三日，週三

《金融時報》編輯領袖會議至今仍是男性居多，氣氛像是大學教授休息室。

沃爾夫、史蒂芬斯與加普等重量級專欄評論人總是聊得很自在，還會彼此爭辯。哈勒芙與神采奕奕的財經主編莎拉・高登（Sarah Gordon）覺得男性說教有趣歸有趣，卻也令人挫折。總有一天我會處理A級男人陣容問題，但不是現在。

我召開特別會議討論聯合政府的樽節政策，一方面是因為民意日漸反對，另一方面政策不見得有利於經濟。多位重量級評論家認為財政政策過於嚴苛，限制經濟成長。但我姑且相信卡麥隆與奧斯本聯合政府。本報經濟主編克里斯・吉爾斯（Chris Giles）斬釘截鐵表示，英國經濟正在變好，若現在改變本報官方立場會頗奇怪。如同稍早與桑坦德（英國）銀行執行長安娜・波定（Ana Botín）[2]聊到的，她認為明年失業率下降速度會比預期得快，也比英格蘭銀行的預測更加樂觀。

> 波定的預測正確無誤，英國經濟正在變好，儘管要再過幾個月才會看到綠芽冒出。事後看來，早知道就該更澈底辯論樽節所造成的成本，尤其是有長遠後遺症的刑事司法體系與各地政府相關服務。

六月二十六日，週二

推特執行長迪克・寇斯托洛（Dick Costolo）前來出席編輯圓桌會談。他低調表示推特「仍在初期階段」，他和董事會想方設法擴張事業：如何將酷愛用一百四十個字元聊天的一千五百億名使用者「轉換成金錢」。推特是很好的突發新聞消息來源，但寇斯無意承擔有實無名的報業責任，還要和一個有經驗的記者共事。不是開玩笑的。

中東地區現在很流行推特，阿拉伯之春固然是一種推波助瀾的助力，但Whatsapp的訊息是加密的，也許更能集結民眾力量。推特承諾允許用戶匿名，代價卻是出現濫用、仇恨語言與張貼暴力，全是因為推特公司不會過濾內容。大家經常批評報紙電視等主流媒體，說我們是「守門員」，但起碼我們努力確保內容符合一般正確標準，報導也都會加進脈絡。

推特的媒體與政治影響力會越來越大，但不見得都是好事。二〇一七年，推特決定擴大字數上限至二百八十個字元，卻幾乎無助於提升對話品質。更重要的是，政客越來越會利用推特來反媒體。「推特長」川普在這方面功夫叫人難望其項背。最近二〇二〇年數據顯示，川普的追蹤者超過八千萬人。

六月二十八日至二十九日，週四至週五

閃電前往布魯塞爾巨大的尤斯圖斯．利普修斯大樓，見證近年最重要的一場歐盟高峰會。高峰會絕大多數會議都是在宛如足球場般大的室內閉門舉行，以容納二十七國歐盟領袖暨其顧

2 波定在二〇一四年接任這間西班牙銀行董事長，銀行從曾祖父一脈相承，曾祖父、祖父與父親名字都叫做艾米利歐。

問與鬧哄哄的口譯員。史匹格觀察表示：梅克爾勉強確立一套歐元區新架構，希臘仍有危險，但暫時不會面臨世界末日。

七月二日，週一

帶維多莉亞坐進溫布頓網球公開賽中央球場的皇家包廂，觀看八強賽事。我的手機在中途茶點時間響了，是即將下台的巴克萊銀行董事長艾吉思打來。他因自家銀行捲入倫敦同業拆放利率操縱醜聞引咎辭職，現在卻在電話上告訴我，這麼做全是為了保護巴克萊銀行執行長戴蒙。我認為不太可能。倫敦金融同業早在之前巴克萊拒絕政府紓困，改向卡達尋求金援後，就視戴蒙為眼中釘。我告訴艾吉思，鮑布沒救了。我們兩人唯一有的共識的就是看法不同。

接到電話後才幾個小時，艾吉思與資深巴克萊董事麥克．雷克爵士（Sir Mike Rake）雙雙被叫去英格蘭銀行和莫文會面。央行總裁表示主管機關對巴克萊的輕率文化極為不滿，光是艾吉思下台還不夠。結果不到二十小時，戴蒙也下台了。

七月二十六日，週四

歐元區危機以來的重大時刻。德拉吉宣布往後歐洲央行將「不計一切代價」拯救歐元。他還再次重申：「相信我，這麼做會足夠。」歐洲央行明確表態將維繫單一貨幣。

「超級馬里歐」(外界不久之後替他取這個稱號)向市場攤牌了,不到幾天債權與債務國之間的債券利差開始縮小,讓愛爾蘭、義大利、西班牙與葡萄牙獲得及時喘息空間。若非還有希臘的緣故,否則歐元區危機即將落幕。

八月九日,週四

彭博公司董事長高逸雅(Peter Grauer)來訪,表示來訪沒有特定目的。不太可能吧。高逸雅從事媒體業前曾在華爾街打滾多年,感覺像是要來刺探我們和我的狀況。聽說瑪裘莉年底將卸任培生執行長一職,她曾表示「打死」也不出售《金融時報》。高逸雅八成和我一樣察覺到,瑪裘莉一走的話,《金融時報》將會易主。

九月七日,週五

前往加州,目的是洽公與旅遊。我打算與人脈深厚的記者馬修・加拉漢(Matthew Garrahan)短暫拜訪洛杉磯各地人士,接著與親朋好友共度週末,最後在矽谷進行三天訪談,了解科技業最新發展。

第一站是與夢工廠動畫製作公司共同創始人傑夫利・卡森伯格(Jeffrey Katzenberg)共進早餐。夢工廠是卡森伯格離開迪士尼公司後所創立,曾催生出《小美人魚》與《獅子王》等叫座動畫影片。他看起來心情很好,不過語帶保留。我們一邊沐浴在晨光啜飲咖啡,一邊聊到夢工廠與中國方面的合作計畫，夢工廠已在上海設立動畫公司。中國正斥資數百萬美元發展娛樂事業以滿足都會民眾所需，要以娛樂治癒疏離感。我問卡森伯格是否認識剛收購美國的AMC連鎖電影院的大連萬達公司富豪老闆王健林。

認識。前陣子有人打給他，說王先生現在在加州，要不要替他辦場晚宴？當然好。一句英文也不會說的王先生帶著隨從現身，將好萊塢的每個影視製作公司批評得一文不值。

迪士尼？爛死了。派拉蒙？爛死了。福斯？爛死了。環球？爛死了。

主餐才剛上桌，王先生隨即告辭，表示要乘私人專機回中國。

卡森伯格問他的飛機停在哪裡。

停在長灘。

王先生，跟你說……下次來好萊塢時飛機別再停在長灘了，改停在柏班克，停在我的飛機旁！

九月十日，週一

上午在谷歌深入了解人工智慧。對我而言，這完全是新大陸。谷歌搜尋引擎事業高層阿密特・辛格爾（Amit Singhal）稱人工智慧的美夢早在一九五〇年代即萌芽，當時主要應用領域是統計語言，例如字數統計。如今全世界環境條件已對人工智慧發展更加有利，像是資料中心成本降低，網路充斥數以億計的文件，以及電腦運用無所不在。

辛格爾所謂的「社會資訊」因這些變化起了極大轉變，改變人們信任的對象、人們所需及人們想去的地方。谷歌旗下安卓硬體、谷哥日曆及谷歌電郵皆屬「預測性」科技。另外一項矚目要素則是應用程式（APP），即用來從事特定事項的軟體，可以在手機上迅速下載（相較於桌機）。辛格爾說：「網路已死。現在換應用程式時代登場。」

為了說明人工智慧有多厲害，谷歌安排我和同事李察．瓦特斯（Richard Waters）坐上無人車去兜風。這台寬敞白色無人車的車頂安裝大型導航設備。繫好安全帶後，司機先是帶著我們開幾條街，接著便交由車子自行駕駛。行駛在公路上時，已然可以料見未來世界模樣。此時，一輛真正的車子從外線道駛來，駕駛看到我們這台自動車時深感著迷，車子一度偏移，闖進另一線道。

九月十一日，週二

起了大早與矽谷最知名的一名創投人吃早餐：銀湖創投（Silver Lake）的約翰．杜爾（John Doerr）。會後我更加確認一件事，那就是科技與媒體變化腳步之快，超乎想像。「臉書掌握人們在社群網絡上的身分，谷歌則有另一套身分體系。蘋果則是擁有四億個信用卡用戶資料。」他唯一漏提的大數據公司是貝佐斯的亞馬遜。就他觀察，臉書今年初公開上市也許起先讓人大失所望（估值一千零四十億哪是小數目，但算了，不提這個），但矽谷的新興大老們，說穿了就是蘋果、臉書與谷歌這幾間公司。

給自己的備忘錄：《金融時報》必須針對手機平台找出一套有效策略，否則將被擊垮。去年我們的HTML5網路APP上線，成效斐然，但蘋果、臉書與谷歌既然掌握可畏的分銷力量，勢必會藉此訂立和他們做生意的條件。此事雖多交由瑞丁去決定，但身為總編與董事會成員，我也要表示我的看法。

九月十五日，週六

為下週末去庇里牛斯山騎單車認真訓練。我在溫莎的潘尼希爾公園與世界頂尖的英國天空車隊一起騎二十五英里。對於「麥迷」（Mamil）（英文縮寫，全名是「穿著萊卡褲的中年男子」）來說，訓練步調很嚴苛。騎乘結束後，車隊經理與訓練專家大衛・布雷斯福（David Brailsford）前來會見所有騎士，出身德比的他擅長所謂「『邊際獲益』的積累」，這不僅涉及騎乘技術改善，也要搭配飲食、心理堅定的素質及功率體重比。

布雷斯福的簡報非常引人入勝，他的賽事佳績紀錄也是如此。但後來這項紀錄卻蒙上陰影，因為天空車隊被爆出使用一種遊走灰色地帶的類固醇叫去炎松（Triamcinolone），國會對此在報告中嚴詞指責。[3]

九月十八日，週二

赴英國廣播公司總部廣播大樓參加湯普森執行長的餞別派對。[4]整體來說，他的表現不錯，國人對這家國家公共廣播業者自有評斷。記得當年我和馬克還在牛津讀書時，他是學生雜誌《Isis》的副主編，臉皮很厚，某次還退我稿，看來他在英國廣播公司會有奇怪的編輯判斷其來有自。

我的感覺是，馬克希望待久一點，但英國廣播公司信託監管機構（BBC Trust）[5]董事長彭定康（Lord Patten）[6]對繼任人選另有安排。新執行長安懷瑟（George Entwistle）看起來無懈可擊。離去時我被信託監管機構的某人攔住，稱她在報紙八卦版面多次看到我被提及可能會接任BBC執行長一職，對此表示**非常**意外。她問我有何說法？

---

3 出自《運動賽事禁藥使用之對策》，下議院數位文化媒體與運動賽事委員會，二〇一八年三月五日：https://publications.parliament.uk/pa/cm201719/cmselect/cmcumeds/366/36606.htm

4 湯普森曾於二〇〇四年至二〇一二年擔任英國廣播公司執行長，後來當上紐約時報公司執行長，是少數順利橫越大西洋到美國擔任要職的新聞從業人員。後於二〇二〇年卸任。

5 英國廣播公司信託監管機構在二〇〇七年到二〇一七年間掌管英國廣播公司，後來掌管任務改由董事會擔任，監理權則移轉至英國通訊管理局（Ofcom）。

6 彭定康是保守黨議員，也是柴契爾夫人與梅傑首相任內重量級人物，曾任香港最後一任英國總督，現任牛津大學名譽校長。

我其實喝得有點醉，沒把她沒禮貌的行徑當一回事。

結果安懷瑟只當五十四天就被迫下台，全因處理吉米．薩維爾（Jimmy Savile）性虐醜聞事件欠佳。繼任者是皇家歌劇院執行長東尼．霍爾（Tony Hall），他是英國廣播公司資深高層，也是安全人選。

十月九日，週二

紐約市長麥可．彭博（Michael Bloomberg）上午坐黑頭車隊來訪，一起喝咖啡，陣仗堪稱總統規模。

彭博剛過七十大壽，但看上去年輕許多，是一位個子不高，很會打理，穿著也很體面的大男人，身家數十億美元卻很低調。市長獲得特別禮遇，搭乘拉警戒線隔離的電梯來到一樓編輯室，由我向他簡短介紹本報數位轉型的歷史。他看起來興趣缺缺。資深記者們群聚在靠河畔的記者會中心，了解彭博是否有意入主報社。四十多分鐘過去，不斷圍繞在這個問題，直到最後一名資深評論人問了價值十億美元的重大問題（前提是《金融時報》真的值十億美元）。市長是否有意買下《金融時報》？

彭博戲劇性地頓了一下。「這話什麼意思？我每天都在報攤買《金融時報》呀……」

彭博市長來訪不久前，培生集團才剛宣布瑪裘莉執行長一職將做到年底。彭博清楚造訪《金融時報》會引起話題，至於是否真的有意入主《金融時報》，始終都是個問號。說不定他覺得自己在河對岸那座全新、先進且碳中和的總部，眺望出去的景色要好得多。

十月十二日至十五日

和泰瑞史密斯車隊連續兩天騎越庇里牛斯山，各騎七十五英里，其中一段是環法賽路段。第一天實在難以忍受，有兩千七百公尺的上坡路，隔天整個人動彈不得。若非有個年輕騎士鼓勵我繼續騎，不然就要放棄。到了傍晚幾乎累到趴在車身。騎完第二天的七十五英里路程是我這輩子最大成就之一，這段故事後來登上《金融時報周末版》的專題報導，標題是「泥濘、汗水與齒輪」。

十月二十二日至二十三日，週一至週二

快閃前往巴塞隆納的IESE商學院發表演說，題為「歐元區危機的教訓」。西班牙前外交部長哈維爾．索拉那（Javier Solana）做了一個我無法回絕的提議，加泰隆尼亞獨立運動蠢蠢欲動，哈維爾想和我促膝長談現在的中間偏右政府有多頑固。我在演講中認同西班牙努力整頓金融業，獲得好評。我的論點是，歐洲友邦，尤其是德國，要多支持西班牙。

我的診斷很好，但處方差了一截。當時我相信西班牙改革方案免不了要向歐盟與國際貨幣基金請求金援，卻小看新任拉霍伊政府的政治果決。

十月三十一日至十一月七日

前往紐約與華府一週，這趟行程的高潮是歐巴馬勝選之夜。選舉結果毫無意外，米特・羅姆尼（Mitt Romney）對大多數美國人而言太做作，也太富有，缺乏吸引力。但這次選舉卻缺乏二〇〇八年那種劃時代感覺，所以頂多打算午夜站在白宮前面進行採訪就好。

十一月十三日，週二

文化、媒體與體育大臣瑪麗亞・米勒（Maria Miller）趕在列文森調查報告出爐前再度約見。米勒以前在廣告業當過高階主管，說話風格像是校長，要求我們承諾「執行」列文森報告的內容。我客氣婉拒。

十一月十五日，週四

《星期日郵報》前總編暨達克爾的小跟班彼得・萊特（Peter Wright）接近傍晚時分致電，透露《每日郵報》即將刊登一篇（事實上是一系列）關於貝爾爵士的文章。沒什麼好擔心的，保羅只是想跟你說一下。要登幾篇文章？顯然有好幾篇。我打電話給大衛告知這件事，他勃然大怒，稱《每日郵報》想在列文森官方報告出爐前先抹黑他。貝爾爵士在這次調查擔任顧問角色。我對《每日郵報》報導內容一無所知，無從給予建言。

十一月十六日，週五

《每日郵報》用十一個版面「揭穿」貝爾爵士的「惡行惡狀」，用語尖酸刻薄，頭版更放上大衛打了紅紫色領帶、自鳴得意樣子的巨幅照片。內容指控大衛是列文森的打手，「企圖聯手左派老校友推翻現行制度」，更指大衛資助的「媒體標準信託」（信用破產的「新聞申訴委員會」的對手機構）如同「一群『自以為是』的共濟會組織」。達克爾彷彿有意激怒大衛，要他提告。就我看來，《每日郵報》的行徑已接近誹謗，但未越線。

《每日郵報》的做法向來如此，並不意外，為此他們聘僱大量律師，也願意花大錢在法庭上爭取立場。

下午伊隆．馬斯克（Elon Musk）開著紅色特斯拉來訪，停在報社後門。《金融時報》是他這次倫敦行其中一站，目的在告訴世人他是當前紅炸子雞創業家，目前手上的創新事業不只一個，而是三個：特斯拉電動車、電池超級工廠計畫與製造SpaceX太空火箭，最終目標是太空運輸和人類殖民火星。[7]

面對我們的質疑，馬斯克輕鬆以對。電動車要如何達到規模生產，以競爭得過通用汽車及福特車廠？如何確保有足夠充電站滿足大眾電動運輸所需？要如何抵達火星？這個嘛，先想一下如何抵達帕摩爾街吧。他請加普搭他的車兜風到下一站：位於聖詹姆斯的《經濟學人》。到了之後，馬斯克交給加普車子鑰匙，要他開回《金融時報》。天知道加普有沒有保險。馬斯克團隊在報社等他開回來的期間焦慮萬分。約翰後來告訴我，他是有史以來開特斯拉開最慢的人。

接著去布魯頓街貝拉米餐廳參加蘇斯曼七十五大壽晚宴。凱瑞參議員也到場祝賀。凱瑞二〇〇四年競選總統時，路易可是替他募了數千萬美元。人高馬大的凱瑞儘管臉有皺紋卻依舊俊俏。他的位子被安排在維多莉亞身邊，沒多久便離席接聽華府的電話。路易說，歐巴馬安排凱瑞當下一任國務卿。

十一月二十九日，週四

史詩般的列文森調查報告總算出爐，頁數比托爾斯泰的《戰爭與和平》還多。報告內容記錄了小報、政客與某些高階警官之間的不當關係，但也澄清卡麥隆與梅鐸帝國有保持距離。列文森法官呼籲成立新的媒體監督單位，依法「不受業界或政府影響」，並授權針對「疑似或系統性違法事件」，按營收規模進行裁罰。此外也提議成立新單位解決誹謗爭端，仲裁是一種可能模式。

列文森打的這場仗跟不上時代，現代媒體權力平衡已大幅轉變，報紙不再是身處大眾與政治人物之間有影響力的守門員。臉書與數位巨人（而非發行量大的小報）才是新時代的掌權人。[8]

十二月四日，週二

卡麥隆召集眾多報社總編輯到唐寧街首相辦公室，討論如何執行列文森報告的建議事項。一群總編輯聚在一起，該用什麼集體名詞來形容：一群人，一群動物，還是只是一票爛咖，像是一票抽菸的爛咖？室內肯定有二十人來著，許多人我不認識。首相板起臉孔，稱他支持米勒大臣，呼籲這次要做出有意義的改變。這話意義到底在哪，首相自己還不是請《世界新聞報》前總編克爾森擔任發言人，[9]而且還是在電話竊聽風暴醜聞發生的當頭。卡麥隆也是《太陽報》資深總編布魯克斯的簡訊摯友。儘管他貴為首相，但此時此刻此地，難以把他當一回事。

---

7 二〇二〇年特斯拉超越豐田成為全球市值最高的汽車公司，老大換人做。

8《新時代的掌權人》作者是普立茲獎得主大衛・哈伯斯坦（David Halberstam），回顧小羅斯福總統的爐邊談話到水門案，說明美國大眾媒體如何崛起成為一股政治勢力。

9 克爾森二〇〇三年至〇七年曾任《世界新聞》總編輯，二〇〇七年至一一年擔任保守黨溝通部主任及唐寧街新聞大臣。二〇一四年因電話竊聽事件在老貝利（中央刑事法院）遭判處十八個月有期徒刑。

十二月十一日，週二

在法蘭克福歐洲央行採訪德拉吉。自從夏天宣布將「不擇手段」之後，市場已趨穩定。他透露那次向金融市場直白喊話，花了兩週時間準備，身邊顧問卻沒有人事先知道他實際上會怎麼說。我問他是否有預先演練那句名言，只見他笑稱：「沒有，我沒有那麼愛演。」

德拉吉獲選為《金融時報》年度風雲人物，如果順利克服難關，這位羅馬耶穌會信徒將垂名青史，成為拯救歐元的英雄。

二〇一三年
報慶盛事

二〇一三年，《金融時報》慶祝成立一百二十五年。我們從一八八八年只有四個版面、誓言要當「誠信金融人士與敬重證券經紀人」好朋友的倫敦報紙，如今成為擁有六百名記者的報社，規模儘管只有《紐約時報》的一半，卻仍有不小影響力。今年我決心要加快腳步，更澈底執行數位轉型，為此要有政治手腕與演技才行。

一月一日，週二

我要加入推特了，這或許是保羅門徒以來最大的信仰改變。以前經常抱怨，一百四十個字元怎麼足夠說正經話，但今年我們要轉型成「數位優先」的新聞報導，我想以身作則。意思就是，我們的報紙內容會取自線上內容，而非線上內容取自報紙。為此大家要調整心態，調整工作流程。在新任執行總編拉蒙特鼓勵下，我起草有史以來第一篇新年文告給公司同仁，呼籲大家「發揮想像與勇氣」。另外也說明編輯策略，包含要推出新的線上即時新聞服務FastFT。

後來在達沃斯遇見《紐約時報》社長亞瑟．蘇茲柏格（Arthur Sulzberger）時，對方就我的新年文告表示祝賀。他極為不解，為何《紐約時報》尚未採取類似策略。確實，為何沒有？後來二〇一四年《紐約時報》便發表大部頭「創新報告」，擘劃自家新數位策略（也極為成功）。

我在推特推文推上癮，讓維多莉亞有些不快，但推特證實是個推廣自家新聞的有用平台。觀察有在使用推特的記者，有人砲火四射，有人則會遊走在個人觀點與報社報導的分際。訓誡他們沒有效。記者既然拿了報社薪水，就對雇主負有責任，但記者越來越想打造個人「品牌」，這個問題只會日益嚴重。

一月十四日，週一

拉霍伊是我採訪過的第四位西班牙總理，也是最缺乏領袖魅力的一位。他不像主導該國民主轉型的俊俏社會主義者菲利浦．岡薩雷斯（Felipe González）那般如貓的魅力，卻也（所幸）沒有岡薩雷斯繼任者阿茲納那股傲慢。至於薩帕德洛，我在二〇一〇年已領教到他是空空如也的社會主義者。反觀拉霍伊則介於前者之間，出身西班牙西北部的卡利西亞，戴著眼鏡，留著細鬍。西班牙人總是說，走在樓梯上若遇到卡利西亞人，你會搞不懂他究竟是要上樓還是下樓。我在蒙克洛亞宮採訪他兩小時後的心得是：這位備受敬重的總理是個可靠的改革者，將率領西班牙重返歐洲經濟甲級聯盟。

拉霍伊說：「外界稱拉霍伊總是遲遲下不了決定，這是刻板印象。外界認為卡利西亞人喜歡以拖待變，所以總理也會以拖待變。但我上台以來一年內縮小政府赤字，而且還是在經濟衰退下達到的。結構性改革與金融業改革都順利推動。請問：有多少卡利西亞以外的人會做出這些決定？」

馬德里的金融業者及駐馬德里新任特派員峇克都告訴我，確信拉霍伊會向歐洲央行求援。總理打的算盤是，歐洲央行一旦答應金援，債券市場的借貸成本將會下降，如此一來便無須真正請求協助。他也堅稱歐元區將會維持不變。

拉霍伊的判斷無誤。西班牙無須向歐洲央行求援，因為德拉吉誓言會協助的那番話就是一記定心丸。談到加泰隆尼亞爭取獨立時，讓人感到不祥。他說，西班牙是「歐洲最古老國家」，有五百年歷史，要西班牙總理不維護國家完整是不可能的。法律上而言，他沒有錯，但政治上卻缺乏彈性。緊張情勢不斷升溫，最後加泰隆尼亞獨立派政黨在二〇一七年發動獨立公投，卻因公投有瑕疵導致獨立流產，讓西班牙遭遇四十年來最大政治危機。拉霍伊後來於二〇一八年下台。

一月二十三日，週三

卡麥隆下了一場政治生涯豪賭，要舉辦公投決定英國是否留在歐盟。他要和歐盟「重新協商」。誰曉得這話是什麼意思。一九七五年，哈羅德．威爾森（Harold Wilson）曾就英國身為歐洲經濟共同體一員重談條件一事舉行公投，獲得大勝。四十年過去，保守黨日益疑歐，甚至恐歐。卡麥隆擔心會重演十九世紀穀物法之爭導致黨內分裂。[1]史蒂芬斯稱英國脫歐並非不可能，但可能性不大，又說：「卡麥隆向民粹低頭的做法，造就一股脫歐政治動能，英國的經濟問題其實是自己釀成的，歐洲卻因此成為代罪羔羊。」

二月十一日，週一

布萊克上議員邀我一起去唐寧街會見卡麥隆，談列文森報告。與會者不多，其他人包括鏡集團的維克斯及《星期日郵報》的萊特。會議沒有結論，但我覺得能夠在場當「游離選民」挺難得。離去時撞見達克爾，顯然他受邀與總理私下會面。看來我沒有想像中重要。卡麥隆何時才會明白，達克爾不是他最要好的同夥？

二月十二日，週二

在同仁的簇擁下，我寫了一篇報慶致詞，卻又盡量避免自吹自擂。文中提到幾個本報經歷的彆扭時刻（一九九二年半吊子支持工黨、力促英國加入歐元），也提到某些議題事後看來判斷正確，像是反對伊拉克戰爭。

《金融時報》的強項在於報導重大國際新聞：蘇聯垮台、德國統一、歐洲建立單一貨幣、全球化與中印俄及拉丁美洲多國加入市場經濟，讓全球勞動市場在一九九九年到二〇〇九年間擴增四倍、網路誕生與網路泡沫，以及二〇〇七至〇九年全球金融危機。我寫道：「曾任財政部長與花旗董事長的魯賓向我提過，讀《金融時報》總是比讀每天的中情局剪報有用。知名投資人華倫．巴菲特則說《金融時報》是貨幣與貿易新聞重要指南。」

有時我真希望外界將《金融時報》視為國寶，而非英國一家主攻利基市場的出版品。重要的是我們的國際地位。這才是主導我們的生意與新聞議題的關鍵。在海外工作了十六年，國際圈子也比較讓我（稍微）感到自在。

我在文中提到資深同仁提供的軼聞趣事。最棒的一則是（希望是真的）一名中國駐非洲某國大使被問到為什麼總是手上拿著粉紅色報紙時，說：「大使館所有人都讀《金融時報》，因為資本主義者從不說謊。」

三月五日，週二

我們將報慶周年選集寄給特定對象與供稿人，內容涵蓋五十二篇《金融時報》午餐訪談經

1《穀物法》的內涵是管制穀物貿易與價格。十九世紀時曾引發保守黨黨內對立，地主與新興製造業者利益出現衝突。一八四六年時任總理的羅伯特．皮爾爵士（Sir Robert Peel）決定廢止該法，導致保守黨黨內對立長達數十年。

典之作。終結南非種族隔離的德克拉克（F.W. de Klerk）與蘇聯瓦解後推動私有化經濟的安那托利・楚拜斯（Anatoly Chubais）均捎來謝函，唯獨八十歲的奈傑・勞森（Nigel Lawson）不太領情。

他親筆寫信給我：「不讓我免費訂閱《金融時報》網路新聞，對此深表意外。答應這項請求不失為善意之舉，且對貴報毫無損失，絲毫沒有損失。我都在上議院圖書館看免費的《金融時報》，沒道理還要付費訂閱《金融時報》網路新聞，故從來沒有訂閱，未來也不會訂閱。但還是要套一句威利・懷德勞（Willie Whitelaw）的話：你好樣的。」

本來我對這位當過本報記者、現任上議院議員的期待更高。身為柴契爾夫人的信徒與改革派財政大臣，我想他肯定清楚米爾頓・傅利曼（Milton Friedman）那本書的書名就叫做《天下沒有白吃的午餐》（*There's No Such Thing as a Free Lunch*）。

三月二十八日至四月三日

首次前往緬甸，利用五天行程見證猶如南非當年脫離種族隔離般的劃時代政治轉型。軍事獨裁落幕，出版限制解除，上百名政治犯重見天日。可畏的將軍們返回軍營，或者重新穿上二尺長筒裙，又稱作籠基（longyis），象徵文人主政。

本報駐東南亞特派員葛文・羅賓森是居住當地的緬甸專家，這位澳洲人老是喋喋不休且幾乎不眠。她安排的行程極為精采，先從首都仰光出發，晚間參觀壯觀的英式殖民建築，背景則是金光閃爍的大金寺。隔天早晨前往曼德勒西南方一度坐擁上萬間寺廟的古都蒲甘（Bagan）。接著驅車前往東南邊一百七十英里遠的首都奈比多（Naypyidaw），中途拐彎到密鐵拉（Meiktila）。葛文聽說當地發生住家商店洗劫事件，五十名穆斯林遭到屠殺，她打算親眼見證。一名當地議員帶著我們到某處，聲稱自己看見一群佛教徒暴民毆打燒死至少十五名學童，警方卻冷眼旁觀。灰燼上留有一隻孤零零的拖鞋。

首都奈比多感覺像是快轉一千年，悠閒駕車在二十線道上，除了古怪車輛與被四十度高溫烤得縮癟的橄欖色制服哨兵以外，看不到太多東西。當地建築混雜法國路易十四時期的壯麗及樂高王國的風格。緬甸國會共三十一層樓，以護城河環繞，設計考量顯然是為了嚇阻外人來犯。

採訪總統登盛（Thein Sein）的地點位於前領導人丹瑞（Than Shwe）將軍遺留的豪華官邸。一行人搭乘寫著「貴賓」字樣的電梯上到一樓，五名助理行軍禮歡迎我們到來（從事新聞業三十五年，這還是首次遇到）。總統以客氣卻堅定的口吻表示：緬甸告別過去了，西方該永久取消禁令，以示回饋。葛文提醒這些禁令催生出一群商人親信階級，成為獨裁政府的代理人。人權團體則因力挺反對派領袖暨諾貝爾和平獎得主、人稱「夫人」的翁山蘇姬（事後顯示是錯誤判斷），堅持反對鬆綁禁令。

遺憾的是，「夫人」太過忙碌，無法接見我們，但我們仍有到仰光造訪她的政黨總部，當地軍人不全然欣賞這位曾遭十五年軟禁、廣受西方讚揚的女性。某位退役軍人說外界對她搞人格崇拜，她對異議者容忍度也極低。搞慈善的資本家索羅斯寧願慷慨一點，也不願站錯邊。但他畢竟正在和其他人合資競標緬甸通訊事業執照。晚宴上大家都同意一點：緬甸究竟會變成冒牌民主，還是東南亞區域的一盞明燈，將取決於接下來的選舉結果。

二〇一六年翁山蘇姬被安排擔任國政顧問，此職相當於總理位階。但出於虧欠，她遲遲不願擺脫軍方，二〇一七年拉克興省發生羅興亞人大屠殺後，國際社會對她無所作為嚴詞批判，至今名譽掃地。

四月八日，週一

柴契爾夫人過世，享壽八十七歲。說起來《金融時報》對她的立場有些複雜。我們反對出兵福克蘭群島，也不喜歡她那種威嚇、與人作對的領導風格，她最終之所以失敗，也歸咎於此。但另一方面，她推動的改革本報卻普遍支持，尤其是國營事業私有化及重新平衡國家與經濟。

我成長於一九七〇年代，當時全國染上「英國病」，國家停滯不前，肇因於工會主義強硬，管理無方。柴契爾夫人開立的處方有時不僅無益於病情，反而加重病情，但整體上來說，她大力帶著國家往好的方面發展。我指示沃爾夫給鐵娘子寫份評語。

「柴契爾夫人是十九世紀末以來承平時期最重要的首相，不僅改造保守黨，也改變英國政治，顛覆過去人們對國家與市場之間關係的主流預設。她在國際政治也占有一席之地。由於意識型態與美國雷根總統相仿，讓她深入涉足國際事務，未來恐怕難有英國政治人物可以匹敵。」

馬汀指出，柴契爾夫人從來不是自由市場死忠信徒眼中那種「自由市場烈士聖女貞德」，而是「無意砸自己的腳去摧毀福利國家的基礎，例如國民保健署」。說到底，她確實在「她的那個年代」貢獻甚殷，但從這次金融危機的結局看來，她的偉業卻又不盡然如此具有變革性。此文值得登在頭版，這麼做算是很慷慨。

四月十七日，週三

與上百位前來悼念的來賓坐在聖保羅大教堂，參加柴契爾夫人告別式，儀式莊嚴。英國一大票當權者都來了，包括倫敦報業的總編輯們。達克爾坐在我前方幾排的位子，坐在走道旁的美國代表團人數不多，貴賓包括前副總統錢尼、前國務卿貝克與舒茲，卻不見柯林頓、老布希與小布希身影，也沒有歐巴馬政府高層官員出席，挺失禮。主持告別式的倫敦主教理查・察特斯（Richard Chartres）指出，柴契爾夫人是象徵性人物，「甚至代表一種主義」，與資本主義、共產主義、社會主義齊名。

柴契爾夫人確實是一種「主義」，如同其他主義，外界對柴契爾夫人的看法兩極。但她改造現代英國，也促成冷戰落幕。就此看來，這番偉業還不錯。

四月十九日至二十五日，中國

美國私募基金業者大衛．賈保羅（David Giampaolo）邀我前往靠近越南與緬甸邊界的中國昆明參加中國企業家俱樂部年會。中國式資本主義的佼佼者都會現身，像是阿里巴巴的馬雲及物色好萊塢製作公司的不動產開發業者王健林。很難說這種行程究竟好或不好：時間要用來待在辦公室，還是在外面跑新聞？後來決定要去，這是建立人脈的契機，還能順道去北京，本報駐當地分局主任安德利尼總是會安排有意思的採訪。在昆明與王健林等多名資本主義人士對談期間，人人對拓展海外事業躍躍欲試。但更精采的是前往備受爭議的中國異議藝術家艾未未北京家中作客兩小時。

我與賈米爾抵達艾未未住處時，發現現場架了十五支監視器緊盯住處，全被艾未未用懸掛紅燈籠的方式，有美感地模糊對方視線。艾未未身材粗壯，留短髮，蓄大黑鬍，臉上看得出來因法外監禁飽受風霜。（他才剛被拘留在祕密地點八十一天，不斷接受審訊。）我們隨便吃了早餐，聽他談中國歷史。他說，共產黨早年剛執政時，全國為貧窮所苦，一切都是為了大業犧牲。如今共產黨的正當性遭受質疑。社群網站微博讓公民有機會「每天去審判這個國家」。只要一句話被刪去，「這個國家便給自己添了敵人」。這時，艾未未啜飲一口咖啡。「就像是免疫系統，正在崩壞。」

聊完後，艾未未帶我們逛了一圈工作室，看見幾名年輕女性研究人員走來走去，至少一名來自歐洲。我看見地上堆滿鋁製單車，便告訴艾未未我也是單車好手。他微笑問我要不要帶一台回倫敦，當然上面會有他的簽名。我名字叫萊奧納·巴伯嗎？

四月三十日，週二

為慶祝《金融時報》成立一百二十五週年，紐約證券交易所邀請報社高層瑞丁等人敲收盤鐘。多數人想敲的都是開盤鐘，因為敲收盤鐘時有可能當日收盤指數會比開盤指數低。不過今天標準普爾指數收在一五九七·五七，比開盤上漲百分之〇·二五。好險！

五月九日，週四

馬莎百貨（Marks and Spencer）董事長羅伯特·史萬尼（Robert Swannell）想和我私下談談本報之前對這家褪色英國國寶的報導。馬莎的食品生意很不錯，但服飾生意總是跟不上別人腳步（男人內褲也許除外，個人認為很耐穿）。這家百貨和其他零售業一樣，仰賴經營成本很貴的實體商店，網路化太慢。史萬尼以前待過施羅德投信，[2]是一名操著上流口音的紳士。他希望我調離資深零售線記者安德莉亞·費斯特（Andrea Felsted），她確實有點像是㹴犬。我願意看看報導內容，但不可能調走安德莉亞。

2　施羅德投信名列富時一百指數成分股，由兩位來自漢堡的兄弟於一八〇四年創立。

我和英國零售業交手總是多采多姿，又以咄咄逼人的億萬富翁葛林爵士為最，此人擁有Topshop、Miss Selfridge等事業及兩艘停在摩納哥岸邊的超級遊艇，遊艇是老婆媞娜與兩個孩子的住所，也是他周末度假的去處。

二〇一六年，葛林打電話來抱怨一條新聞，當我是他的僕卒般咒罵。不久我倆相互叫囂，最後這位零售大亨不可思議地主動向我示好。

葛林：「你想要什麼？」

巴伯：「什麼意思，不懂你在說什麼。」

葛林：「想要什麼啦？要蛋糕嗎？」

巴伯（滿頭問號）：「好吧，蛋糕。」

葛林：「什麼口味的蛋糕？」

巴伯（隨便亂猜）：「杏仁蛋糕。」

隔週葛林帶著杏仁蛋糕走進本報編輯室，算是勉強握手言和。但好景不常，沒多久敵意再起。

六月六日，週四

《衛報》大量報導指出，美國國家安全局收集美國大型電信業者威訊（Verizon）上百萬用戶的通訊數據，法庭密令涵蓋範圍不僅國內，也包括國外通話。美國媒體曾在二〇〇六年報導國安局在九一一事件後為偵測恐怖主義活動而祕密收集通訊數據，但直到目前沒有跡象顯示歐巴馬政府仍在執行這項計畫。感覺這條新聞會愈演愈烈。

六月九日，週日

國安局下包商博思艾倫漢密爾頓（Booz Allen Hamilton）的轉包商愛德華・史諾登（Edward Snowden），現年二十九歲，自稱是揭發這次祕密監控計畫的吹哨者。這則新聞讓我內心很掙扎，原則上我支持《衛報》刊登內幕，可以讓外界看到數據收集之廣泛，也讓情報單位（與矽谷的共犯）負起責任。但另一方面，這只會讓情報單位更難追查執意要摧毀大眾對國家信賴的恐怖分子。

史諾登事件讓外界能夠更通盤看待列文森調查。西方民主社會的私人與公共界線越來越模糊，恐怕只會繼續模糊。小報竊聽醜聞事件的壞人是齷齪的記者。如今這起事件的壞人變成是數據探勘公司與情報單位，且做壞事的規模遠遠超過《世界新聞報》。列文森的槍口如今要對準老敵人了。

六月十六日，週日

俄國大使亞歷山大・雅科文科（Alexander Yakovenko）昨日來電，問我是否想和一小群客人到大使館與普亭共進晚餐。我以為是鬧著玩，但不是。這位重返總統大位的俄羅斯強人有意在本週參加北愛爾蘭的G8高峰會[3]之前先和「專家」會面。

我被安排坐在普亭右側資深外交部長謝爾蓋・拉夫羅夫（Sergei Lavrov）身旁，拉夫羅夫面容寡歡。大家吃著魚子醬，喝伏特加。普亭開場談俄羅斯，內容乏味，隨即讚賞匯豐銀行首席經濟學者史帝芬・金恩（Stephen King），大談他的新書《經濟成長的終結》（*When the Money Runs Out: The End of Western Affluence*）。普亭忽視現場來賓，只顧著與滔滔不絕的金恩聊天。就這麼過了令人沮喪的十五分鐘，這時拉夫羅夫轉頭看著我，說：「說話呀！要在這個國家生存很不容易……」

與普亭對到眼時，我以德文開口，想讓這位曾駐點在共產東德德勒斯登的前KGB幹員刮目相看：「總理先生，關於歐洲你要了解一點，今天大家都是德國人。歐洲所有國家都按照德國人開的條件調整國內經濟：西班牙、義大利、希臘、葡萄牙，甚至是波羅的海國家……」

普亭：「為什麼要提波羅的海國家？」[4]

正要回答的時候，話題被帶到歐元區主權債務危機、跨大西洋關係與能源。到了某一刻，普亭表示若記者全部離席，他將暢所欲言。他大概是故意衝著我和《經濟學人》總編約翰・米可斯維特（John Micklethwait）而來，但更有可能是罕見不察。米可斯維特詢問普亭對美國頁岩油革命與這場革命對全球能源價格衝擊有何看法，尤其是對俄羅斯油氣產量的衝擊。

普亭：「頁岩油只是曇花一現。」

在座來賓都點頭表示同意。

普亭舉起一杯紅酒，說：「這是美國北達科他州水的顏色。」兩小時的晚宴分秒不差結束。普亭向來賓致謝，起身時發現室內角落有一架鋼琴，隨口提及：「我練琴有一陣子了。」各位想不想聽他彈琴呢？有誰膽敢說不？普亭便坐下，以高八度音彈奏《筷子華爾滋》，嚷道：「聖彼得堡！」

接續以低八度音彈奏同曲，稱「莫斯科！」眾人鼓掌叫好，他起身闊步走向出口，轉身誇張示意要英國石油公司執行長達德利到門廳與他一對一密談。

普亭的音樂小品讓人著迷，究竟這是用來動搖在場達官顯要的隱晦方法，還是代表無情統治者也有柔情的一面？普亭總是扳著臉孔，難以參透。八個月後，他下令俄軍兼併克里米亞，這是一九四五年以來歐洲首度出現邊界異動。

六月十八日，週二

出席一場渾身不自在的下議院媒體特別委員會聽證。對於遲遲未能針對列文森報告取得共

3　厄恩湖那次G8高峰會是俄國最後一次與會。兼併克里米亞後，俄國遭到逐出高峰會，G8變成G7。

4　一九一八年帝俄垮台時，愛沙尼亞、拉脫維亞與立陶宛宣布獨立，後於一九四〇年被俄國兼併，隨後被納粹德國入侵，二戰結束後歸還蘇聯。蘇聯垮台後，三國加入歐盟與北約，對普亭這種俄國民族主義者形同芒刺在背。

識，議員們深感挫折。我的證詞沒有太大幫助：「我們處在真空地帶。」

聽證流程十分空洞，直到曾任《觀察家報》記者的工黨議員保羅・費連尼（Paul Farrelly）請我針對《每日郵報》拿貝爾爵士開刀、稱他自詡是自由派好人卻在破壞新聞自由一事發表看法。我告訴議員，大衛處事廉潔，也是我多年來的職場導師。重申一次，沒有法律行動在追究《每日郵報》報導的新聞。**其實我應該要更直白力挺大衛，但通常我會避免在公開場合批評其他記者。當然有例外，達克爾就是一個例外。**

七月十七日，週三

義大利下一屆總理熱門人選馬泰奧・倫齊（Matteo Renzi）來到倫敦爭取投資人支持，以及《金融時報》的支持。他用一份呆板乏味的PPT簡報檔說明政治與經濟改革計畫。這還是我第一次遇到。看來艾克頓勛爵的金句有了新解：權力使人腐化，PPT簡報使人絕對腐化。[5]

八月十六日，週五

來自霍爾、處事低調的東尼・梅傑（Tony Major）是我改造本報編輯室的祕密武器。（我和東尼共事有十五年了，他是徹頭徹尾的媒體人，也是設計製作專家，更是我與英國記者聯盟有用的私下聯絡管道。）幾年前我提拔他，請他協助我思考報紙的未來走向。於是他去拜訪位於斯德哥爾摩瑞典最大的《瑞典日報》（Svenska Dagbladet），帶回「快」新聞與「慢」新聞兩種概念。

首創這個概念的《瑞典日報》馬汀・瓊森（Martin Jonsson）前來辦公室找我。他說快新聞指的是意外事故、緊急事件、記者會與各種「即時新聞」等事件，適用於網站。慢新聞則是報導趨勢或不講求時效的新聞。《瑞典日報》目前紙本報紙很高比例是刊登預先規劃好的慢新聞，好讓編輯與記者專心優先「餵」給網站即時新聞。

頓時靈光乍現，發覺可以透過顛倒新聞製作流程，讓《金融時報》真正優先數位化，由ft.com新聞網站刊登新聞與觀點，報紙則成為旁支。

八月二十三日至二十七日，中國

一到北京，大家都在談國家主席習近平的反貪腐活動。有傳言指出數十名高階軍官與低階公務員被捕，這些是習近平誓言要打擊的「老虎」與「蒼蠅」。某個當地消息來源指稱，北京出現了「新皇帝」。

採訪習近平不太可能，但老熟識傅瑩大使替我安排在紫禁城中共總部所在地中南海會見高

5 約翰・戴柏－艾克頓勛爵（一八三四－一九〇二）曾任維多利亞時期國會議員，是堅定自由主義者與反民族主義者，曾說過一句格言：「權力使人腐化，絕對權力使人絕對腐化。」

階官員。在北京分局主任安德利尼陪同下，一起開心走在切格瓦拉與尼克森走過的黨部路徑。建築與花園名稱引人遐想：水雲榭、懷仁堂、豐澤園與最終目的地：武成殿。

這場採訪非比尋常，我先拋問中國經濟目前狀況，高階官員詳細回答，不許我們插話。他明確表示，中國設定的二〇一三年百分之七經濟成長率會達標，不論全球經濟是否存在不確定性，中國都不會被拖累。美國金融市場兩週前才因聯準會暗示特殊政府債券與資產的收購計畫（即量化寬鬆QE）將退場而引發一陣緊張。採訪尾聲，官員問我對「退場恐慌」有何看法，以及它對美國與歐洲的影響。我表示謹慎樂觀，與一九九八年亞洲金融風暴相較之下，當時主權債務方周轉不靈是因為債務以美元計價。這次印尼、南韓與泰國好多了。官員仔細聆聽我的意見。後來傅瑩向我致謝，稱未來有機會進行可以見報的正式採訪。

就北京的立場，這次私下交流有助於傳達全球經濟再怎麼不確定，共產黨也會不計代價拚經濟。同時也隱約提醒著外界，儘管習近平權力快速膨脹，其他高階官員仍享有一定地位，尤其是經濟政策方面。最後，中國人常認為聽取西方觀察人士的坦率評估，有助於增進彼此尊重與信賴。

九月十三日，週五

身兼女企業家、慈善家、紐約社交名媛與共和黨重量級人物的喬姬特・莫斯巴赫

（Georgette Mosbacher）請我安排一場晚宴，邀請「有意思的」英國政治人物參加。倫敦市長強生是名單首選，所幸他也有意願前來梅費爾區史考特餐廳共進晚餐。

抵達餐廳時，我請侍者帶我去鮑里斯那一桌，結果卻被帶到鮑里斯・貝克（Boris Becker）[6]那桌，不失為晚宴開場的精采軼事。真正的鮑里斯偕同律師夫人瑪莉娜・惠勒（Marina Wheeler）出席。辦完倫敦奧運後，市長十分風光，甚至不斷推銷不太可能成真的計畫，要在泰晤士河口蓋新機場，命名為「鮑里斯島」。快十點半時，鮑里斯說要打道回府，當然是騎單車，這是他的減碳之計。我和喬姬特及維多莉亞離去時短暫在門口被查爾斯・薩齊（Charles Saatchi）[7]攔下。一出餐廳，躲過狗仔，隨即發現市長將腳踏車折疊起來，坐上排氣的計程車揚長而去。

九月十四日，週六

為了和泰瑞史密斯車隊一起攻上奉頭山，先在蘇利山進行單車訓練，結果卻摔斷鎖骨。苦楚難挨，夜不成眠，隔天還搭機去紐約擔任年度商業好書評審主席。維多莉亞稱我瘋了，恐怕有理。

6　德國網球冠軍貝克曾在一九八〇年代溫布頓賽事三度奪冠，私生活和強生一樣精采。

7　生於伊拉克的薩齊是一位傳奇廣告人，與弟弟莫里斯一起將Saatchi & Saatchi打造成全球最大廣告公司，同時也是頂尖藝術收藏家，一九八五年於倫敦創立薩奇藝廊。

麥肯錫接手高盛成為這項三萬英鎊商業好書大獎的贊助商，我欠他們人情，必須出席。何況讓七名主見很深的評審凝聚共識是件有趣的事，這次評審包括克萊頓杜比利耶萊斯（Clayton, Dubilier & Rice）私募基金暨馬莎百貨執行長文狄・班加（Vindi Banga）、前《財星》頂尖總編輯暨現任麥肯錫全球出版事業執行長里克・柯克蘭（Rik Kirkland），以及在布朗前首相執政期間擔任高級顧問，目前是藥廠阿斯特捷利康（AstraZeneca）與天然資源大公司必和必拓（BHP）董事的施麗緹・瓦德拉女爵（Baroness Shriti Vadera）。《金融時報》編採主任安德魯・希爾（Andrew Hill）負責緊迫盯人。參選的「商業書」讓人增長知識，但有些頗為生硬。我以「吃花椰菜」的比喻，形容值得一讀的入選書目。評審團多半理解我的暗示。

十一月九日至十六日

強生的弟弟喬・強生當上奧品頓區保守黨議員，邀請我參加新成立的英印商業政治論壇，名為「講道」（Prabodhan）。我也打算採訪重要人物，像是愛挑起爭端的古賈拉特省首席部長納倫德拉・莫迪（Narendra Modi），其所屬的保守政黨「人民印度黨」這次選舉來勢洶洶。印度人已厭倦長期把持國會的甘地王朝。莫迪透過全相投影及社群媒體等方式培養出一批人格崇拜的粉絲，獲得上百萬群眾支持。可望出任下屆財政部長的律師阿倫・傑特利（Arun Jaitley）律師在德里書香辦公室表示：「莫迪讓人想起一九七九年的柴契爾夫人，他像是颱風，沒人曉得何時會登陸。」

卡麥隆為了強化英印雙邊商務關係，飛來德里要在論壇上演講，畢竟印度未來有望成為世界最強的經濟強國。其他在場權貴人物包括英國產業聯合協會前主席曼德爾森、李察・蘭柏特（Richard Lambert）及一頭灰髮、戴著哈利波特眼鏡且性情暴躁的渣打銀行執行長冼博德（Peter Sands）。冼博德公開斥責本報對其銀行報導不當。抗議要有分寸，看來我要叫銀行線的同仁深入追查渣打銀行的報表數據。[8]

講道論壇結束後，我與駐印度分局主任馬凱（Victor Mallet）飛往亞美達巴德，接著短途駕車到省府甘地納卡會見莫迪。首席部長辦公室十分寬敞：牆上高掛該省巨幅木製地圖，下方則是巨大橢圓木桌。西北角落則懸掛著古賈拉特獅的英姿畫作。

莫迪性格強硬，富有野心，外界指其容忍甚至煽動二〇〇二年那場轄下省內反穆斯林暴行，造成數千死。沒有必要直接提起這件事，因為他會閉口不談。於是我改採弗洛斯特的欺敵戰術，稱全世界都在等著看，等著看，如此有個性且有行動力的您上台後會有哪些作為。

莫迪：「與我無關，重點是政黨與執政團隊。」聲音自信無比，英語幾近無懈可擊，謙遜得不像是真的。

8　冼博德曾經任職於麥肯錫，在他的主導下，渣打銀行快速成長，金融危機後超車對手。但在九年任期結束時，公司績效下滑，銀行也因違反美國政府對伊朗實施的禁令遭到罰款。他抵住外界要他辭職的聲浪，直到二〇一五年二月才宣布與約翰・皮斯爵士（Sir John Peace）一同辭職。

巴伯：「經濟改革呢？」

莫迪：「大家對於印度該做些什麼，已有九成共識。」

巴伯：「關於零售業的自由化，好讓食物價格更便宜，以及開放市場讓外商進來和本地商人競爭，您又有何看法？」

莫迪（大笑）：「這屬於那一成沒共識的部分。」

首席部長大談農場改革與提升民眾生活水準，否認反穆斯林。「政府信仰的宗教就是國家優先，聖經就是憲法。」

比起拉胡．甘地（Rahul Gandhi），莫迪聰明許多。拉胡身為尼赫魯甘地（Nehru-Gandhi）望族後代，答應在他簡樸住所和我私下談話，但不能採訪。拉胡穿著簡約，白色庫塔袍配涼鞋。他談到國會任務是要緩解印度可怕的貧窮問題，也提到最近的造勢活動是去印度最窮困省分之一的比哈，但談話內容大多語焉不詳。他似乎很怕生，要在奶奶英迪拉與父親拉吉夫（雙雙被暗殺）的陰影下領導政黨，幾乎令他力不從心。和莫迪比較起來，拉胡確實欠缺活力。

到了孟買，芝加哥大學傑出學者出身的央行總裁拉古拉姆．拉詹（Raghuram Rajan）[9]給我們上了兩小時的課，誓言要「大幅改造」印度銀行業，促進競爭，鬆綁法規，讓新業者與外商得以進入印度。他也力促國有銀行要坦承企業欠下呆帳。令人讚賞之舉，但風險甚高，因為這些公司與政客關係深厚。下一站前往拜會印度首富暨最有權勢商人穆克什．安巴尼。他透露接下來的重要計畫，是透過便宜手機讓民眾享受寬頻上網。計畫取名為吉奧（Jio）。

吉奧一推出即引燃電信業戰火，價格下殺，將競爭對手逼到牆角，也讓弟弟安尼爾債台高築的信實集團宣告破產。稱霸市場後，穆克什在二〇二〇年邀請以臉書為首的美國法人入股吉奧。這位無情商人果真高招。

孟買最後一站是去看球賽。駐孟買才華洋溢的記者詹姆斯・考伯垂（James Crabtree）安排我去觀賞印度史上最厲害擊球手薩辛・坦都卡（Sachin Tendulkar）生涯第兩百場比賽，也是最後一場對抗賽。現場觀眾與守候電視機前數百萬計的印度人，都希望這位年紀四十歲的「小大師」能在這場與西印度群島的比賽中創造歷史。可惜未果，止步於七十四分的一記滑接球。原本滿腹牢騷的觀眾在坦都卡離場時全體起身鼓掌，也替這場難忘次大陸之行劃下難忘句點。

十一月十九日，週二

不論在場上或場外，曼聯球隊資深經理艾力克斯・佛格森爵士（Sir Alex Ferguson）總是準備齊全。最近他出版一本新書，內容講述自己如何經營這支奪冠次數居首的英國足球隊，並挑中我在五百名粉絲面前進行採訪，地點位於巴比肯中心。活動流程由他那魅力十足且好鬥的兒子傑森精心安排，我先進場，掌聲適中，他老爸隨後進場，眾人起身，響起如雷般掌聲，搭配

9 拉詹曾任國際貨幣基金首席經濟學家，僅擔任過一屆為期三年的印度儲備銀行總裁，於二〇一六年卸任。

艾力克斯如毛主席般的自我鼓掌。我對艾力克斯爵士大搞個人崇拜沒意見，畢竟他可是讓球隊帶回整車獎盃回到老特拉福的幕後傑出功臣。他曉不曉得採訪他的人是五十二年歷史的熱刺隊（Spurs）粉絲？這位大老闆回道：「那有什麼問題，熱刺上次在英超奪冠也是好久以前的事〔一九六一年〕，是吧？」

採訪結束後，艾力克斯爵士邀我到更衣室，喝陳年紅酒聊是非，這是以前賽後會和阿森納隊的阿爾森．溫格（Arséne Wenger）及切爾西隊的荷西．穆里尼奧（José Mourinho）進行的賽後儀式。這位一板一眼的格拉斯哥人最出名的就是會賞球員「吹風機」，當著他們的面近距離大吼。我的私下印象是他挺溫和，但也許是對記者懷有一定戒心。當晚聊天過程中（外加後續兩次聊天），我們發現雙方都對美國歷史有興趣，尤其是內戰時期。讓我意外的是，佛格森支持弱者那一方。「支持邦聯那一票人才浪漫，他們始終毫無勝算。」

> 我很喜歡和佛格森爵士這類超級經理人與領袖談話，他是個榜樣，不僅幫助我思索育才與留才，也能思考輪調與革新高層團隊。對於該補進新血的時機，他的第六感總是很準確。

十一月二十二日至三十日

剛過午夜兩點不久，我們搭乘的土耳其航空班機降落在德黑蘭機場，要和盧拉及維多莉亞展開為期八天的「巡視」行程。幾小時後，多國於日內瓦宣布達成旨在禁止伊朗核子計畫的臨時協議。時機點也太湊巧。

我嚮往伊朗已久，這個國家有古老文化傳統，一九七九年革命國王遭到推翻，由伊斯蘭基本教義派主政至今。盧拉協同德黑蘭資深特派員內梅・波左格梅（Najmeh Bozorgmehr）安排一系列採訪，也希望能訪問到自稱是務實派改革者、勝選的哈桑・魯哈尼（Hassan Rouhani）總統。

第一個會面對象是冷酷的胡珊・沙利亞馬達里（Hossein Shariatmadari），他是伊斯蘭基本教義派傳聲筒《寰宇報》（*Kayhan*）總編暨評論主筆。辦公室位於德黑蘭破舊的市中心，裡頭瀰漫書香，牆上掛著裱框彩色可蘭經卷與兩幅最高領袖柯梅尼與哈米尼肖像。另外還有一幅愛挑撥事端的哈桑・納斯魯拉（Hassan Nasrallah）教士暨真主黨領袖人像照。沙利亞馬達里在國內或海外到處鼓吹極端主義，稱阿拉伯革命不是阿拉伯世界的覺醒，而是「伊斯蘭世界的覺醒」。

與阿克巴・哈什米・拉夫桑雅尼（Akbar Hashemi Rafsanjani）對談一小時後內心五味雜陳。他是伊斯蘭革命的開山祖師，長期以來握有人事任命決策權，同時也因可疑的生意往來致富。[10]會面地點在大理石宮博物館，景色令人嘆為觀止，這裡也是一九六五年暗殺國王失利的案發現場

10 拉夫桑雅尼曾任伊朗總統（一九八九—一九九七），更早之前曾任伊朗國會議長（一九八〇—一九八九），死於二〇一七年。

（他的助理引以為豪地指著入口牆上彈孔），四周是寬廣花園，巨大梧桐樹坐落其間。秋日豔陽披上都市空汙的面紗，只聞鸚鵡聒噪。

高齡七十九歲的拉夫桑雅尼已屆政治生涯暮年，但能夠會見歷史人物仍令人無比興奮。此人綽號「鯊魚」，當年可是在伊朗門事件玩弄雷根政府於股掌間，也是伊朗三十年來政壇幕後操盤手。他樂觀認為，如今與美國人接觸已非禁忌，故全面性核子協議可望於一年內達成（破冰之後，第二階段會變得例行許多）。他堅稱伊朗無意發展核子飛彈，也對以色列要脅以飛彈攻擊進行報復嗤之以鼻。「以色列小不拉雞，從來沒有小魚能夠吃大魚。」

就在我和盧拉待在德黑蘭採訪達官顯要時，維多莉亞與一位伊朗老朋友開車前往以文學史與眾多花園聞名的古城席拉茲。她說清真寺很壯觀，水道卻早已乾涸，這是環境污染又一明證。我們仍在等待官方確認是否能採訪魯哈尼總統，為此討價還價了好幾回合。我同意多待在伊朗二十四小時。

最後官員總算請我們前往市中心粉紅色大理石的總統府覲見伊朗總統。總統身穿教士黑袍，頭上包著白頭巾，樣子無懈可擊。正當我們在攝影機前握手致意時，我冒著外交禮節大不諱，在他右耳以很重的蘇格蘭腔調輕聲說：「總統先生，感謝會見，來自蘇格蘭的特別致意！」魯哈尼留意到我沒有帶威士忌，這可萬萬不行，伊朗禁止酒精飲品。其實我是意指魯哈尼曾在格拉斯哥卡勒多尼亞大學研究所深造。他很開心，我想我們有了交集。

魯哈尼有意改革，但他不是戈巴契夫，多次暗指還有其他「權力中心」要顧，也就是革命衛隊。[11]最讓人詫異之處，在於他抨擊前任民粹派總統馬哈茂德·艾哈邁迪內賈德（Mahmoud Ahmadinejad）治理不當與貪腐。西方制裁導致經濟一落千丈，通膨惡化。他需要提升人民生活水準，同時也清楚強硬派隨時在一旁磨刀霍霍。紓困儘管重要，但不會向以色列與國會低頭，就此全面解除核子設施。關於這一點，他毫不退讓：「百分之百不！」

《金融時報》造訪德黑蘭的時間點剛好是在事情可望有所轉圜之刻，然而最終核子協議破局，伊朗人希望取得更多紓困，做為遵守核子協議的條件，但美國方面則希望伊朗終止海外激進伊斯蘭顛覆活動。魯哈尼夾處在雙方中間。川普總統於二〇一九年廢止該協議，歐洲方面則否。

十二月十三日，週五

在培生總部與約翰·法倫（John Fallon）共進午餐。菜色千篇一律，外加一些冷雞肉，最後上水果。法倫問我採訪佛格森爵士結果如何。他不太喜歡佛格森（八成是曼城隊的粉絲）。他的調性不像瑪裘莉那般契合新聞業，儘管在尊重編採自主這方面是很能幹。老樣子，今天他要我報告總編輯接班人選的進展，以及整體接班規劃。不過這次他更具體，稱一、兩年內就

11 革命衛隊是伊朗軍隊主要分支，任務是保衛政治體制，也是政權死硬派大本營及獨立經濟勢力。

會啟動「傳承接班」。我明白不論在什麼組織，通常領導人任期都是十年。在我之前的兩位總編傑夫利．歐文（Geoffrey Owen）及理察．蘭柏特，十年一到就卸任。如果法倫也認為我該如此，那我還剩下幾年可以待在這最棒的新聞業位子上。可以發揮的空間仍很多，油箱裡還很多油呢。

二〇一四年 萬年王儲

二〇一四年出現高潮迭起的政治事件：烏克蘭展開橘色革命，蘇格蘭打了一場獨立公投硬仗，奈傑．法拉吉（Nigel Farage）領導的英國民族民粹政黨「英國獨立黨」（UKIP）崛起。歐元區危機繼續潰爛，關鍵問題在於希臘能否繼續留在單一貨幣區。對此，梅克爾總理並未預設立場。至於《金融時報》的未來也引發外界諸多揣測。培生是否準備好要將它出售？我又剩下幾年可以繼續當總編呢？

一月七日，週二

以玄鶴峰（Hyon Hak-bong）大使為首的北韓兩人外交代表團準時從西倫敦伊靈大使館抵達本報社。我挺期待大使能從中協助發放簽證給本報記者前往平壤採訪。這件事在時機最好的時刻已不容易辦到，何況某方面而言，目前可說是北韓最糟的時機。

北韓政府在上個月宣布處決偉大領導人金正恩的姑父張成澤，他是名義上政權第二把交椅。罪名是「反黨、反革命、搞派系」與「卑鄙人渣」。後來新聞報導指稱張成澤被脫光衣物，給餓壞了的滿州獵犬活活生吞。

我要求同仁在上主餐前別提「犬決」的事，玄鶴峰證實金正恩姑父是被槍決。顯然他涉嫌偷渡，但當我請大使說多一點時，他卻顧左右而言他。他的同事兼保鑣幾乎不曾開口，只是靜靜聆聽我們對北韓的看法。午餐結束時，我送大使到前門，感謝他的來訪。

大使：「謝謝您，巴伯先生。請教個問題，《金融時報》報社裡的電腦都用了幾年？」

巴伯：「桌機大概用七年，平板比較新。」

大使：「桌機淘汰後怎麼處理？」

巴伯：「不太確定，可能是直接扔掉。」

大使：「如果我要買的話，要多少錢？」

這次外交對談最終並未談成一筆生意。玄大使的副手一年後向西方投誠。《金融時報》後來也順利取得簽證，安德利尼從平壤傳來的影像畫面令人難忘。

一月十一日，週六

成果斐然的編輯策略日。我們準備用一種別緻新字體重新設計報紙模樣，字體叫做金融體。我對成本有些顧慮，但梅傑與設計總監凱文・威爾森（Kevin Wilson）（從《衛報》挖角過來）向我保證，新的版面模板會讓報紙印製更加簡單。這是一場革命：撤除《泰晤士報》，許多英國報社都越來越不重視紙本報紙，改側重數位新聞。但報紙仍是廣告收入可貴來源。我在想可以替主打「慢新聞」的紙本報紙打理新門面，同時採取數位優先。每當同仁（偶爾）反對時，我會以美國古諺回敬：「我們可以邊走路邊嚼口香糖。」

一月十七日至十九日

當上總編以來，每年都會受邀前往一個為期兩天、名為「座談會」的英法論壇。該論壇會輪流辦在凡爾賽宮裡的特里亞儂宮及位於漢普夏弗利特的四季酒店，活動由重視歐洲市場的知名英法企業贊助，來賓和氣，還能喝到美酒。法國代表團幾乎清一色是白人年長男性當權派，英國代表團則較多元，來自政界、媒體圈、企業界，還有以奧斯本與麥可・戈夫（Michael Gove）為首的幾名內閣成員。

今年大家在談的八卦是法國總統法蘭索瓦・歐蘭德（François Hollande）上週被人發現騎機車途經影星情婦茱莉・嘉葉（Julie Gayet）住處，被《近觀》（*Closer*）雜誌記者拍到進出公寓。私底下歐蘭德以滑稽、能言善道、愛模仿與性感出名，於公則被認為是優柔寡斷的官僚人物。一名法國代表指稱，這次機車八卦其實具有更重要的政治意涵。總統以前有一個太太，但有兩套政治策略。如今他有兩個女人，但（只有）一套政治策略。套句巴黎人的口頭禪，Entendu（了解）。

二月二十三日，週日

基輔出現暴力抗爭，親莫斯科的民選總統維克多・亞努科維奇（Viktor Yanukovych）遭到推翻，逃亡俄羅斯。沃爾夫提議寫篇社論支持「橘色革命」，呼籲美國、歐洲與俄羅斯正視烏克蘭為西方民主國家。

本報指出：「對烏克蘭、歐盟與俄羅斯而言，此刻乃是絕佳契機，但也極度危險。」蘇聯集團瓦解至今，沒有一次比基輔這次革命更接近「歐洲化」。週日換我輪值當班，我在總編辦公室添了一句話，要寫給莫斯科的普亭看。「這個年代已非一九五六年的匈牙利，或是一九六八年的捷克，克林姆林宮可以殘暴鎮壓人民起義。擾亂烏克蘭是一種戰略，不是政策。」

普亭後來選擇擾亂烏克蘭，在俄裔人民居多數的東烏克蘭發起代理人戰爭，引發美國與歐盟祭出經濟制裁。烏克蘭位處歐洲地緣政治的斷層帶，危險夾處在歐盟與俄羅斯之間，乃兵家必爭之地，未來勢必也會如此。

二月二十四日，週一

先前與達克爾通話時，他心情樂得令人不安。我說，我不能保證《金融時報》會加入最新成立的媒體自律機構獨立報業標準組織（IPSO），培生的法倫與瑞丁兩人都反對加入。在達克爾面前承認這件事不（全然）是我能做主的，其實有點難堪。我同意達克爾的看法，也認為皇家特許狀這種替代方案其實是替政府管制媒體開小門。[1]另一種做法則是交由《金融時報》自律。我草擬一項提案，上面載明核心前提：「本報有別於英國同業，是日益數位化的全球性新聞機構。」

新媒體的年代，媒體入門門檻降低，資訊在眨眼之間即可傳遞給大眾。新聞組織必須守法，這點毋庸置疑，但以紙本媒體為本的全國性規範意義不大。至今沒有一家知名且直接競爭的對手打算加入英國規範性機構，像是彭博、《紐約時報》、路透社與《華爾街日報》。也沒有一家聚合服務業者打算加入，例如Buzz Feed、Business Insider與《哈芬登郵報》。我的挑戰在於替《金融時報》設計一套制度，不僅可信、牢固，且不會讓外界有「球員兼裁判」之譏。

一種做法是仿效美國，任命一名獨立的「讀者」編輯，讓他負責處理各種申訴，讓報社編輯能夠被課責。《衛報》就有一名讀者編輯，但我向《華盛頓郵報》與《紐約時報》資深編輯請益後認為，這麼做日後會問題重重，尤其一旦提供讀者編輯一處專欄每週大鳴大放。對此，米可斯維特某次和我共進固定早餐時妙答：「《經濟學人》早就有讀者編輯了，他就叫做總編輯。」米可斯維特說對了，重要的讀者申訴都會送到總編輯這邊，再交由我親自回覆，或是透

1 皇家特許狀的構想主要來自奧利維・列特溫爵士（Sir Oliver Letwin），是為了因應列文森報告，替媒體監管體制建立法律基礎。這種伎倆避開由政府通過法律管制媒體，但大多數新聞機構並不買單，而是自行另立媒體自律機構獨立報業標準組織（IPSO）。《金融時報》兩邊都不參加，惹惱雙方。

過報社律師漢森回覆。[2]

二月二十八日，週五

在肉桂俱樂部與傑米・海伍德爵士（Sir Jeremy Heywood）共進早餐。內閣辦公室部長對於舉行在即的蘇格蘭獨立公投老神在在。在蘇格蘭工黨大力鼓吹投反對票的情況下，目前看來多數反對獨立。（「克萊德河沿岸並不團結。」）接著話題轉到歐洲，卡麥隆正面臨內外夾攻壓力，包括法拉吉為首的英國獨立黨，以及保守黨內不滿人士。

海伍德認為民眾對於英國在歐盟的地位看法太過負面。當初我們建議設立的歐洲銀行聯盟順利成真，能夠保障倫敦金融業。歐盟預算及二〇三〇年碳排放上限等方面的協議也堪稱合理。他比較擔心的是英國「政治與軍事」地位退縮。卡麥隆聯手薩科吉出兵推翻格達費後，利比亞局勢相對穩定許多，如今卻陷入「一團亂」。下議院去年表決反對在敘利亞進行軍事行動，可謂「一大打擊」。伊朗核子協議不見英國身影，國際聯合監督敘利亞是否依約定銷毀庫存化學武器時，英國也缺席。英國也未參與要求俄國終止東烏克蘭侵略行為的外交折衝。

這可謂對卡麥隆外交政策的全面論定。海伍德說話多半謹慎，這次卻透露擔憂英國局勢發展，尤其是奧斯本的樽節計畫所帶來的影響。隨著經濟好轉，二〇一〇年實施至今的縮減公共支出「很難維持下去」。檯面上討論要大砍兩百億福利支出，「這個規模實在不可能」。問題出在卡麥隆不願削減教育、外援與醫療服務支出。這種所謂「圍欄」的做法意味著選擇有限，變成要由其他部門承擔不成比例的預算減縮。海伍德「極度擔憂」這會影響刑事司法體系與法律援助甚鉅。

談到保守黨時，海伍德態度輕蔑，稱「他們失控了，毫無紀律可言」。

我在總編任內大約每年會與海伍德爵士共進一次午餐，聊聊天，在其他社交場合也會私下交換意見，彼此都很坦率。我是他的傳聲筒，他則提供（相當）中立的政府事務方面見解。除了最後一頓午餐以外（幾個月後他死於癌症），這次談話最為坦率，也可說是對卡麥隆領導的聯合政府最不假辭色的一次回顧。

三月二日至十六日，非洲南部

穿著一身黑的經濟自由鬥士黨（Economic Freedom Fighters）統帥總算抵達，黑色風帽、黑色運動服和黑色氣墊球鞋，卻不見他戴上招牌的百年靈腕錶。身後坐著頭戴切格瓦拉帽的助手。這位煽風點火的民粹政客暨非洲民族議會的頭痛人物朱利斯・馬萊瑪（Julius Malema）儘

2 我否決讀者編輯的提議，改建議設立「編輯申訴委員」，僅具有上訴功能。瑞丁說聽起來太負面。我說，申訴本身就很負面。我們後來同意委請實事求是的出庭律師葛雷格・卡羅斯（Greg Callus）擔任委員，負責向三人委員會報告，其中兩人曾在媒體圈擔任總編輯，沛尋思・惠特克羅夫特（Patience Wheatcroft）及伊安・哈格里夫斯（Ian Hargreaves），另一人則是瑞丁。這套機制很嚴謹，也確實發揮成效。

管遲到四十五分鐘，仍在意在外人面前要保持良好革命形象。

我們坐在一處近似藏身處的露臺上，這裡位於南非與莫三比克邊界附近破舊的海茲維小鎮上一家四星木屋旅館克魯格公園，他的藏身處則在園區內一處遙遠木屋。只見草地插著看板，上面寫著：「小心河馬。」

促成這次遠在天邊採訪的功臣，是駐約翰尼斯堡分局主任安德魯・英格蘭（Andrew England）。起先馬萊瑪陣營的回應並不友善，稱「朱朱」（JuJu）不跟白人資本主義者談話。安德魯便告訴對方，一九九二年《金融時報》可是支持尼爾・金諾克。這招明顯奏效。

我問馬萊瑪，非洲民族議會在南非執政二十年來，國家是否有進步。他瞪大雙眼說：「沒有！大家過得比種族隔離前還差。以前沒自來水沒電，民主化後〔黑人〕可以投票，但依舊沒乾淨飲用水，也沒電。比以前過得更痛苦。」

馬萊瑪稱祖馬總統是「怪物」，黑人培力創業家則是「寄生蟲」。他景仰的政治英雄人物包括古巴的卡斯楚、委內瑞拉的查維斯，與辛巴威的穆加比，「儘管穆加比做錯許多事」。馬萊瑪的政治計畫是走傳統革命路線：土地與天然資源收歸國有，成立國有礦業公司，私人投資者占四成五股權，並修憲讓國家掌控生產工具。

這次的非洲南部行為期十四天，造訪當年力抗種族隔離的前線國家南非與鄰國納米比亞，其中又以採訪在地馬克思理論者馬萊瑪為最大亮點。我打算寫長篇專題，報導南非經歷的第二次大奮鬥：從荒野轉型到政府，以及外界對黑人多數執政寄予厚望。

選戰期間與祖馬總統簡短訪談後，令人感到沮喪。七十一歲的他魅力依舊，濫脫且腐敗至極，是最大的倖存者，堅稱非洲民族議會在社會經濟方面有「很好的成績可以向世人展現」。但其實南非會如此失落，祖馬難辭其咎，據繼任的拉瑪弗薩總統估計，祖馬掏空國庫造成南非損失超過三百億美元。

三月二十日，週四

《金融時報》會與贊助商一起合辦會議或晚宴，這是本報重要收入來源，我也承諾身為總編會多多支持，即便偶爾會遇到麻煩狀況。這次，我再度被請託尋找合適對象擔任講者。

今年我在《金融時報》年度商業膽識獎（Boldness in Business Awards）評審群之間引發不小騷亂，該獎項是由鋼鐵集團巨擘安賽樂米塔爾（ArcelorMittal）所贊助。我提議這次在攝政公園附近皇家英國建築師學會舉行的正式晚宴，可請法拉吉擔任專題演講講者，晚宴目的是表揚世界各地大大小小有膽識的企業。兩名評審稱法拉吉是種族主義者，威脅要退出評選。我和法拉吉唯一共通點只是上過同一所學校，即倫敦東南方的道維奇學校，並未同時在校，過去也沒有來往。我挑選人的唯一標準是，法拉吉是英國政界一股勢力，同時在場商業人士會對他感興趣，也會被娛樂到。何況獎項是關於膽識，選他當講者，何嘗不也是膽識。

這場邀請法拉吉的爭論出於我個人編採方面的判斷，但也預告未來會引發是否該因講者觀點具爭議性即「剝奪講者舞台」的爭論。雖然某些英國獨立黨成員是惹人厭的極端瘋子，但法拉吉不是原型法西斯主義者。活動當晚，法拉吉與台下觀眾打成一片，堅稱像我這一類友歐派人士是站在歷史錯誤的一方。還真是難以立即感受到法拉吉的凡人魅力。

四月二十八日，週一

美國輝瑞大藥廠對阿斯特捷利康發動惡意收購。阿斯特捷利康是英國為數不多的世界頂尖藥廠，也是英國重要科學基地。輝瑞這個收購機器就像是許多美國大企業，發現這麼做得以避免海外大筆帳上現金被課重稅。《金融時報》通常支持收購行動，不願干預自由市場，例如，我們曾經挖苦法國政府以策略資產為由保護食品製造商達能公司（Danone）。但這次輝瑞狀況不太一樣，因為阿斯特捷利康是英國高價值產業重要資產。本報猛批：「不能光是基於租稅套利理由進行這場交易，因為恐怕會危及更大的國家利益。」

隔日上午，生於蘇格蘭的輝瑞執行長伊安．李德（Ian Read）率高階主管一行人前往唐寧街拜會卡麥隆的途中，前來本報拜會。李德藏住自己口音，樣子明顯不快，抱怨本報社論未意識到收購的好處與發揮的綜效。語畢，我攤開一份《金融時報》，大剌剌翻到社論那一頁，用達能的論點反擊：「你放心，《金融時報》**不是**法國報紙。」

美國糖果與食品大廠卡夫（Kraft）先前收購知名巧克力製造商吉百利（Cadbury）讓人對惡意收購感到反感，因為原本說不會資遣人，結果說一套，做一套。後來卡夫與亨氏（Heinz）合併，又試圖吞下英國荷蘭消費品大廠聯合利華（Unilever）。實在是大到令人難以下嚥。

五月一日，週四

按約定赴劍橋大學休斯學院知名城市講堂演說。維多莉亞的表姊莎拉・史奎（Sarah Squire）是該學院院長，先前不斷敦促我過去演講。沒問題，這也是一個契機，讓我對關注的議題整理思緒：「金融業能夠洗心革面嗎？」

聽眾有學生、業界人士，與德高望重的地區長輩，反應客氣良好。我的答案是：也許無法洗心革面，但金融業應該更努力挽回大眾信賴。我在結語提到：「不能期待金融業會成為聖人，也不應該要求他們變成聖人。金融業者已經開始改革，但要做的還很多。不這麼做的話，他們不見得會待在活地獄，但一定會長期待在滌罪所。」

五月二日，週五

《金融時報周末版》「居家房產」主編歐文又想出一個瘋點子，要我採訪查爾斯王子。是的，你沒聽錯。珍恩還在《週日人物》（*Sunday People*）小報當皇室記者時我就認識她，相識超過三十年。後來她加入《泰晤士報》，成為厲害主編暨園藝記者。很難對這種人說「不」。

昨天晚餐喝太多。清晨四點半，人處於宿醉狀態，皇家歷險記的構想再度浮上心頭。就在前往盧頓機場搭早班飛機到格拉斯哥的路上，我規劃接下來一天的行程。我會前往參觀一間精心修復的帕拉第奧風格大宅：達姆斯夫利宅邸（Dumfries House），見證查爾斯王子「重視傳統」的再造實驗成果。也希望可以藉此和王子搏感情，後續幾週仍會繼續。

一個愛聊天的蘇格蘭司機到格拉斯哥機場接我，當我們在占地兩千公頃的達姆斯夫利宅邸周圍兜圈子時，他卻安靜下來，最後把我放錯宅邸大門下車，只見友善的蘇格蘭女僕上前迎接：「先生早安，您是來參加松鼠研討會嗎？」我答道：「不是來探討松鼠的，是要來見查爾斯王子。」

從正確大門進入後，撞見林恩・弗勒斯特・德・羅斯柴爾（Lynn Forester de Rothschild）[3]與墨西哥電信大亨卡洛斯・史林姆（Carlos Slim），顯然兩人都是皇室之友。小聊幾句之後，他們便乘直升機走了。此時一名意外人物現身：《星期日郵報》總編輯喬迪・葛瑞格（Geordie Greig）。我倆對彼此出現在這裡感到狐疑，覺得對方要與查爾斯做獨家專訪。我的心一沉，覺得被白金漢宮擺了一道。

但其實皇室沒有安排《星期日郵報》專訪，只是讓喬迪看看皇家莊園，增進殿下與小報間的感情。穿過園區時，只見查爾斯不斷詢問員工樹木的擺設，以及杜鵑花如何修剪才正確，始終與媒體訪客保持「社交距離」。對此我有些沮喪，但助理表示王子稍後晚宴與喝酒時會好好和我交際。

晚宴期間，為了拉近與王子的距離，便提到我的新聞生涯起點就在蘇格蘭，也曾經在荷里路德宮外與他握過手。凡是能建立私人關係的招數我都使出。晚飯結束時，開始掌握此人樣貌：一貫的客氣，對翻修老東西很有熱情，不贊同消費性社會，也對媒體極為謹慎。他肯定想和《金融時報》建立關係，只是皇室人物急不得。

五月九日，週五

我請文采斐然的歷史學者西蒙．夏瑪（Simon Schama）寫篇論說文，主張維護大不列顛暨北愛爾蘭聯合王國，反對蘇格蘭獨立。這篇文章除了有力且機智回應蘇格蘭民族主義者，也說明了愛國主義不是法拉吉這類英國民族主義者的禁臠。

西蒙主張，蘇格蘭一旦獨立，全國將被邊界、障礙，甚至是護照切割，導致國家萎縮，心理創傷非一時半刻能平復。「英國這個民族國家並非由想像中單一部族的浪漫所構成，而是廣納眾多人種、語言與習俗的英國家園。屆時這項可貴事物將被摧毀，無可挽回。」

西蒙更提醒讀者，大不列顛原本是蘇格蘭的壯舉，是蘇格蘭國王詹姆士．史都華（James

---

3 林恩生於紐澤西州，畢業於哥倫比亞法學院，在通訊業賺了大錢後嫁給銀行業富家子弟伊福林．德．羅斯柴爾爵士（Sir Evelyn de Rothschild）。

Stuart）登基後堅持要兩個王國合稱為Magna Britannia。一六〇三年，他在南下即位途中發布新的國號Great Britain，不少蘇格蘭人對「大英偉業」貢獻良多，像是建築業的約翰・亞當（John Adam）、哲學界的大衛・休謨（David Hume）與亞當・斯密（Adam Smith），以及商業界的威廉・查頓（William Jardine）與詹姆士・馬地臣（James Matheson）等偉大商人，尤其以維多利亞時期為最，當時蘇格蘭人在政、軍、殖民各方面貢獻卓著。

夏瑪這篇文章說明了，這場蘇格蘭獨立公投涉及的不僅是經濟與金錢，更牽涉到文化、歷史，與政治面向。卡麥隆若也能針對英國脫歐公投如此主張就好。

五月七日，週三

前往克拉倫斯府，與查爾斯王子二度「認識一下」。喝茶時我提到前陣子去過德黑蘭採訪魯哈尼總統。查爾斯隨口說到，伊朗國王某次造訪英國期間有和他會面。我又聊到在華府擔任《金融時報》記者的往事，他則提到在白宮與尼克森會面的經歷。（尼克森建議當時年紀尚輕的王子「要有存在感」，不要怕捲入爭議。關於現代建築方面，查爾斯確實有把狡猾迪克（尼克森）的話聽進去。）查爾斯人很客氣，很有趣，但隨時保持警戒。雖然說不準結果如何，但整體而言，我認為拿到採訪門票了。

五月二十九日，週四

與英國無線電視台天空廣播公司執行長傑米・達洛克（Jeremy Darroch）共進早餐。此人直言不諱，來自諾森伯蘭，生於安威克，父親是稅務稽核員，爺爺是礦工。我想了解他對梅鐸企圖全面掌控天空公司有何看法。早在二〇一一年，梅鐸的媒體大集團新聞公司即試圖增加既有少數持股，卻因電話竊聽醜聞打退堂鼓。三年後，據稱梅鐸有意再度奪取經營權。達洛克承認梅鐸身為創辦人，確實對BSkyB公司有所貢獻，惟如今電話竊聽事件讓他不再喜歡新聞公司。他一副苦瓜臉說：「這是顆死星。」[4]

二〇一八年，新聞公司再度角逐BSkyB剩餘六成一的股份，卻被英國競爭主管當局認定該標案有違媒體多元性，不符合公共利益。隨即上演競標廝殺戰，由旗下擁有NBC Universal的康卡斯特（Comcast）氣走對手迪士尼。他們很識相地讓執行長達洛克留任。

後來梅鐸將手中持有的二十一世紀福斯電影與電視資產售予迪士尼，趁內容服務業價格漲到高點時脫手，現金入袋，永恆的買家成為策略賣家。倒是有個地方他沒有變：並未出售心愛的報社。

4《星際大戰》中大如月球的太空站，號稱能摧毀整個星球。

六月三日，週二

在克拉倫斯府一樓黃廳覲見查爾斯王子。他的「護衛犬」克莉斯汀娜．克里亞古（Kristina Kyriacou）坐在我身邊的深色沙發上，距離近到令我有些不自在。一名男侍端來一盤咖啡和茶，示意要我將骨瓷盛的那杯茶放在附近桌上，遠離王子。

六十五歲的查爾斯身穿雙排扣西裝配皮鞋，話題先從達姆斯夫利宅邸展開，即查爾斯在二〇〇七年向旗下慈善事業貸款兩千萬英鎊用於整頓的大宅。貸款已經付清，查爾斯相信當初願景已經實現：房子與花園皆已修復；蓋了一座戶外活動中心；一間廚藝學校；一個個小屋即將變成婚禮專用的客房。透過這些行動，實現昔日以礦業維生的貧困東艾郡的社區再造。

為什麼花園牆的形狀像是英國國旗？我問他這是否隱約代表皇室對蘇格蘭尋求獨立一事的態度。

王子殿下：「不，只是覺得挺有趣的，你會這樣覺得，也挺有意思。」

巴伯（一陣尷尬沉默之後）：「我不得不問……」

王子殿下（改編《紙牌屋》〔*House of Cards*〕劇中法蘭西斯．厄克特〔Francis Urquhart〕的金句）：「好樣的，好樣的。要那樣想請便，無可奉告。」

話題轉到現代建築與都市發展，聊到他在多塞特龐貝里進行的實驗、倫敦高漲的房價與建築世界中豎立「文法規則」的重要性。我察覺這位未來國王對這世界感到疲憊與不安。「過去一百年來人們不斷將大自然拒於門外，如今得到相當大的報應。」

準備告辭時，查爾斯突然問我對記者以《資訊自由法》為由公開他的「黑蜘蛛」（black spider）信件與備忘錄，有何看法。他指的是多年來王子親筆寫給部會首長的信件，主題觸及農業、全球暖化、社會剝奪與現代建築。查爾斯堅稱這些是私人信件，他的認知是不能公開。我正準備要回答時，經驗老到的發言人克莉斯汀娜．克里亞古把我給請了出去，以免報紙頭條出現「王子干涉國政」這類新聞。

想起莎士比亞曾說：頭戴皇冠，心神不寧。此言不假，權力愈大，責任愈大。但有時也會愈脆弱，尤其是當了那麼久的王儲。

最高法院在二〇一五年判決政府敗訴，讓「黑蜘蛛」備忘錄公諸於世。內容十分好看，但有時難讓人留下深刻印象。《家居雜誌》（House & Home）後來刊登這次採訪查爾斯王子的專題報導，標題是歐文下的：「萬年王儲」。看來，從小報拔走記者易，從記者拔走小報心態難。

六月六日，週五

逢史諾登揭穿政府大規模監控人民事件滿一週年之際，本報美西主編瓦特斯寫了一篇富有啟發性的專欄，指爭論已延伸到大型科技公司所扮演的角色及其收集的大量數據。史諾登吹哨之前，外界認為大型科技公司可藉由無遠弗屆的網路，營運不受管制。如今這項論點過於自滿。

「實際上，這項前提早就鬆動，政界與當局已打算進一步規範數位領域，別再期望政府會像網路剛萌芽的早年那樣，因不確定網路所帶來的影響，故未加強規範。只不過史諾登揭發這些狀況震驚各界，會讓改革加快腳步。」

九月五日，週五

沃爾夫大肆抨擊蘇格蘭尋求獨立。去年他反對蘇格蘭提議在獨立後捨棄英鎊，另立貨幣。今天他則主張，獨立建國與保留英鎊沒有意義，因蘇格蘭在借貸與財政赤字方面會受協議約束，如此一來就算獨立建國，主權難謂平等。證明完畢。

九月十一日，週四

受安德魯王子之邀，在白金漢宮與中國國務院副總理馬凱共進午餐。馬凱想了解蘇格蘭人這次獨立公投是否傾向獨立，民調顯示公投戰況突然陷入膠著，白廳氣氛緊張，小道消息指女王將在這週末親自上陣干預。安德魯王子對我點點頭、眨了眨眼，卻無可奉告。午餐時，馬凱大致說明中國成長前景與全球經濟狀況。頭轉到右邊時，發現安德魯王子試圖和我閒聊。

王子殿下：「你打獵嗎？」

巴伯：「不打。」

王子殿下：「釣魚呢？」

巴伯：「也不釣。」
王子殿下：「騎馬呢？」
巴伯：「這個嘛，倒是喜歡騎單車……」

九月十五日，週一

改版後的《金融時報》昨晚首度亮相，就在以為一切順利的時候，今天早上電子信箱收到讀者來函抱怨我們的「金融體」字體，約有二十人（大多為長者）不滿字體太漂浮，還有人抱怨空白太多。到了下午，我開始動搖了，這次改版設計難道是自找的可怕錯誤嗎？於是故作鎮定，喚來凱文與東尼。兩人說：堅持立場，讀者屆時就會習慣，他們只是不喜歡改變而已。

後來我們維持金融體不變，雖然流失一些讀者，卻也增添新的客群。數位新聞仍是成長力道來源，這次報紙改版後的新風貌卻替我們奪得不少獎項，可說是老報重獲新生。

九月十九日，週五

蘇格蘭獨立公投結果出爐，百分之五十五的人支持留在聯合王國。也許是女王上週日對一位支持者說的話扭轉局勢，她說：「希望人們好好想想未來。」個人認為蘇格蘭人精明到不會願意一頭栽進未知。蘇格蘭民族黨領袖亞歷克斯・薩蒙德（Alex Salmond）肯定會因這場敗仗失勢，改由躁動的副手妮可拉・史特金（Nicola Sturgeon）接任，主掌宛如一黨專政的蘇格蘭。

九月二十二日，週一，曼徹斯特

艾德．米勒班在黨務會議上發表演說，力推「打造世界級英國十點方針」。實在是老掉牙，到底誰想的？儘管診斷並不離譜，像是樽節措施會衝擊公共服務與邊緣族群，以及加劇不平等；開立的處方卻遠遠不足。

和達林共進晚餐極為美好。他是這次反蘇格蘭獨立的「留下來更好」（Better Together）戰役無名英雄。達林表示心力交瘁，本來深信一切會很順利，想不到最後卻出現「極度誤導」的民調攪局。媒體大肆報導，因為想讓這場公投結果保有懸念，布朗則發表「有史以來最佳演說」，反對獨立。達林不齒那幫蘇格蘭獨立黨「惡棍」威嚇選民，也不滿媒體（尤其是蘇格蘭媒體）乖順聽從。《每日電訊報》總編輯艾倫是主要的例外之一。「他很棒，也很勇敢。」

達林對這次公投的看法引發一個敏感問題：包括本報在內等媒體是否對薩蒙德過於仁慈？我曾聽說選民遭受威脅，以及學者被要求若不支持蘇格蘭獨立，就不要發表意見。我決定加強報導蘇格蘭議題，因為獨立問題早晚還是會重新浮上檯面。

九月二十八日至三十日

今年在伯明罕召開的保守黨大會是觀察內閣的良機。蘇格蘭獨立公投一役獲勝讓奧斯本對英國脫歐公投信心十足，預測公投時間點將落在二〇一七年，前提是（如他所認為的）保守黨會贏得大選。他還說，自民黨今年在歐洲議會一敗塗地，讓保守黨候選人有機可乘，甚至是在自民黨大票倉英國西部。

其餘保守黨高層良莠不齊，前國防大臣連恩・福克斯（Liam Fox）是個空有熱情了無內涵的傢伙。衛生大臣傑瑞米・杭特（Jeremy Hunt）親切友善，內政大臣梅伊則是牧師之女搖身成為深層政府的幽靈。司法大臣克里斯・格瑞林（Chris Grayling）面對監獄惡劣狀況與刑事司法體制狀況一問三不知，反而在意歐洲人權法院的作為，抨擊侵犯國會主權。格瑞林的投書我勉強刊登，本報向來鮮少會給疑歐派人士發聲機會。讀了出刊後的文章，我想起原因了。

威廉・海格（William Hague）討喜多了，一九七七年他十六歲時在保守黨大會上說了一番難忘名言：「在場一半的各位三十年或四十年後就不在了……但屆時我仍然健在，我要自由。」

現任外相的他，是保守黨資深政治家，堅信英國必須公投是否留在歐洲。如果不公投，英國獨立黨的民調支持度將高漲。「無法回頭了。」

他稱英國若要與歐盟達成「新協議」，德國角色至關重要。梅克爾至今只讓英國失望過一次，也就是讓盧森堡的尚—克勞德・榮科（Jean-Claude Juncker）當上歐盟執委會主席。海格說，留在歐盟對英國來說乃「戰略上重要」，卻「不見得要不計代價去做」。

二〇一〇年保守黨在與自民黨協商籌組聯合政府條件時，海格時任談判者。自民黨為了能如願調整選區分界，迫切希望黨內對改革上議院一事取得共識。海格指出，自民黨在這一點上犯了「戰略錯誤」，因為調整選區分界對於保守黨是一大利多。

他說，為期七天的談判劃下句點後，他回到家，累垮在椅子上。

太太問道：「怎麼了？」

海格說：「剛摧毀自民黨。」隨即昏睡過去。[5]

十月一日，週三

與彼得．艾文（Petr Aven）及米哈伊爾．弗里德曼（Mikhail Fridman）兩位困在東西方兩個世界之間動彈不得的俄國寡頭吃午餐，地點在切爾西藝術俱樂部。兩人在俄國以外的生意做得很大，也喜歡把倫敦當作營運根據地。但美國帶頭對克里米亞與烏克蘭實施相關制裁後，讓他們進退兩難。究竟要效忠祖國俄羅斯，還是當個無祖國的商人，將多數錢財押在西方？普亭遲早會逼迫他們選擇。

十月二十九日，週三

前往華盛頓國家大教堂參加現代新聞業最後一位鬥士布萊德利的葬禮。鮑勃．伍德華（Bob Woodward）稱布萊德利逝世象徵著二十世紀的結束，更像是戰後紙本新聞業的終結。班恩當總編輯的時期屬於報業黃金年代，報業收入滾滾不絕，伍德華與伯恩斯坦等人享有神一般的地位。

布萊德利享壽九十三，《華盛頓郵報》的經營權則從原本的葛蘭姆家族易手線上零售巨擘亞馬遜的創辦人貝佐斯。這位光頭大亨就坐在我正前方。貝佐斯未曾見過布萊德利，這場告別式讓他更加認識這個人。該報資深記者大衛・伊格納修斯（David Ignatius）重述一段往事，祕書在記錄布萊德利要對某位深感不平的讀者說的話時，問了一句：「笨蛋是一個字還兩個字？」

最後，兩名海軍水手將摺疊整齊的旗幟交給遺孀莎莉・昆恩（Sally Quinn），哥德復興式的椽架屋頂上方傳來號角聲。布萊德利曾在美國海軍服役，親睹二戰期間太平洋戰事的可怕。他是個愛國者，這個稱號現已不多見。他愛國，也熱愛生命。非常懷念他。

十一月五日，週三

經營俄國鐵路的前蘇聯情報單位KGB幹員弗拉迪米爾・亞庫寧（Vladimir Yakunin）在一批保鑣的保護下來訪。有些保鑣手指粗肥，脖子幾乎消失不見，蔚為奇觀。但我要求只能讓一名「助理」陪同亞庫寧進入我的辦公室。俄國兼併克里米亞後，亞庫寧遭列入美國制裁名單。此人討喜，態度客氣，談話內容卻摸不著邊際。猜他是來刺探敵情，畢竟他和普亭很熟，據說在卡勒利亞地峽兩人還是鄉村別墅鄰居。我倆決定不論是在倫敦或莫斯科都保持聯繫。

---

5 二〇一〇年保守黨與自民黨籌組聯合政府時的一項協議內容，即是提出法案要上議院全面或大部分交付民選。但克萊格在二〇一二年因保守黨反對，被迫放棄這項草案。海格最初的判斷都是對的。

往後五年間，亞庫寧成為有用的消息來源，但比較偏向提供「半公開資訊」，而非獨家消息。每次來都會準備貼心小禮物，像是俄國藝術、文化，或歷史為主題的生動繪本。但他的談吐有時沒那麼高雅，像是有一次問我：「萊奧納，為什麼倫敦這裡的女人長得都像男人？」

十二月十八日，週四

再次主持《金融時報》年度退休人員午宴。老樣子，午宴又是在一群喝醉老兵齊聚編輯室一隅大聊參戰往事中落幕。結束後，貝爾爵士問我有沒有空，想來我辦公室喝杯咖啡。也是老樣子，沒有特別目的。

《金融時報》未來會有變化，但不知道會發生什麼事，也不清楚這件事的意涵。不太能夠和這位老友暨職場導師自在分享我的看法。事件仍在進行中，二〇一五年一定會有後續發展。

第4部

英國脫歐與國族民粹主義崛起

二〇一五年日經登場

今年以巴黎恐攻揭開序幕。兩名蒙面槍手闖入諷刺刊物《查理週刊》辦公室，造成十二死十一傷。激進伊斯蘭主義分子繼續在歐洲各地犯下大規模暴力事件。報社總編輯無不苦思，如何在不讓這些凶手看起來像殉道者的前提下呈現圖片與新聞。

對個人而言，二〇一五年只有一條重要新聞：《金融時報》易主日經這家日本出版大廠。法倫曾以走在大理石地板上，手持瓷花瓶為喻，形容管理本報與出售一事。還好他沒摔破花瓶。面對未知的未來，有人惴惴不安，卻也有人引頸盼望新契機。新業主具有拓展全球的雄心壯志，讓我得以意外續任總編。

二月十八日，週三

法倫有一次在和我定期午宴時說，不想被歷史記上一筆，說他是賣掉《金融時報》的人。如今顯然改變主意，發覺經營媒體公司實在燒錢。我說，要《金融時報》繼續成長，得要靠資本才行。然而培生給我們設定的年度獲利目標，本報至今只是勉強及格。難免會讓人問：該繼續由培生經營《金融時報》嗎？瑞丁有同感。

其實直到最近為止，問這個問題被視為大忌。培生這個長年大集團，從一九五七年起經營《金融時報》至今，也經營其他差異很大的事業，例如葡萄酒（拉圖堡Château Latour）、蠟製品（杜莎夫人蠟像館）、骨瓷（Wedgewood）、北海石油與企鵝出版。一九九〇年代晚期，培生在瑪裘莉執行長與麥金森財務長任內出售知名品牌資產，以數十億英鎊押寶在教育事業，但仍擁有企鵝經營權，持有《經濟學人》一半股權，以及完全掌控《金融時報》經營權。儘管網路泡沫化後經營不易，瑪裘莉仍堅持讓出版、印刷與編輯保持獨立。

但這幾年媒體紛紛以高價求售，像是二〇〇七年班克洛夫特家族將道瓊與《華爾街日報》售予梅鐸，葛蘭姆家族則在二〇一三年將《華盛頓郵報》脫手給貝佐斯。沒多久，《洛杉磯時報》、《時代雜誌》與《財星》雜誌紛紛轉手。在這個情況下，培生握有《金融時報》屬於異數。不過脫手（連帶要處分《經濟學人》的五成股份）風險也不小。

就在吃主餐雞肉佐沙拉時，約翰暗示已經有人私下前來接觸，但不願透露細節。對此我倆都很小心，約翰如果透露太多，恐怕會不利於我的記者身分。但另一方面，我是總編，本報未來何去何從，與我有切身利害關係。他小心翼翼說出一些潛在合適買家名字，問我意見。先是美國出版商，例如彭博與赫斯特。接著提到德國報業與出版巨擘艾克塞爾施普林格（Axel Springer），最後是個新對象：日本出版大企業日經。

我認為賣給彭博這種專門在收購別家公司的對象，會砸了《金融時報》品牌。艾克塞爾施普林格這家公司很有活力，執行長多芬納（Mathias Döpfner）是我朋友，但公司旗下活潑的《畫報》（*Bild*）恐怕與莊重色彩的《金融時報》調性不符。我對日經所知甚少，過去不時會遇見他們的記者，但日經在遙遠的東京，更別說還有語言及文化差異。

這頓午餐顯示我們沒有退路了，不是會不會賣的問題，而是何時賣，賣給誰。我暗地提醒自己要複習德文，並對日經這家公司多些涉獵。

三月二十日，週五

布局克羅斯比這條線長達數月，他是主責卡麥隆連任選戰第一把交椅。這位留著銀髮、不怕苦的南澳人，曾協助約翰．霍華德（John Howard）的中間偏右政黨連續贏得澳洲五次大選。即便從阿德雷德來到倫敦，依舊討厭記者。我們在帕默爾街的皇家汽車俱樂部大長廊餐廳碰頭，俱樂部內尚有巨大大理石泳池及土耳其浴間。

克羅斯比先是提到，選民「氣到不行」，以前大家說努力工作就可以保有飯碗，早已非事實。外來移民問題很嚴重，保守黨人必須不斷對外重申：相信我們會搞好經濟，把未來寄託在工黨身上「很冒險，他們也很無能」。難就難在選舉操盤，必須在多重選區打「地面戰」。

我問他要如何應付英國獨立黨及出征南賽尼特議員席次的法拉吉。保守黨人是否打算奪取他的席次？克羅斯比一臉不可置信地說：「要打贏越戰，不能光是轟炸稻田，要幹掉胡志明呀。」

克羅斯比在這頓午餐擘劃出保守黨往後的選戰策略：攻擊工黨，指責他們是不負責任的左翼政黨；對自民黨有機可乘的席次下手；讓英國獨立黨在外來移民議題方面無所發揮；力阻法拉吉奪得國會席次。早知道該更加重視。

三月二十一日至四月四日，日本、中國

年度之旅前往日本，除了能夠再訪東京，也可和維多莉亞一起探索內陸地區。乘火車到廣島，昔日遭核彈轟炸殘存的建築殘骸依稀可見。接著前往美麗島嶼嚴島，參觀金澤壯觀要塞及座落在山上的高山市，觀賞聞名且金碧輝煌的屋台與遊行。

此時本報亞洲區工商事業主管安潔拉．馬凱（Angela Mackay）告知日經高層邀約共進午餐。基於好奇，便與安潔拉及東京分局主任哈定前往位在皇居附近的日經摩天總部大樓，與岡田直敏為首的幾位日方高層享用美味午宴。後來岡田直敏升為日經執行長暨總裁。未久，他們客氣但不斷詢問《金融時報》的新聞編輯方針。

日經財力雄厚，產經報紙發行量達兩百七十萬份，尚有其他媒體業務支撐，例如市場指數業務。但高層坦承過度倚賴紙本，目前四十三萬網路新聞訂閱戶還得繼續成長才行。老樣子，我話太多，偶爾穿插幾則英文笑話（不久我就改掉這個危險習慣）。吃完午餐乘電梯下樓時，恍然發現鬧笑話的是我，東道主像是扒去我身上衣物般，把（暫時）所有需要知道的資訊都給撈走了，包括關於《金融時報》本身及如何從紙媒轉型為數位媒體。

四月十三日，週一

巴克萊銀行執行長安東尼・詹金斯（Antony Jenkins）從就任的第一天起，就不斷在談要改造躁進的文化，邁向更具道德與公共性質，想不到竟獲得坎特貝里大主教的支持，被外界稱為「聖安東尼」。但不受控的董事會是否願意配合又是另一回事。我在他位於金絲雀碼頭的辦公室私下午餐時渴望這麼告訴他。

可靠消息指出，巴克萊一小群董事不滿這位出身波特利斯、擅長零售銀行業務的溫和好人。顯然詹金斯對危險全然未覺，談巴克萊「改造」計畫帶來的文化變革談得口沫橫飛（也許太過口沫橫飛）。該計畫有三要素：逆轉局勢、合理獲利，與維繫前進動能。

三個月後，詹金斯某天在北美山區時間一大早來電，稱要卸下執行長一職，語調客氣如舊，但聽得出來有些悔恨。他未能明言的是（我卻心知肚明），部分董事會成員渴望巴克萊重返昔日披靡全球的投資銀行地位，屬意由（另一位）美國投資銀行人士傑斯・斯塔利（Jes Staley）接任。

四月二十日，週一

英國大選選情莫名平淡，艾德・米勒班是布萊爾與布朗的小型翻版，卡麥隆依舊自鳴得意，克萊格光芒不再。既然如此，我樂得去日內瓦湖畔五星的美岸宮酒店待上幾晚，擔任《金融時報》年度原物料高峰會主持人。這場高峰會是我們的重要收入來源，最初構想來自愛碎嘴的前天然資源新聞主任哈維爾．布拉斯（Javier Blas），這位西班牙佬最後變節投奔到彭博。高峰會的目的是邀請全球頂尖原物料交易商，如嘉能可（Glencore）、貢沃爾（Gunvor）、托克（Trafigura）與維多（Vitol）等公司，其中不少並未公開上市，與銀行業者及國有礦業公司，如英美資源集團（Anglo American）、必和必拓與力拓集團（Rio Tinto）等公司齊聚一堂，互相聊聊，本報同仁也可藉此認識權貴人物，像是嘉能可那位年紀快六十仍在打橄欖球的伊凡．格拉森伯格（Ivan Glasenberg）及貢沃爾高深莫測的挪威人托比約恩．童克維斯特（Torbjörn Törnqvist）。

高峰會進行順利，直到消息傳到環保人士耳裡，今晚集結大批人馬呼喊口號，稱高峰會在搞資本主義陰謀，破壞地球環境。負責高峰會的同仁擔心環保人士將攻占大樓，也煩惱一旦警方出動，相關成本支出將讓獲利縮水。

《金融時報》舉辦論壇活動事件本身具有某種扞格，記者職責是要追根究柢，但我們卻是活動主辦單位。然而大致上仍在可控範圍，即便需要經常密切注意，不要讓對方覺得太舒適。也就是要保持若即若離關係。

四月二十二日，週三

回到倫敦後，我告訴同仁有幾個企業人士表示對保守黨這場選戰的打法十分失望，認為「了無生氣」、「極為負面」，說這番話的還包括保守黨大金主，石油大型交易商維多公司執行長伊安・泰勒（Ian Taylor）。財經主編高登撥電話給主要幾個企業遊說團體，沒多久便聯繫上克羅斯比。怎麼回事？新聞從哪來的？誰這麼大嘴巴？《金融時報》根本就不挺企業或英國金融業嘛。你們國會記者全是馬克思主義者，要不就是工黨同路人。

克羅斯比說話不假辭色：「這次大選的戰場不是在肯辛頓和切爾西這些有錢人連稅都不繳的地方……而是在索利霍、聖奧斯特及普雷斯頓。」

他說，如果新聞可以延後見報，他可以提供選戰資料證明所採取的策略將讓保守黨贏得國會多數。我認為還需要多找消息來源查證。二十四小時後，新聞就上了頭版，內容引述許多（不具名的）重要企業人士的話，埋怨保守黨政府在支出主張方面極不負責，也對工黨政府來勢洶洶感到憂心。一名不願具名的金主表示：「負面選戰手法糟糕透頂。」

不過真正的新聞點，其實是克羅斯比和卡麥隆覬覦自民黨在英國西南部票倉的席次。以一句話說明其選戰策略，就是「背棄聯合政府」換取整體多數。

四月二十四日，週五

從別人那裡聽說培生正認真與艾克塞爾施普林格磋商，《金融時報》出售可能定案。瑞丁正密集進行密談，又稱「法斯塔夫計畫」。於是我寫了一份聲明，內容有關編採自主，某方面這麼做會有利於未來和新業主談判。首先，編輯要和廣告工商業務切割。這個原則不論是培生、本報執行長或總編輯，超過五十年來都有所共識。總編輯享有《金融時報》編輯部人事任免權，但也可以選擇與執行長或業主商量高階主管的任命。同樣道理，總編輯對編輯產出的品質與標準負最終責任，唯有業主方能將其撤職。

我寫道：「《金融時報》之所以能夠編採自主，乃歸功於培生與業主的節制與記者文化，其約束力並非來自明文規定，而是來自日常實踐與編輯部經年累月慣例的積累。」

這份文件起碼清楚劃出界線，至於是否會有幫助，則另當別論。《華爾街日報》總編輯布勞奇利被迫辭職的殷鑑不遠，想當初梅鐸可是美言辭令，還向他打過包票。

四月二十九日，週三

奧斯本邀我到唐寧街進行選前茶敘，如同二〇一〇年的做法。那次他暗示保守黨選舉結果若未過半，會籌組聯合政府。這次則是抱怨「被糾纏」，媒體報導十分負面，英國廣播公司更是如此。走到哪就被麥克風堵到哪，不斷被問樽節、健保預算被砍，及食物銀行等問題。

就在氣氛沉重的時候，心情愉悅的卡麥隆順道經過，說：「我去了國內許多地方，像是聖奧斯特。」還說康瓦爾這個時節天氣不錯。接著親切向我致謝，因為先前保守黨政府實施樽節政策時我們始終替他們背書。不過這回倒是沒有請《金融時報》挺他們。大概早已知道我們的立場了。

四月三十日，週四

再一週就要國會大選，《金融時報》決定公開支持保守黨。我們雖不同意卡麥隆的歐洲政策及公投計畫，但整體而言因為聯合政府執政下的經濟表現出色，因此應該繼續執政。我們主張在自民黨擁有現任席次或勝算高的選區，應將票策略性投給自民黨。總結認為：「讓卡麥隆的政黨繼續執政固然有風險，尤其是在歐洲事務方面，但不讓他們繼續執政的風險會更大。」

五月八日，週五

卡麥隆脫困而出，在國會取得些微多數席次。自民黨慘敗，從原本五十七席掉到僅剩八席。米勒班結果表現悽慘，將卸下工黨黨魁一職。我在總編辦公室撰寫早上六點選舉特別報導的評論文章時，發覺除了蘇格蘭以外，選舉結果都與民調及專家看法截然不同。蘇格蘭民族黨大獲全勝。「民族主義成為選戰主軸，英格蘭人民唾棄蘇格蘭民族黨，使得保守黨成為主要贏家。」因此這次保守黨的勝利意涵恐怕非比尋常。「接下來英國政治將相當不穩定，恐將是一九九二年梅傑的翻版？」

選後幾天，我打給人在地中海某處暢飲美酒慶祝勝利的克羅斯比，說他對選戰判斷正確，我是錯的。他本可以洋洋得意，結果態度卻很和善。

六月十日，週三

赴國王十字車站附近《衛報》總部，參加當了二十年總編的羅斯布里奇卸任派對，順便認識接棒的凱特．維娜（Kath Viner），她不僅是該報史上第一位女性總編輯，還是知名劇作家。我會懷念艾倫。所有曾在危難關頭被艾倫力挺過的記者與編輯也會懷念他。艾倫不是耍官威的人，未曾聽說他發過脾氣，即便各種威脅、傳票及虧損與日俱增，他依舊保持沉著。經營虧損擴大的原因是大量投資新式印刷機與數位發展，目標要讓《衛報》成為頂尖自由派媒體品牌。他主導過維基解密、史諾登事件，與梅鐸電話竊聽醜聞等新聞報導，也曾挑戰英國制度。如同今晚《衛報》幾名員工所言，艾倫是無畏的人。聽著別人向他致敬，以及聆聽他發表的演說（有點太長）的同時，不禁對他的膽量與願意冒險肅然起敬，我也暗地許諾要在卸任總編前搞到一兩個有影響力的大獨家。為此，我要換掉《金融時報》調查報導部門主任，改任命墨菲。恰好墨菲以前待過《衛報》。

七月八日，週三

多芬納身高六呎七吋，[1]長相英俊，可能是年輕時玩劍擊受傷，左臉頰上有道傷痕。現年五十二歲的他是德國媒體圈最有勢力的人，從報社總編轉換跑道，成為艾克塞爾施普林格執行長。他的願景是讓施普林格成為全球媒體公司，難怪急著想買《金融時報》。

我們約在太陽谷艾倫投資銀行論壇附近他的小木屋碰面，每年好萊塢與矽谷大人物會齊聚於此四天，聊單車、高爾夫、定向飛靶射擊、網球，與激流泛舟。二〇一〇年起我和維多莉亞固定每年受邀，這也是我們最愛的論壇活動，除了可以認識新朋友，也能和老朋友敘敘舊。

會面事先已向法倫與瑞丁報備獲准，兩人有些疑慮，擔心我會談到不該談的估值事宜。他們搞錯了，我沒興趣談錢，關心的是潛在業主對編採自主抱持何種立場，以及新聞中心相關規劃。馬帝亞斯魅力與說服力十足，英語流利，帶有一些美國腔調。我倆相識超過十年，第一次認識是在曼哈頓的午宴。他知道我德語說得好，懂德國文化，也懂德國媒體，相信未來我們關係會如魚得水。我說，重點不是我，而是下一任總編，以及往後每一任。你對編採自主有沒有立下哪些原則？

多芬納稱艾克塞爾施普林格確實注重編採與工商的區隔，《畫報》就曾揭穿福斯汽車公司為取悅工會高層，幫他們叫小姐。新聞圖片放上一名妓女坐在福斯汽車牌子上。有趣歸有趣，卻鬧得很大。福斯下令杯葛廣告，馬帝亞斯堅不退讓，後來汽車大廠讓步。馬帝亞斯似乎是臨時起意，說也想偶爾替《金融時報》寫寫文章。這個嘛，好吧，他當過樂評人，也力挺以色列。如果他要寫，有打算要寫什麼主題嗎？

多芬納：「沒有特別主題，只是想偶爾寫一下。」

巴伯：「是嗎？培生沒有過這種前例。」

多芬納：「要經過你同意才寫，這是當然的。」

巴伯：「如果我們意見不同怎麼辦？」

多芬納：「由總編輯決定，但我覺得我們不會意見不同，萊奧納，我們了解彼此。」

巴伯：「但還是可能會意見不同，總編與業主有一次意見不同倒是還好，有兩次意見不同就不太妙，三次的話問題可就大了。」

此時培生正如火如荼與艾克塞爾施普林格磋商，從和多芬納的談話中可以感覺到，他不是很支持我們的企業營運與策略，反而主張加速成長，尤其是美國市場。回到倫敦時，內心清楚他對收購《金融時報》志在必得。

七月二十二日，週三

這週每天都穿德州牛仔靴，高跟且顏色是勃艮地酒紅色，這是一九九二年春天去德州阿

1 譯按：約二百公分。

馬里洛公路旅行時買的。穿這雙靴子的用意是，隨著本報出售一事即將定案，不論最終結果如何，編輯部都將腰桿打直，頂天立地。

與施普林格的磋商消息至今並未走漏。這一點很不可思議。索羅昨天打來，但我客氣避而不談。我也開始對數名高層團隊成員信心喊話，要他們平常心看待。本報出售的震驚消息可能明天就會公布，希望屆時身邊能有一群可以信賴的同仁。有人坦言對施普林格感到不安，我也不是沒有疑慮，尤其是編輯部可能會要資遣人。瑞丁前一陣子才問我：「準備好要改變了嗎？」

說這什麼話，早在接任總編的第一天起，就準備好要改變。

要出售的可是《金融時報》，有一百二十五年歷史，記者六百人，而且是世界上僅存的少數獨立媒體品牌。的確，有時候覺得與培生這個業主共事挫折重重，也越來越常覺得《金融時報》格格不入。法倫提出的公司新口號「功效」完全啟迪不了人心，因為大家都知道，法倫沒有意願也沒有錢繼續投資《金融時報》，好讓我們競爭得過口袋深的對手。但培生與法倫都曉得編採自主的重要性，要怎樣才能讓新東家繼續尊重這個原則？

不論是在和瑪裘莉或是貝爾聊天時，都常會聊到這個問題，他們也都認為，由獨立信託單位保障總編輯免於業主恣意作為的構想不錯，有點類似《經濟學人》的做法。理論上沒什麼問題，但實務上很困難，因為業主既然花了大把銀子買下《金融時報》，不會希望被綁手綁腳。培生董事長莫雷諾認為這還會損及《金融時報》售價，會損害培生股東的利益。大衛則反稱《金融時報》本身固有價值之一，就在於編採自主，結合卓越新聞報導。大衛說得有理，但葛倫不屑一顧。

在大衛與本報之友的敦促下，我上週更新了先前寫的編採自主聲明：「編採自主乃本報新聞文化固有原則，並非來自業主明文規定，而是來自新聞中心同仁的日常實踐。擔任總編近十年以來，未曾感受過培生給予壓力，故未曾發表聲明。即便在敏感時刻，例如國會大選、全球金融危機，或是高層朋友或盟友亟欲影響新聞報導方向或本報立場時，業主始終未曾干預。」[2]

七月二十三日，週四

培生董事會今天開會決定《金融時報》要出售給誰。德意志銀行即將卸任的共同執行長安舒．詹恩（Anshu Jain）本週稍早向我透露，已建議多芬納施壓培生，要早一點做決定。一架企業噴射機已停放在柏林停機坪，一旦確認本報要出售給施普林格，就將啟程飛往倫敦。今早與瑞丁與法倫聊過，他們說下午會發布聲明。突然間發生了意外：路透社報導指出，培生正就出售《金融時報》一事與艾克塞爾施普林格進行「收尾磋商」。新聞中心彷彿炸彈炸開一樣，電話響個不停，電子郵件不斷湧入，人人擠在我的辦公室外。我打給法倫，他說有人「搞錯」

2 後來也給日經看過這則備忘錄。

（是誰？），不小心把新聞稿草稿傳給路透社。

我說：「這樣的話，還客氣什麼。」於是下令編輯部同仁立刻跟進路透社新聞，關注後續發展。法倫另外透露，晚來的日經也加入購買戰局，但他要求我不能告訴同仁。我在辦公室裡冷靜兩分鐘，旋即走到編輯部，找到主跑企業併購的記者阿勒許・瑪蘇迪（Arash Massoudi），告訴他：「跟你說，不要以為買家只有一家公司。」我再說一次，不只一家公司。

我們匆匆跟進發布路透社那則新聞，結果新聞標題卻太偏向施普林格出線（其他報紙後來也興匆匆照著我們的標題做了錯誤報導）。未久，阿勒許與同仁團隊獨立查證，確認日經有意加入角逐。不到一個小時，這家背後有羅斯柴爾顧問協助的日本媒體集團便以現金八億四千四百萬英鎊順利出線。所有人深感意外，不僅培生，施普林格肯定也是。如此大膽，在決標前十一小時不請自來，實在很不像是日本人平常做事緩慢的風格。

培生董事會二話不說便同意出售給出價最高者，甩了花費數月時間通盤檢視我們業務內容的施普林格。法倫打來，說傍晚會向《金融時報》全體員工談話。後來我在西班牙籍餐飲部主任伊薩克陪同下，穿越員工餐廳廚房來到六樓會議室，與瑞丁一起加入法倫行列。這齣戲不僅高潮迭起，竟也有些滑稽。

我讀出聲明稿，清楚告訴大家培生時代已經過去。是時候迎接地球另一端的新業主。日經高層此時也坐鎮在東京聆聽，當地時間接近午夜。在這歷史性的一刻，我卻毫無欣喜之意，實在是累到不行，毫無心思去想這件事，也沒精神去思考自己的未來。一年來揹著隱瞞祕密的包袱，終究讓人累壞。但也鬆了一口氣，起碼日後不會再徬徨不定。總算可以放下過去，展望未來。

晚間七點半，準備回家和維多莉亞分享一整天高潮迭起的故事時，想起今晚偏偏要宴請本報三十位團隊組長與其配偶。這是每年夏天都會辦在我家後花園的感謝活動。然而，今晚大家都不確定到底出售本報究竟值得慶祝還是應該惋嘆。手機響了，是法倫來電。

法倫：「你看到報導了嗎？」
巴伯：「看到了。」
法倫：「有沒有看那則在講這次出售的『內幕消息』？」
巴伯：「我看過草稿，但放心，其他人會……」
法倫：「你不是他媽的總編嗎？應該要看過才對。」

說的也是，但大家既煩躁又疲憊，瑞丁也不例外。他抱怨我們怎麼會寫說他很開心看到《金融時報》要擺脫培生。但坦白說，他就是《金融時報》出售的主導者之一。

七月二十四日，週五

在蘭柏特的建議下，寫了一篇社論談《金融時報》出售給日經，標題是「無私無畏，展望《金融時報》新未來」。我喜歡的一段話是：「業主明白（編採自主）代表有權深入調查，也有自由表達可能會讓人不安的意見。本報雖大量報導倫敦與歐盟金融新聞，但我們不是企業傳聲筒。我們遵循亞當斯密的自由主義市場傳統，卻也排斥斯摩萊特（Smollet）與史威夫特（Swift）。」[3]結語則正面看待未來：「《金融時報》與日經集團秉持冒險與互信精神，盼能一起寫下歷史新篇章。」

七月二十九日，週三

接下來要一對一和主導收購《金融時報》的日經會長（董事長）喜多恒雄會面，這將會是職涯中最重要的一場會談。我要說些什麼？至今已花五天時間準備。索尼前執行長斯金格爵士重申要保持禮貌，以及了解到日本人不會把話說得太白。於是我按照他提供的遣詞演練。

「我的目標是結合雙方公司卓越之處，（停頓）一起強上加強。（停頓）能夠成為您的夥伴，我與同仁備感榮幸。」

就在感到自在的時候，管理領域資深寫手暨讀者投書主編麥克．斯卡平克（Mike Skapinker）敲門，送上一封宛如定時炸彈的致總編投書，投書者是製造光學用品與相機的奧林巴斯（Olympus）前執行長麥可．伍德福特（Michael Woodford），他在二〇一一年舉報自家公司做假帳。信中指稱日經在從事新聞報導時「會自我審查且對位高權重者畢恭畢敬」，擺脫不了日本企業文化。他更寫道：「當初奧林巴斯發生醜聞時，假如《金融時報》是日經旗下報紙，我絕對會改去向《紐約時報》、《華爾街日報》、彭博或路透社爆料。」更糟的是，信中還特別點名日經會長喜多恆雄與第二把交椅岡田直敏，批評他們沒有資格決定由誰擔任《金融時報》下一任總編。

為此召集我的高層團隊開會，多數認為不宜原封不動刊登此篇投書，只有一個人持不同看法。於是我致電伍德福特，問他是否可以配合移除人身攻擊的內容，同時縮減字數。起初他聽起來頗講道理，結果不到二十四小時便威脅要將投書公諸於世，並指控我方正值經營權轉交日人之際，對其投書進行言論審查。於是我打給他，要他別威脅我，稱日經代表團不久就要到來，給我多一點時間思考刊登事宜。他同意延後到週一給他答案。

七月三十一日，週五

本報新業主喜多先生在八名隨從陪同下，於表定十二點四十五分前一刻步行抵達，由瑞丁迎接。年紀六旬的喜多先生長得很高，黑髮稀疏，身穿深色西裝、白襯衫，打領帶，身旁則是較矮、留著灰髮的岡田。四位（新）朋友在大廳拍正式合照後，日本代表團一行人就隨同瑞丁前往六樓。兩點七分時（比表定時間晚了七分鐘）瑞丁敲我的門，結果不是一對一會談，而是喜多先生為首的四人代表團，外加女口譯員。

3　斯摩萊特（一七二一—一七七一）與史威夫特（一六六七—一七四五）是英國兩大諷刺作家，前者是蘇格蘭人，後者為盎格魯愛爾蘭人。史威夫特以小說《格列佛遊記》聞名。

我說出斯金格教我的開場白，新業主十分認同，接著毫不含糊地保證會讓我們保有編採自主，致力讓《金融時報》這個世界品牌永續成功。我感謝他承諾維繫編採自主，重申《金融時報》的價值脫離不了誠信與新聞卓越。接著我提出三點聲明。

首先，《金融時報》就像是明治時期的古厝：外表風格華麗，設計流暢，但屋內廚房管線不通，窗簾破舊，其中一間臥室狀況極差。（差一點就要脫口說出閣樓上的瘋阿姨這則笑話，但因為說話都有記錄，我明智地吞進肚子裡。）其次，雙方要好好認識彼此，我們需要日經派年輕且英文厲害的記者過來《金融時報》，反之亦然。我也承諾每年至少去東京三次。最後，則重申要有雄心壯志，不斷成長，尤其是美國市場。

語畢，喜多先生傾身表示聽說《金融時報》總編的任期是十年。如果讓我續任呢？

那真是我的榮幸。

榮幸？這只是客套話，豈止是榮幸，是狂喜呀。日經提早明確對我投下信任票，不僅讓我更有活力，更是能一起和地球另一端語言不同、文化不同的新業主創造歷史的機會。包括「金融時報之友」在內許多人深信這樁交易是個錯誤，認為《金融時報》與日經結盟行不通，過去日本人收購海外企業的結果，頂多也只是普通。我決定要在「第三任」總編任內端出更厲害的新聞成果，證明給他們看，他們錯了。

八月一日至二日，周末

我和維多莉亞周末在多塞特與湯姆・史塔佩（Tom Stoppard）及莎賓娜・吉尼斯（Sabrina Guinness）一起度過。我問湯姆該拿伍德福特那篇投書怎麼辦。他也覺得這很棘手，但認為《金融時報》總編不能因為被別人威脅就刊登。我內心同意，但腦中覺得不刊登的話會惹來麻煩。於是我打給我所知最懂處事的人施麗緹・瓦德拉女爵，她說：「要一句不漏刊登，不然會沒完沒了。」

總算明白了。該死的每個字我都會照登。但基於要讓人充分掌握狀況（算是總編與業主之間關係最重要的原則），我也向喜多先生告知我的決定，清楚表示我不認同投書內容，判斷此事也會到此為止。他同意我的決定，又是一張重要的信任票。如我所料，結果沒有引起爭議。伍德福特寫信向我道謝，問我有沒有空改天一起喝咖啡。

算了吧。

九月二日至六日

遵守承諾，首次定期造訪東京。老樣子，被時差搞得第二天狀況很差，即便在東京皇宮酒店游泳池游了半英里，也沿著皇居御苑外圍慢跑，清晨三點還是睡不著。接下來一兩天得力抗神智不清，因為會議攸關總編與業主之間信任的建立。

我不像瑞丁，反而決定不學基礎日文，語言太難了，也沒有時間學習。斯金格提醒我注意聽，注意觀察。這項建議確實寶貴，因為日本人的語調手勢比起不那麼客套的英國人重要許多。

我也花時間與此行重要伙伴拉蒙特商量要傳達給喜多先生和其高層團隊的訊息。另外也重新調整自己的高層團隊，哈勒芙將成為我的新副手，原副總編約翰・通希爾（John Thornhill）轉任創新主編，專門報導科技。約翰表現雖好，但和幾位同事聊過之後，我更深信新業主要有新氣象。羅素將主責《金融時報周末版》，這是他可以擴張讀者群、創造領導實績的絕佳機會。另外調回人在布魯塞爾的史匹格擔任新聞主任。

幾天後，曾任駐巴黎記者的日經高層吉田徹陪我搭火車去京都觀光一天，其中一個特別行程是去金閣寺。晚間在日本數一數二高級餐廳和久傳與喜多先生共進晚餐。看得出來這次買成《金融時報》他依舊興奮，溢於言表。他透露垂涎本報好長一段時間，多年前曾寫信給培生高層，表示日後若欲出售《金融時報》，日經有意洽購。後來二〇一五年一聽到培生果真要出售本報，便跳上飛機前往會見法倫，兩人一見如故。

喜多先生最近出差繁忙，得了重感冒。他很會說故事，除了愛談擔任記者的往事，也愛談身為主管擇才育才之道。我想，他大概覺得可以信任我，才會和我聊得如此深入。這是我們逐漸認識彼此，建立情誼的方法，語言雖然不通，卻都當過記者，也都致力於獨立、公共服務性質的新聞報導。離開東京時，我相信未來彼此關係會很融洽。

十月九日，週五

中國國家主席習近平即將前來倫敦從事國是訪問。為進行前置作業，中國大使請我到大使館走一遭。我帶著報社中國專家金吉一起去，他說習近平要求獲得皇帝等級待遇（也確實會如他所願），其中包括與英國女王共乘鑲有鑽石與藍寶石的王室馬車，車身部分取材自牛頓蘋果樹與亨利八世國王《皇后瑪麗號》艦艇。

大使知道英國政府渴望兩國經濟關係能更加密切，問我中方應如何形容這段嶄新關係。巴伯先生，您覺得要用「黃金時刻」、「黃金時代」還是「黃金年代」形容比較貼切？三個都不喜歡。但整體上，在這幾個誇大之詞當中，黃金年代算最合適。我告訴中方代表團，可別以為下一任政府仍會買單這種形容方式，搞不好首相會是最近剛選當選工黨黨魁的傑米．柯賓（Jeremy Corbyn）呢。

十月二十日，週二

女王近距離看起來沒想像中高，習近平也不像電視機裡看起來那樣高大。我穿著熨燙過的大禮服站在白金漢宮排隊，由於是平民身分，接見次序排在很後面。

皇室僕役叫道：「萊奧納．巴伯，《金融時報》總編輯。」

向女王陛下輕微彎腰致意後，與繼毛澤東之後最有權勢的領袖習主席匆匆握手，習主席也匆匆用中文說聲「你好」。曾是人民解放軍樣板歌手的第一夫人彭麗媛樣子迷人，笑容可掬，感覺到她對我用英文說「晚安」。

九十四歲的愛丁堡公爵和我握手。他面容枯槁，氣色不好，目光卻有神。正要離開飯廳時，身後傳來公爵的聲音。

愛丁堡公爵：「你們不是才剛被中國人拿下嗎？」

巴伯：「是的殿下，但不是中國人，是日本人！」

總計有一百六十七人受邀出席晚間宴請習主席的國宴，我與維多莉亞是其中二人。我們提早到達白金漢宮，維安友善但滴水不漏：除被要求出示身分證，也會檢查車子引擎蓋底下是否有爆裂物，但沒有其他粗魯舉動，像是金屬探測器或搜身。循鋪著紅毯的蜿蜒樓梯上樓，行經幾幅巨大皇室肖像，見到某處高掛大水晶燈。一名皇室成員示意賓客進入陳列中國古物的會客室。

卡麥隆與莎曼珊進來後直奔怡和洋行董事長亨利・凱瑟克爵士（Sir Henry Keswick）[4] 與其攀談，怡和洋行是香港一間最古老的商行。我設法插進中國話題，不談歐洲的老話題及接下來的公投。卡麥隆說下個月要和我談談，因為《金融時報》最近表現很「惡劣」。

首相說英國對中國得要做「百分之一百二十」的努力，好說服他們英國認真想和這**唯一**崛起大國發展長期經濟合作關係，當其盟友。感覺起來防衛心有點重，畢竟最近新聞焦點都放在英方迎接習近平來訪的鋪張奢華。事實上，習近平不僅要盛大氣派場面，更要英國為昔日殖民時期贖罪。本週《人民日報》寫道：「近代中華民族遭受侮辱，始於英國戰艦砲擊。」

女王在晚宴致詞時向中國現代經濟奇蹟致敬，習近平雖然很識相沒重提中國茶的歷史比英國茶更悠久，卻不顧及日本駐英大使在場，數度提到第二次世界大戰期間對日進行「反法西斯戰爭」，頗為無禮。

就在著蘇格蘭格子裙的風笛手吹奏哀怨曲調時，我傾身向鄰座正在大啖巴爾摩鹿肉、從事專業技術服務的奧雅納（Arup）公司澳籍高層詢問，對習近平剛才的談話有何感想？他也覺得不太舒服，還知道我向中方請求去北京採訪習近平一事（怎麼知道的？）。北京提議我們可在國事訪問登場前透過傳真採訪，本報拒絕，《華爾街日報》卻接受。我們要的是採訪習近平本人，不是拿到新聞稿。這位澳籍高層說：「我有聽說你們希望採訪，但現在《金融時報》主子是日本人。」

中方經常提起本報業主是日本人，明目張膽想左右我們的報導方向，更正對中國不利的偏見，不論是真是假。對此我很小心，畢竟本報不能不報導中國這個大題材。但只要一有機會，我也會堅定表示日經不會干涉編採事務或新聞內容。

十月三十一日至十一月七日

日暮時分，一輛黑色凌志汽車前來載我們到利雅德的皇宮，這裡是薩爾曼國王與愛子副王

4 凱瑟克爵士於一九三八年生於上海，曾就讀伊頓中學與劍橋大學三一學院，是怡和洋行資深董事長。他常自稱是「平凡蘇格蘭商人」。

儲穆罕默德．本．薩爾曼（Mohammed bin Salman）工作起居之處，有著迷宮般的庭院及砂岩建成的建築。穆罕默德．本．薩爾曼又以MBS名字縮寫著稱，這場採訪是我和盧拉這次沙烏地阿拉伯七天行程的高潮，此行分別去了利雅德及麥加省的吉達與塔伊夫。

穆罕默德．本．薩爾曼在沙國政府的地位僅次於病榻上的國王，即將掌控大權。他的身形高大，手臂粗壯，鷹勾鼻，頭髮烏黑，髮線後退。我身後坐著兩名年紀大的皇室助理，其中一人擔任口譯。正準備開口時，一名僕役將玻璃杯裝的一小杯阿拉伯咖啡放在我右手心，於是我將它置於面前桌上，稱這是我第一次造訪沙漠王國。話才說到一半就被王子手勢打斷。「沒提出請求前，別說下去。」助手向這名滿臉困惑的總編輯解釋，不喝供應的咖啡會被視為要來談生意。

我說：「那我想要做第二次採訪。」在座皇室成員哄笑。

薩爾曼說話宛如機關槍，一口氣吐出各種經濟數據與統計資料。這位混和著麥肯錫顧問公司風格的現代沙漠戰士，決心要讓沙國在中東區域發揮影響力，對抗伊朗。在鄰國葉門與伊朗撐腰的什葉胡希（Shia Houthis）打的代理人消耗戰即為明例。他已在思考留下歷史定位，想打造一個不倚賴石油的沙國新未來，戒斷中產階級倚賴石油與燃氣補貼，建立國家與公民之間嶄新關係。

他對歐巴馬政府提出的伊朗核子協議感到不滿。「美國是世界上最強的國家，這一點無庸置疑。但既然是最強的國家，也要表現像是最強的國家。」他又明白指出想和普亭打好關係。「美國雖然是我們的首要盟邦，但俄國並非敵人。」

身兼國防部長與國營石油公司沙烏地阿拉伯國家石油公司董事長的他，誇耀宣稱普亭聯絡他九次，自己也造訪俄國兩次。普亭甚至邀請他一起去滑雪。於是我回應他：「這樣的話，請陛下記得要戴頭盔。」

隨著他越來越口不擇言，皇室助理緊張起來。我問他最愛看什麼書（用來刺探他的教育程度的拙劣手法），王子離題談起年輕時薩爾曼國王教育他的方式，要他在政府從事不同職務，包括一段期間在利雅德打擊犯罪。

時間緊迫，某位灰髮助理表示到此為止，離去時我驚嘆他年紀輕輕就能順利向上爬，對了，是三十一歲吧？

薩爾曼更正道：「三十歲。」不錯，國家機密總算得到官方證實。

這次談話證實穆罕默德．本．薩爾曼是未來沙國後起之秀，讓人嘆為觀止的是，他有雄心要讓倚賴石油的沙烏地現代化。但此時仍難判定有多少是空洞支票，有多少是可行方案。他說光是花在管理顧問的費用即多達十億美元，足見他多麼願意透過日本的軟銀願景基金（Soft Bank Vision Fund）進行高科技投資。這次避談國營石油公司的私有化議題，因為獲知沙國石油部長阿里．阿爾納米（Ali al-Naimi）也許可以私下與我們聊聊。

令人不安的是，從這次訪談也感受到他會如何對待反對沙國現代化方案的異議人士，感覺像是阿塞德年輕時推動現代化那般無情。他這種復仇性格會在接下來十八個月更加明顯。儘管取消女性開車的限制，也削減瓦哈比（Wahabi）教士權力，但也打擊皇室家族內部政敵，軟禁長期擔任美國情報盟友的王儲穆罕默德．本．納耶夫（Mohammed bin Nayef），以貪污為由在麗思卡爾頓酒店拘捕數十名商人，直到支付數十億美元贖金才讓他們重獲自由。最嚴重的則是兩名親信涉及專欄作家暨異議人士賈瑪爾．哈紹吉（Jamal Khashoggi）遭到暗殺事件，我和盧拉曾在吉達與哈紹吉共進午餐。

十一月十三日，週五

遲到半小時的卡麥隆匆匆進來，說預算審查超時害他遲到。跟在後頭的是奧斯本與首相幕僚長黎偉略（Ed Llewellyn），打算在英國脫歐公投前夕一起施壓《金融時報》支持他們。首相沒穿西裝外套，藍白條紋衫底下肚皮清晰可見。話題一開始未談歐洲，而是印度總理莫迪，稱實在搞不太懂對方，談經濟改革談得口沫橫飛，但十八個月前國會選舉大勝出任總理以來，卻有四十一天待在國外。卡麥隆想增進與印度的經濟關係，我說印度人仍不滿殖民的過往，對中國崛起心神嚮往。卡麥隆說他們對鄰國巴基斯坦比較有興趣，英國嫻熟這個主題。我提議英國可以透過鬆綁簽證限制改善雙邊關係，但卡麥隆回擊指出有些高等教育院校是假的，有人為了求職而拖延不畢業。「我們不需要更多計程車司機。」

卡麥隆不是種族主義者，但這番隨興言論反映保守黨長期關切外來移民人數。諷刺的是，英國脫歐主打的是中歐與東歐外來移民，而非印度或巴基斯坦。

話題轉到歐洲，卡麥隆對資金充足的脫歐公投一役表示樂觀。他打賭歐盟夥伴成員國會與他達成「不錯的協議」，因為認為他是「理性的改革者」。最困難地方在於處理境內歐盟外來移民享有的優渥福利支出。他認為德國可望替他背書。我則提到過去十週梅克爾讓將近一百萬名外來移民入境，已引發包括自家政黨基督教民主聯盟（CDU）在內的反彈。她撐得下去嗎？

卡麥隆說：「她不太會被趕下台。她最大的盟友是嚴冬。」

再來談到公投。他要如何讓多數人支持留在歐盟（留在歐盟這個口號也太不起眼）？「說到這個，有三成的人要脫歐，三成的人堅定支持留在歐盟，四成的人尚未決定。我們會爭取這一票人的支持……不要讓公投太過情緒化。企業界的聲音固然重要，但也只是一種聲音罷了。我們得要談談歐盟成員究竟帶來哪些實際好處。」

自家保守黨呢？難道所有議員都會投票支持脫歐嗎？

首相：「可能吧，但重點不在於多少人會這麼做，而在於誰會這麼做。」

巴伯：「梅伊？」

首相：「她是堅定的友歐派。」

巴伯：「強生呢？有沒有強加看管好他？」

首相：「強生就是那副德性，但他沒有公開講過要『脫歐』，頂多會再做幾次邱吉爾式演說，其中會批評我。但這也在意料之中，畢竟我做不到任期結束。」

這次是我和卡麥隆最有洞見的談話，他是從務實面主張留在歐盟，讓對立陣營可從情感面主張脫歐，訴諸像是「奪回掌控權」這類簡單口號。如同一位朋友所言，「留下來」是個無聊動詞，「脫離」起碼讓人感到刺激興奮。儘管危險，但確實如此，就像是卡麥隆一開始決定要舉辦脫歐公投。

十二月一日，週二

喜多先生帶著日經一行人從東京來到倫敦，正式與培生簽訂收購協議。我想請喜多先生向新聞中心同仁致詞，但某些護主心切的同仁十分緊張，擔心全國新聞工作者工會將會挾持這場活動，給新業主難堪。拜託！

於是我主動邀請喜多先生，稱記者編輯想聽他說話。對方答覆稱喜多先生很高興，有此意願。今天早上他就和我站在主編輯台，對著現場記者同仁說自己也曾經擔任日經新聞編輯，會善待《金融時報》，要大家放心。

喜多先生來到新聞中心，這一刻極具象徵意義，也被拍了下來，照片掛在員工餐廳牆上。一如原先承諾，他也一直維護編採自主。

二〇一六年　英國脫歐

《金融時報》與我的未來總算因日經收購塵埃落定。喜多先生一月提出一份慷慨合約，讓我能自由且踏實增進本報與日經關係，打造全球最佳新聞報導，並安排接班事宜。我也督促瑞丁訂定最晚二〇二〇年底要達到一百萬付費訂閱戶的大膽目標。編輯部與工商部的同仁將同心協力朝向「一百萬邁進」，大家都準備好了。

但二〇一六年也讓我的世界（《金融時報》的世界也是）天翻地覆。英國人民公投決定脫離歐盟，跌破外界眼鏡。對個人而言，這是一記打擊，因為我堅信應該留在歐盟，本報也在評論專欄積極鼓吹留在歐盟。

五個月後，美國人民選出川普擔任總統，再度跌破外界眼鏡，也與本報預期不符。英國脫歐與川普當選對於本報的判斷或新聞報導都構成挑戰，說明全球化與自由主義式民主面臨危機。

三月十四日，週一

脫歐陣營總算願意來吃午餐，之前百般不願意過來，聲稱沒有意義和留歐建制派吃美味午餐，進行對話。我指示從《旁觀者》（*Spectator*）雜誌挖角來的賽巴斯汀．潘恩（Sebastian Payne）捎話過去：《金融時報》樂於供應員工餐廳難吃的三明治。這招總算奏效。

脫歐陣營戰略首腦卡明思滿臉鬍渣，身穿邋遢綠色毛衣、深色斜紋褲與球鞋來到現場，一屁股坐在我常坐的位子，也就是桌子上，陪同他前來的是戴著眼鏡、鬍子刮乾淨的「票投脫歐」（Vote Leave）執行長麥修．艾略特（Matthew Elliott）及溝通事務主任保羅．史蒂芬森（Paul Stephenson）。卡明思立刻主導現場，聲稱選民在意兩件事，分別是外來移民和錢。

他說，英國脫歐可以替國民保健署每週省下三億五千萬英鎊支出。這個數字大家都清楚有誤，但卡明思認為只要雙方陣營爭論焦點是留歐要花多少錢，則脫歐贏面大，不需要知道明確數字。若爭論焦點是經貿，則留歐贏面大。但他不願意討論英國脫歐後的未來。

我說，一週「省下」三億五千萬英鎊，這和英國脫歐帶給經濟的衝擊相比起來，應該是九牛一毛吧？卡明思稱不知道衝擊會帶來多大損害，沒有人知道確切數字，何況一般民眾也不懂。

卡明思意識到自己失言，有些不知所措，說：「這次談話不會對外公開，對吧？」

我大可以不甩他，但還是放他一條生路。「沒關係，多明尼克，《金融時報》的貴賓瞧不起一般民眾者大有人在。」

卡明思當天雖然表現混亂，卻是這場公投大戰高手，懂得結合犬儒心態、聳動口號，與現代民意調查手法。包括《金融時報》在內的英國主流派都低估他了。

五月二十五日，週三

紐約房地產億萬大亨川普過關斬將，成為參選下一屆美國總統的共和黨提名人選，令原本說這位自戀型煽動家不足一顧的主流政界與媒體界大吃一驚。經過多名中間人謹慎協商後，總算可以在德州休士頓科羅納多俱樂部採訪美國史上唯一當過白宮幕僚長、財政部長與國務卿三個職位的貝克。

八十六歲的貝克與一群美國菁英合稱「博士」（Wise Men），不論內政或外交事務，外界仍會向他取經。我在華盛頓工作期間曾見證他如何與老布希一起高明地讓冷戰落幕。一九九一年，美國正值權力鼎盛時期，我曾採訪這位《金融時報》年度風雲人物。如今來到歷史可上溯一八四〇年的休士頓法律事務所貝克波茲（Baker Botts）拜訪他，起先他說這次採訪不談川普，這當中必然有什麼誤會。

科羅納多俱樂部成立於一九五六年，名稱來自十六世紀中旬一名西班牙征服者的姓氏，內部有點像是《廣告狂人》影集場景混合英國紳士俱樂部，空氣瀰漫雪茄汙濁菸味，牆上掛著鄉村風格畫作，搭配華麗壁爐，還有一尊邱吉爾塑像。享用螃蟹、大蝦、辣椒醬（與茅屋起司！）的時候，話題從英國脫歐開始。英國會脫歐嗎？

我說，以經濟面來看，留歐派占上風，脫歐派剛承認脫歐會讓英國無法留在單一共同市場，會要和阿爾巴尼亞、波士尼亞、塞爾維亞與烏克蘭等國一樣，進行雙邊貿易協商。

貝克驚呼：「阿爾巴尼亞？開什麼玩笑，強斯頓（原句如此）真的這麼說嗎？」其實是支持脫歐的司法大臣戈夫說的。貝克一臉困惑，顯然未曾聽說過這號人物。唐寧街首相辦公室提議請美國財政部歷任部長與國務院歷任國務卿署名支持英國留歐，遭到貝克婉拒，認為形同干預他國內政，會導致反效果。事件曝光後確實如他所料。最後他說：「我內心希望你們不要脫歐。」

話題轉到川普。「我和許多人一樣，對川普這次大勝感到驚訝，讓人想起一九七六年雷根崛起的過程……當時主流共和黨人都認為雷根是B咖演員，上台會挑起核子大戰，異常危險。目前狀況也很類似。」貝克盯著我說：「但我沒有在拿川普跟雷根比較，不是在說兩人一模一樣。」

貝克說，華府再也無法正常運作，妥協成為髒字。「外界有所不知，雷根其實是務實派，人們給總統打分數是看他完成哪些事。雷根曾說：『吉姆，我寧可獲得八成我要的東西，也不要硬幹，結果一點成果都沒獲得。』」

貝克對希拉蕊的看法輕蔑，稱她「從來都沒做事，只是待著（待在國務院）等待選總統」。儘管這位德州鄉親不願承認，但似乎會含淚投給川普。美國禁得起震撼嗎，包括川普當選？

貝克果決地說：「當然。我不會因為聽到候選人說什麼就杞人憂天。候選人在選舉中說的是一回事，當上總統後做的又是一回事……美國是法治國家，權力受到層級體制與華府權力結構節制。總統不可能想做什麼就做什麼。如果他們現在還搞不懂這一點，很快就會明白。」

貝克就像許多共和黨人一樣，將政黨擺第一，無法挺希拉蕊。身為那個年代聰明絕頂的政治人物，卻低估川普這個人，也低估川普會攻擊美國制度。

六月三日，週五

首場英國脫歐辯論在靠近希斯洛機場的奧斯特利天空電視台棚內登場，卡麥隆與戈夫當著現場觀眾正面對決。我獲邀擔任挺歐派評論人，與曾任柴契爾夫人公關大師的提姆．貝爾爵士（Sir Tim Bell）及《每日郵報》專欄作家伊莎貝爾．歐克夏（Isabel Oakeshott）打對台。貝爾稱脫歐派有一絲勝算，人民受夠不被都會菁英當一回事，布萊爾圖謀自己利益很在行，走中間路線，使得邊緣團體覺得自己遭受排擠。如今這些不滿的選民轉向支持脫歐。

今晚之前，我並未想太多，以為理性經濟計算會勝過情感，直到聽到天空電視台的政治主編費瑟．伊斯蘭（Faisal Islam）要戈夫說出有哪些經濟學家支持脫歐時，詎料這位前教育大臣竟稱：「這個國家受夠專家……」惡名昭彰的反菁英言論。事實上，這句話後半部還提到「受夠名稱都是縮寫的機構的專家」，只不過被觀眾如雷般的掌聲淹沒。

六月五日，週日

前往身兼銀行家、慈善家與社交名流等多重身分的約翰·斯圖辛斯基（John Studzinski）華麗宅邸參加午宴，首要主賓是前總統雷根的文膽：保守派佩姬·諾南（Peggy Noonan）。「挑戰者號」失事與諾曼地登陸四十周年等膾炙人口的演說稿，皆出自她手。次要主賓則是梅鐸與新任夫人傑莉·霍爾（Jerry Hall）。梅鐸一身夏季便裝，未打領帶。年過八十五歲的他，除了心愛的辦報之外，再度找到真愛。打從我還在他主掌的《週日泰晤士報》當菜鳥記者時，就很驚訝這位牛津畢業億萬富翁的草根性從哪裡來。或許是澳洲人性格使然吧，想挫挫「英國主流派自命不凡的銳氣」。又或許是能敏銳掌握哪些政治人物會勝出，從柴契爾夫人到布萊爾皆然。如今他似乎對英國脫歐興奮異常，也支持川普。搞不好知道某些我們不知道的內幕。

午餐前我堵住梅鐸去路，抱怨英國廣播公司不讓我在黃金時段談英國脫歐的危害。梅鐸向來輕視英國廣播公司，稱它是自鳴得意的主流自由派機構，一聽到我的抱怨興致就來了。我說，對方製作人說不讓我上節目，是因為「白種人、男性且過氣」的來賓過多。

梅鐸旋即答道：「才不是呢，是因為你是白種人、男性且不是同性戀。」

六月十六日，週四

再過一週，英國與歐盟的未來命運即將揭曉。本報社論標題暫定「投給大不列顛，勿投小英格蘭」。除此之外，我也在早晨時段上英國廣播公司的《今日》（Today）節目受訪。節目共同主持人尼克．羅賓森（Nick Robinson）引述戈夫嘲弄專家的話：「貴報與貴報讀者在協助脫歐這方面倒是挺能幹。」

我誤以為這番話是衝著我而來，針對我在布魯塞爾當過六年記者的往事。不論如何，英國廣播公司在這次英國脫歐事件可是犯了大錯，這些自命不凡的傢伙顧忌被外界貼上偏頗標籤，將整件事簡化為僅存主張與對立主張，不去判斷主張本身是否有理。（恐歐派）歷史學者提姆．賈頓．艾許（Tim Garton Ash）稱這是「公平的偏誤」。

脫歐陣營依舊在拿每週可節省三點五億英鎊支出的謊言對媒體說嘴，但留歐陣營的主張也好不到哪去。今天《衛報》報導指出，財政大臣奧斯本正在研擬緊急預算，要藉由削減政府支出與增稅因應脫歐的經濟衝擊。各報都說這是「懲罰性預算」。

我打給奧斯本，質問到底怎麼一回事？財政大臣盡說好話，誇讚我在「今日節目」表現很好（實則不然）。他坦承事實不敵脫歐情緒，尤其是外來移民議題。他會加強實施「恐懼計畫」，即提出官方警告，讓大家了解退出歐盟的經濟代價。儘管奧斯本有馬基維利再世之稱，但棒打英國民眾十分愚蠢。何不來點更正向、更振奮人心的內容？他絕望地說：「沒機會了。」

脫歐公投的分水嶺就此底定，留歐陣營遲遲沒有提出政治論述去打動痛恨都會菁英、外來移民與樽節年代的一般選民。事實上，至今沒有一任英國政府曾就加入歐盟一事認真提出過政治論述，以致於奧斯本與卡麥隆只能訴諸脫歐不利於經濟的論點，儘管這番論點用在蘇格蘭公投很有效。

可怕的新聞：支持留歐的工黨議員喬・柯克斯（Jo Cox）在西約克郡的伯斯塔遭到右派狂熱分子開槍並刺死。目前公投相關造勢活動已暫停，媒體渴望知道這會對英國脫歐戰情造成何種影響。但我沒心情上電視廣播節目。總之，今晚是泰特現代美術館斥資二點七億英鎊二期擴充館體的落成典禮（總算落成！），昔日南岸電廠搖身一變成為世界頂尖當代美術館。

泰特信託基金董事長（也是留歐派大將）布朗大臣致詞提到倫敦市中心如今有了一座全新文化大教堂。在場來賓包括事業橫跨石油及音樂產業的大金主連恩・布拉瓦特尼克（Len Blavatnik）等一批旅居海外菁英人士、以色列海運大亨艾亞・奧佛（Eyal Ofer）（已改居摩納哥）及《大亨小傳》主人翁蓋茲比翻版的德國金融人士拉斯・溫德霍斯特（Lars Windhorst）。我還巧遇前外交部高官西蒙・福瑞澤爵士（Sir Simon Fraser），他對這次公投變成這副模樣十分感慨，也感慨卡麥隆當初決定舉辦公投。另一名英國情報高官則比較謹慎，說：結果若是脫歐，脫歐過程將會耗上數年時間，分散全國心力。說得很對！

六月二十一日，週二

與帕克一起去唐寧街採訪卡麥隆。卡麥隆容光煥發，可能是心情好，但更可能是之前上早餐電視節目有上妝。他不願預測公投結果如何，但一派輕鬆，自信滿滿。這是大衛的優點，也是他最大的缺點，自以為當首相很能幹，但充其量是個缺乏實質政治內涵的公關業務，讓我想起歐巴馬一開始對他的評價：有名無實。五年來辦了三次公投，上次是蘇格蘭獨立公投，差距小到讓人捏把冷汗。卡麥隆即將步上柴契爾夫人與梅傑的後塵，政治生命因歐洲劃下句點。但重要區別在於：柴契爾夫人與梅傑不會像他這樣恣意舉辦公投。

六月二十四日，週五

睡前喝了加冰波本威士忌，不太擔心公投結果。昨晚和波定與德拉吉聊過，拍胸脯說結果會是留歐，儘管雙方差距不會太大。凌晨三點十分驚醒，查看手機時發現桑德蘭民眾壓倒性支持脫歐。推特上大量推文也可看出結果恐怕不利留歐陣營。早上五點到報社時，各家新聞網已宣布結果是脫歐。簡直是政治大地震。

我先到主編輯台，在場編輯同仁震驚且疲憊不堪，日經同仁也被嚇到，有些難為情。我查看新聞主標題，「卡麥隆何去何從、歐盟當局方面的反應、金融市場、英鎊」，接著走進總編辦公室撰寫英國脫歐社論。盧拉提議向同仁發表談話，好主意，但我得先向東京的喜多先生彙報，讓他有所掌握。業主透過口譯聽我激動說明整件事的看法後，急促表示就算事件發展還要一點時間才會明朗，《金融時報》必須肩負「重要指引」的角色。換言之，這次英國脫歐確實是危機，但也是契機。

說的很對，但當下並不這麼覺得。今天我的職責就是發表談話，提振士氣。我對同仁說：「這次結果不如我們預期，也不是我們要的，但現在大家必須把工作做好，要呈現頂尖報紙與新聞網站內容。」一邊說話的時候，電話也開擴音，讓東京的業主收聽。

克萊格打電話來，說想投書本報。幾個小時後，稿子送達，他問我是否覺得措辭惱怒。我撒謊道：「怎麼會呢？」這一天馬不停蹄，重要新聞決策接續不斷。儘管包括我在內的報社多數人都認為脫歐是場災難，目前唯一能做的，就是專注在專業報導。

接近傍晚時，眾人爭論頭版畫面要如何呈現這歷史性一刻，我們找出一張卡麥隆氣餒模樣的照片，看起來像是要出腳踢破古典大師畫作。問題出在這張照片是幾週前拍的，不是當天。設計總監威爾森支持刊登，理由很有說服力，打算背景用鮮明黑色呈現。但執行總編休伊・卡內基（Hugh Carnegy）不苟同，將內頁報導潤飾得極為出色的週末版主編羅素則是支持刊登。屋漏偏逢連夜雨，要登就要登有震撼效果的。被罵就被罵，登吧！

六月二十五日，週六

英國脫歐結果讓人心情大壞，於是我和維多莉亞去雨水泥濘的格拉斯頓柏利表演藝術節解解悶，再去本報前同仁、後來在倫敦金融區創辦公關公司芬士伯瑞（Finsbury）的羅蘭・洛德

（Roland Rudd）家中作客。他替留歐陣營募集上百萬元款項，極度喪氣，口中嚷著要再辦一次公投。時機不成熟吧，何況有何把握下次留歐派會贏呢？

晚間一邊觀賞亞特・葛芬柯（Art Garfunkel）柔唱《惡水上的大橋》（Bridge over Troubled Water），一邊檢討本報（其實是我）犯的錯。輸掉這場公投的不是我們，是政客。然而我們本該加強報導民眾的不滿，尤其是年長選民與收入減少或停滯的「憤怒白人男性」族群。之前盧拉很棒，有想到要派海外記者到英國各地探討選民情緒，三人帶回相同結果：投給脫歐。我們被其他雜音蓋過，錯失警訊。

公投結束後，身為總編面臨一個問題：我的職責究竟是要繼續秉持個人留歐的立場，還是為國家，或是為讀者？答案必然是為讀者。但本報讀者群立場不一，海外訂閱戶大多支持留歐，國內一票人大聲主張脫歐，往後三年將會花心思拿捏平衡。

我的首要原則是，《金融時報》應成為最具權威的資訊來源，向民眾說明英國脫歐後續如何運作與其經濟風險。政治線主編帕克與布魯塞爾分局主任艾利克斯・巴克（Alex Barker）在這方面是佼佼者。另外一項職責是積極展開英國未來何去何從的討論。我不像同仁那般熱烈支持「人民一票」（People's Vote）陣營，也不支持再舉辦一次公投。

六月三十日，週四

公投推出以來，英國檯面政治調性融合莎士比亞與馬克思兄弟。脫歐大將暨首相熱門繼任人選強生今天退出選戰。鮑里斯不像哈爾王子（Prince Hal），反倒更像是法斯塔夫（Falstaff）：跟同黨參選的蘇格蘭放任自由主義者戈夫相較之下，顯得準備不足，說話顛三倒四且失態。戈夫稱不再認為強生適任首相，故親自披戰袍出征。你瞧瞧，這豈非背叛。這場選戰梅伊贏定了。

七月一日，週五

英格蘭銀行總裁卡尼同意在電話上敘舊。還好危機之中有他這樣一個人保持冷靜，央行已果決降息一碼，出手大量收購資產，挹注一千億英鎊流動資金到市場上做「防護網」。英鎊至今跌了兩成，但不見得是壞事，畢竟英國經濟面對外來衝擊需要調整。卡尼希望政府盡快提出方案因應公投結果。梅克爾此時插手有所幫助，讓英國有些時間援引第五十條。[1]

卡尼說，英國必須決定要「硬脫歐」（改按照世界貿易組織規範行事，並與包含歐盟在內特定貿易夥伴簽署雙邊協議）或「軟脫歐」（透過像是英國讓步容許人民自由跨境移動等做法，讓英國仍可留在單一共同市場）。進入歐盟市場與差異化本來就是一種取捨。當然，公投中沒有人提到這個道理：英國若想保有原先優惠地位，就必須配合歐盟規範。若是如此，何必又要脫歐？往後有些人將會大失所望。

七月十三日，週三

梅伊宣誓就任新首相，公布內閣名單。奧斯本下台，前外相菲利浦・韓蒙德（Philip Hammond）轉任財政大臣。環境大臣由安德莉亞・李德森（Andrea Leadsom）擔任。梅伊圈子的調性完全不像是奇平諾頓（Chipping Norton，有時又叫做「奇平嗤之以鼻頓Chipping Snorton」）[2]那幫愛尋樂子的政商媒體名流。卡麥隆那票兄弟會穿喀什米爾羊毛上衣、綠色威靈頓靴子，開著休旅車到處玩。梅伊身邊這群人比較簡約、認真，且焦慮不安，有人還以為娛樂群聚場所就叫夜店。

七月二十日，週三

新任外相強生罕見傳來簡訊：「你們哪時候才要承認輸了這場爭論，不會再把脫歐看成是新癌症？我從來沒看過這麼多可悲、不堪一擊的自由派確認偏誤。」

強生還在當倫敦市長時，我們就習慣用簡訊溝通。雙方關係因這次脫歐事件降到冰點。我回他：「鮑里斯，他媽的看清楚報紙怎麼說。我們接受公投結果。備註：另外也樂於幫你同意進行下一步，也就是公投期間你沒有好好討論的事項。」

1 《歐洲聯盟條約》第五十條規定，自會員國通知有意脫離歐盟之日起，可於兩年內協商脫離方案。

2 係指住在牛津郡奇平諾頓柯茨沃德鎮上附近（或在當地置產）的保守派媒體圈或政壇人物，名人包括卡麥隆、《世界新聞》總編輯暨英國新聞集團（News UK）執行長蕾貝嘉・布魯克斯與《極速誌》（Top Gear）節目主持人傑瑞米・克拉克森（Jeremy Clarkson）。

七月二十二日，週五

與孫正義共進早餐，這位日本韓裔創投人士是日本科技巨擘軟銀公司創辦人，身高不高，禿頭，年近六十歲，講話低調，難以讓人聯想到他的驚人財富（主因是持有成長快速的中國科技大廠阿里巴巴股份）。孫正義籠統談到「物聯網」將帶來劃時代改變，正是這個原因，軟銀才會迅速搶購安謀（Arm）這家英國少數僅存的世界級科技公司。他表示，製造高階半導體晶片的安謀將在下一波科技變革成為要角。[3]提醒自己：要和他來一場《金融時報》午餐訪談。

有薩爾曼在背後撐腰的一千億軟銀願景基金很快就在創投市場掀起巨浪。儘管孫正義曾經多次答應出席，也曾和我在谷歌執行長萊瑞．佩奇（Larry Page）面前握手，最後仍避不參加《金融時報》午餐訪談。看來他深諳權力來自（起碼相當程度來自）神祕感的道理，故不接受正式採訪。

七月二十五日，週一

快閃前往布魯塞爾與重要歐盟官員會談，此行最後亮點是隨同駐布魯塞爾分局主任巴克到英國駐歐盟大使艾文．羅傑斯爵士（Sir Ivan Rogers）位在杜卡勒路的家中共進晚餐。拿破崙妻子約瑟芬皇后曾在這棟屋子下榻過夜。打從艾文還是布利坦爵士的經濟顧問時就認識他，至今超過二十年，他聰明絕頂，嫻熟歐盟事務，但有些感情用事。艾利克斯記下兩點心得：卡麥隆在公投前的相關協商過度倚賴梅克爾的善意，結果卻落空。其次，梅伊的執政團隊主見都很強，別人的話聽不進去。羅傑斯說他「願意幫忙，但不會久留」。我和艾利克斯看法相同：艾文太直接了，太專家了，在梅伊執政團隊會待不久。

八月八日，週一

該死的推特！今天早上不小心公開張貼一封法國大使館寄給我的信件內容，信上透露要頒贈榮譽軍團勳章給我，以表揚卓越新聞服務。信原本是要私下傳給一位朋友的，好讓他與其他人知道我得獎了。儘管貼文已經刪除，卻早已在推特社群間傳開，上了《郵報》新聞，直指《金融時報》新聞報導「如此力挺留歐」，我厥功甚偉，更引述傑克柏・里斯莫格（Jacob Rees-Mogg）的話，說我「圖利外國政府」，應該婉拒受獎。

《郵報》提到，榮譽軍團勳章由拿破崙於一八〇二年創立，保羅・麥卡尼爵士、巴布・狄倫及阿諾・史瓦辛格等人皆曾在授勳之列。更簡短介紹我這位總編輯，說我「極端趨炎附勢，很會攀關係，有種政治家的調調」。

有沒有權勢，這一點不太確定，自食惡果，這一點倒是肯定。

3 二〇二〇年九月，負債累累的軟銀同意以四百億美元出售安謀給美國晶片大廠輝達（Nvidia），可說是孫正義扭轉頹勢的傑出一計。

十月四日至五日，週二至週三

保守黨大會在伯明罕登場，梅伊措辭強硬替脫歐辯護，攻訐都會菁英：「自認是世界公民的你們，其實哪裡公民也不是。你們不曉得『公民』這兩個字的意義。」聽在加拿大裔的英格蘭銀行總裁卡尼耳裡，不知會做何感想？

十月十日，週一

一趟布魯塞爾的過夜行程發人省思。歐盟官員都被保守黨大會這次反商及英國優先言論嚇到，「哪裡公民也不是」這句話引發討論。英國人不是很務實的嗎？結論是：英國打算要「硬脫歐」，不留在單一共同關稅同盟了。一名歐盟資深官員表示方向已經確定，「只是不知道目的地在哪裡。」

英國沒有認知到的是，在歐盟眼中，英國脫歐恐怕會危及歐盟存亡。歐盟不可能給英國特殊協議待遇，因為其他會員國會群起效尤。

瑞典籍歐盟執委會貿易委員賽希莉亞．馬姆斯特倫（Cecilia Malmström）對梅伊抱持另一種看法（兩人都曾任司法與內政事務委員），說她「不衝動」，有紀律，一定會把事情想通才去做，但也會說到做到。我問，那梅伊禁不起豹紋鞋的誘惑又該如何解釋，難道是個幌子？

只見她來個北歐式蹙眉，說：別想太複雜，她只是很害羞罷了。

十月十七日，週一，莫斯科

俄國反對普亭當政最出名的反對派阿列克謝・納瓦尼（Alexei Navalny）的辦公室位在莫斯科市中心一處購物商場三樓，室內昏暗。此人身形高大魁梧，瀏海豎起，淺藍色眼珠子，目光如炬，肚子微凸，英語說得很好，但帶有濃濃腔調，態度友善但很謹慎。他手邊有兩個重要任務，分別是揭穿政府貪汙與參選二〇一八年總統選舉。他對本報一行人說：「請不要把我稱作異議人士，異議人士不會想待在政治體制。但我要競選總統。」

被逮捕、吃拳頭、蹲苦牢，納瓦尼樣樣經歷過。他聳聳肩，指政府最近為了噤聲弟弟，把他關在精神病院。重點不在於納瓦尼很勇敢，他的政治夥伴有時也不見得道德高尚。他不僅在俄國年輕族群享有高人氣，追隨者眾，更獲得極端民族主義者力挺。對此，他再度聳聳肩，堅稱任何普亭給反對派游刃的政治空間，一丁點都不能浪費，哪怕是民族主義陣營或是自由主義陣營。

因此納瓦尼帶著團隊利用社群媒體與數據分析，認真進行這場戰役。有一支影片揭發總理梅德韋傑夫在鄰近黑海地區擁有祕密房地產事業，還有葡萄園與遊艇，觀看次數達兩千四百萬。離去時行經一群埋首筆電工作的年輕工作人員，納瓦尼要我們觀看一張俄國各地支持他的團體列表，總計有十三萬名選戰志工、上萬名曾參與抗爭的運動人士，線上影片頻道有一百七十萬人訂閱。自豪又強硬的納瓦尼是膽敢（公開）與普亭做對的最後一人。4

十月十八日，週二

普亭的資深幕僚長謝爾蓋・伊萬諾夫（Sergei Ivanov）在克林姆林宮辦公室接見我。從這張撲克臉無法看出是否不滿最近遭到降職。他目前的業務掌管公路、鐵路與拯救稀有物種（像是西伯利亞雪豹）。他的英語流利，幾乎沒有腔調。聽到我如此稱讚，便說：「以前當間諜時英語更好。」

不久之前發生震驚事件，美國政府表示民主黨全國委員會遭到俄國特務駭客入侵，直指這是史無前例公然干預美國總統大選。我佯裝相信此事，問道：原來沒有人發現這麼做對俄國當局有利？

伊萬諾夫不發一語盯著我看，隨即對此間諜指控（佯裝）大笑，說：「美國有明確證據的話就攤開來……但我記得和唐納・倫斯斐與萊斯有討論過特種勤務，但沒有對外公開來源與方法。」

我說，也許是俄國想展現滲透的能耐，在選戰期間搞破壞。畢竟莫斯科當局長久以來也指控華府當局干預二〇一一年那場總統選戰，鼓舞自由派對抗普亭。伊萬諾夫認同表示，俄國若要報復確實不缺理由，接著滔滔不絕一吐怨氣，細數美國干預烏克蘭政局，導致親莫斯科的亞努科維奇下台；美國想利用蘇聯垮台將積弱的俄羅斯改造為自由民主政體；美國異想天開想讓中東地區民主化；鮑爾任內伊拉克的慘敗（「一個好人，也是好將軍」）；以及利比亞的大挫敗。

伊萬諾夫瞇起水汪汪的眼睛，說話帶有香菸味：「應該要有人以戰爭罪起訴美國與英國才對。」又說：「埃及一旦民主化會發生什麼事，你能想像嗎？」

就這樣，不論是否出於刻意，誤會一個接著一個，直到我問川普或希拉蕊當選後，兩國有沒有可能重新來過。「包袱很多，很重的包袱，很臭的包袱。但確實希望選舉結束後不要再有反俄言論。是時候談點務實政治了。」

這次採訪看不出來伊萬諾夫有掌握到美國大選內線消息，然而俄國當局挺川普，不挺希拉蕊，這一點錯不了。駭客攻擊就是一種下馬威，俄國當局想在歐巴馬下台之後和共和黨正常打交道，必要時則和民主黨打交道。

十一月四日，週五

高等法院判決英國政府未經國會同意前，不得透過第五十條所載程序預告脫歐。《每日郵

4　納瓦尼二〇二〇年八月到西伯利亞造勢時遭人下毒，經過一陣延宕才被送到柏林醫治。醫師表示在納瓦尼體內發現致命神經毒劑諾維喬克（Novichok）。

報》頭版刊登三名身穿法袍的法官照片，標題寫著「人民公敵」。不知道達克爾是否曉得「人民公敵」這四個字以前常出現在希特勒統治的德國納粹文宣，還有史達林統治的蘇聯。

十一月六日至九日，週六

到紐約觀摩美國總統選戰。週日傍晚抵達後，打開電視看到川普在明尼蘇達州對成群民眾演說。他在萬湖州幹嘛？若他認為該州是勝選關鍵，八成認為有希望贏得選戰。但我的預感隔天再度煙消雲散。曾任職國務院，目前在谷歌拼圖（Jigsaw）事業部的杰瑞德·柯恩（Jared Cohen）智力過人，他預測希拉蕊會贏。紐約公關高手迪倫施耐德看法相同。已退休的《華盛頓郵報》敏銳新聞主任鮑布·凱瑟（Bob Kaiser）則在阿岡昆飯店茶敘上明白指出，民主黨會入主白宮。

> 我對此深信不疑，卻忘記自己身處於紐約這個大都會，而非在密西根、俄亥俄與賓州等決定選戰勝負的主戰場。另一件忘記的事情是，希拉蕊的包袱多到一架波音七四七客機都裝不下，這一點我在最近本報社論中有提到。最重要的是，我把英國脫歐的慘痛教訓拋諸腦後。事情不會按照常理走。

選舉之夜我在《紐約時報》總部聆聽台上的湯普森執行長談這場選戰，曾任英國廣播公司總裁的他說得頭頭是道，預設希拉蕊會贏。後來我在新聞中心走動時遇見總編狄恩・巴奎特（Dean Baquet）、副總編喬・卡恩（Joe Kahn）與新聞部門高層麥特・波狄（Matt Purdy），波狄是我一九八五年在《華盛頓郵報》實習時所認識。他說：「今晚是漫漫長夜。」

「漫漫長夜」表示希拉蕊並非勝券在握，我於是趕緊回到《金融時報》報社，心知川普這個從未從政的實境秀電視主持人也可能會贏。就在午夜前一刻，選戰大勢底定，我和希穆斯里都認為刊登川普勝選並不為過。只見川普王朝人馬在電視上得意洋洋，意氣風發。

小寐三個小時，又回到報社工作，我們的新聞報導內容沒太大問題，只是在川普團隊與執政計畫方面需要多些著墨。共和黨老舊識莫斯巴赫很給力，預判彭斯會是執政團隊重要人物。黑石集團老闆蘇世民的看法又更佳：川普行事將充滿意外驚奇，尤其會祭出逼迫手段。歐巴馬執政八年後，美國將有個親商總統，利於經濟與股市表現，還說川普會推動稅務改革，啟動重要基礎建設計畫。**幾乎每件事都被蘇世民說中了。**

十一月十七日，週四

首相接見我時叫我名字，有些強顏歡笑。我們分別坐在大木桌兩側，不像布萊爾喜歡坐在

5《人民公敵》也是挪威劇作家亨利克・易卜生（Henrik Ibsen）在一八八二年創作的一齣戲劇，但我認為達克爾也並未意識到這一點。

沙發上聊天，也不像卡麥隆愛對著圍坐成一圈的朋友大開玩笑。

梅伊女士請人端來英國茶。這場採訪她遲到，對於先前在保守黨大會未能撥出時間和我聊聊表示歉意。我問首相，上次她在演說中抨擊全球化是犧牲「窮忙族」的利益，「讓少數特權者」得益，又質疑英格蘭銀行貨幣政策等言論，是否想過全球市場與金融市場會有什麼反應？只見她滿臉疑惑。

我接著說，英國以外的世界對首相您本人幾乎一無所知，不論我到莫斯科、紐約或東京，逢人就被問到梅伊是怎樣的人。她再度滿臉狐疑看著我。顯然首相未曾思考過要如何讓英國以外世界對自己的言論產生共鳴。

接著簡短談到她的工業策略、外來移民與全球化的英國（Global Britain）等方針。首相說必須讓英國國民有機會從事技術職業，而非被外籍勞工搶走。我問她是不是在指歐盟外來移民？她是否把外來移民問題看得比（例如說）倫敦金融業的利益還要重？

首相答道：「事情不是非此即彼。」（「不是非此即彼」這六個字將是梅伊與繼任強生政府談到英國脫歐議題時用得最氾濫的字眼。）

我問，為什麼《郵報》攻擊高等法院法官是「人民公敵」之後，政府單位不在第一時間出聲力挺司法？

「民主有兩個支柱：獨立司法與媒體自由。」

儘管梅伊這個回答算對，卻也不盡然。媒體自由不代表政府不能聲援司法單位。還要我這個記者來提醒首相，要在適當時間捍衛自由民主制度嗎？

十二月五日，週一

我覺得有必要好好思索過去這不平凡的一年，不可能變成可能，英國投票決定脫歐，房地產大亨暨電視節目主持人一躍成為美國三軍統帥。我在文章中寫道：這些事件「是革命性一刻，儘管比不上一七八九年或一九八九年發生的事情，但確實是一種對維持現狀的決然唾棄。讓某些人想起一九三〇年代，將川普喻為初萌芽的法西斯主義者。」

綜觀世界，二〇一六年多國轉為強人主政，像是俄國的普亭、土耳其的艾爾多安、菲律賓的杜特蒂與中國的習近平。當然，不能將現況類比為一九三〇年代，目前沒有經濟大蕭條，二〇一〇年以來英國多出兩百萬個工作機會。應該有別的解釋。

英國脫歐與川普勝選可以解讀為全球化出現危機，大量西方國家選民薪資停滯不前，又有不成比例的大量財富流入百分之一的富人。國內政治遭遇外來移民與科技的攪局，讓人們錯置感（dislocation）更深也更快。老牌自由主義民主國家紛紛目睹權力與正當性被重新界定，川普「勝者全拿」的手段及英國「人民意志」言論尤為縮影。

和雜誌主編艾麗絲・費許柏恩（Alice Fishburn）深聊後，我建議給這篇年終評論文章命名為「政客蠱惑民心的一年」。

第5部

終章

二〇一七年
屹立不搖

一月初，梅伊開出英國脫歐的條件，打算要斷乾淨：不留在歐洲單一市場，也不留在關稅聯盟。此舉不僅大膽，甚至可謂魯莽。脫離歐盟這件事雖經選民同意，但不論就脫離的條件或未來應與歐洲維持何種關係，卻未經過選民同意。布萊爾將這次脫歐比喻為出售自用宅後，下一個自用宅連看都不看就買了。後來事情不如梅伊設想得順利，於是做出重大決定，提前國會改選。

本報在二〇一六年沒有料到英國會脫歐，也未料到川普會當選（不過我們的訂閱數字不斷成長，逼近八十五萬名付費用戶）。民粹興起的現象值得深入探討，從法國、德國與荷蘭等國的選舉亦可看到自由民主遭遇逆襲。總而言之，必須深入了解意識型態對手。就在三月底，機會降臨了：前往白宮橢圓辦公室採訪川普總統。

《金融時報》內部要推動的事情也不少，日經與我方關係剛起步，有助於催化改革。就多元性而言，雙方討論的不再僅限員工層面，更擴及新聞與評論題材的挑選與來源。在盧拉與董事會的協助下，我規劃本報高階人事要在二〇二二年至二三年間更加男女平等，拔擢年輕有為的女性員工，也開始思考接班事宜。在盧安達採訪卡加米總統的難忘三個半小時期間，恰好就有談到這個議題。

一月二十日，週五

夕陽西沉時，我人在離切爾登漢不遠的水上伯頓，坐著觀看電視上川普發表總統就職演說。他的表現令人驚奇，不僅誓言要終結「美國國內宛如屠殺似的」犯罪情況，讓工廠恢復生機，也要振興中產階級。川普聲稱：「從現在起不再坐而言，該起而行了。」口氣像是降臨高譚市的蝙蝠俠。

這次是來柯茨沃德學校信託基金會，準備上強納森・丁布比（Jonathan Dimbleby）主持的英國廣播公司《敬請提問》（Any Questions?）現場節目。一身細格紋西裝的脫歐派里斯莫格是這場節目的熱門來賓，他提起老爸威廉曾在《金融時報》待過，後來才到《泰晤士報》當總編。其實不只如此：我就是一九七七年在牛津大學辯論社酒吧和他老爸喝酒時，被他老爸說服要以新聞為志業。傑克柏雖然對現在的《金融時報》很感冒，一聽到我這番（有些加油添醋的）故事，不禁認同低吟起來。

現場來賓覺得里斯莫格老派行徑有些奇特，甚至討喜。我半開玩笑提到川普像蝙蝠俠時，許多來賓都笑了。開車回倫敦途中，我問另一位劍橋畢業的左派人士、愛搧風點火的工黨來賓戴安・艾柏特（Diane Abbott），她如何看待柯賓陣營「逆襲占領」工黨一事。從她的回答看來，這位影子內政大臣十分袒護「傑米」。接著我問，為何這次工黨沒有動員反對英國脫歐。艾柏特說，工會之所以在一九八〇到九〇年代期間泰半抱持親歐立場，是因為儘管單一市場解除諸多限制，卻也搭配強烈保護作用的社會政策。當時就是這麼和德洛談定的。但到了二〇〇〇年，單一市場變成宛如資本家的陰謀產物，加上後來爆發讓南歐國家苦不堪言的歐元區危機，希臘慘況有目共睹，才會成為壓倒駱駝的最後一根稻草。

和艾伯特聊完後，我更加深信公投不太可能捲土重來，因為工黨內部分歧嚴重，柯賓無意舉行二度公投。何況這也未列入檯面上選項。

二月二十一日，週二

法國駐英大使白林（Sylvie Bermann）在諾丁丘門豪宅區大使官邸舉辦酒會，頒贈榮譽軍團勳章給我。卡尼有來，但最讓人意外的是德拉吉現身。原本他說不來，最後還是悄悄從法蘭克福飛抵。我在感言中向各個歐洲恩師致謝，其中許多人是法國籍，像是帕斯卡．拉米（Pascal Lamy）、伊莉莎白．吉古（Élisabeth Guigou）、尚克勞德．皮瑞斯（Jean-Claude Piris）與雅克．德洛（儘管對事情看法不見得有共識）。記者通常不是受勳表揚的主角，但我畢竟奉獻將近三十年歲月報導歐洲新聞，與歐洲密不可分。里斯莫格，你的意見恕難苟同，縱使表揚我的是外國政府，對我個人而言意義依然重大。

二月二十八日，週二

在白宮附近的海伊愛當思飯店與蓋瑞・科恩（Gary Cohn）共進早餐。曾任高盛第二把交椅的他，現在擔任白宮國家經濟委員會主席。精明老練的他天生適合在華爾街股海打滾。他兒時克服了閱讀障礙，但川普當家的白宮可是一大挑戰，尤其先前主導選戰策略的史蒂夫・班農（Steve Bannon）可說是「最不按牌理出牌的人」。許多員工年紀不到三十歲，主見很強，做事缺乏條理。科恩的任務是引進紀律，決定事情的輕重緩急。從川普總統想推動的議題可見其雄心：稅務改革、去管制、一兆美元投入基礎建設，及否決歐巴馬健保方案。科恩在高盛接班失利，現在這份工作顯然讓他很有幹勁，但會做多久？

答案是一年出頭就辭職下台。伍德華在《恐懼：川普入主白宮》一書透露，科恩曾經從川普桌上撤走一份打算取消美韓貿易協定的信件草稿，不讓川普在上面簽字。

三月十五日，週三

前歐盟執委會委員強納森・希爾（Jonathan Hill）[1]的情報令人震驚：梅伊在首相辦公室內

1 希爾又稱奧爾福男爵希爾，曾任梅傑首相政治顧問，參與一九九二年《馬斯垂克條約》談判。此外曾任歐盟金融穩定、金融服務與資本市場聯盟事務委員（二〇一四—二〇一六）。

「搞封閉小圈圈」，只聽她之前擔任內政大臣時兩個人馬費奧娜・希爾（Fiona Hill）與尼克・提莫西（Nick Timothy）的話，不理會內閣辦公室部長海伍德爵士，海伍德的位子也不再緊挨總理辦公室，且梅伊經常對各部會首長破口大罵。菲利浦・韓蒙德被她「碎掉了」。企業界再也無法直達天聽，堪稱「一記重擊」。

希爾說，梅伊前途黯淡，政策扞格矛盾，既想要加強社會政策，又想要更有競爭力的租稅政策；既要加強外來移民管控，又要「全球化的英國」。多數下議院議員不願為她的英國脫歐方針背書。保守黨強硬派打算不計一切代價脫歐，折衷方案成效不彰。看來國會大選勢在必行，這將會是近五十年來最重要的一次選舉。

三月十七日，週五

被英國輿論妖魔化的歐盟執委會主席榮科，答應要在布魯塞爾自家餐廳進行《金融時報》午餐訪談。他準時十二點半抵達，身穿深色西裝、白襯衫，打了亮麗粉紅領帶，笑容親切地用法語問候：「好久沒看到你啦！」一邊送上溫暖擁抱，在我左臉頰上親了一下。認識榮科已二十年，當年他是盧森堡總理，在德法兩國間穿針引線。英國輿論常瞧不起他，說他是聯邦派酒鬼、對別人意見充耳不聞的官僚與德國馬屁精。但其實他這輩子勝選十四次，九次是擔任盧森堡議員，四次是擔任歐洲議會議員。論致力於團結歐洲各民族的熱誠，這位歐盟官員可謂無人能出其右。

依序上了萊姆扇貝薄片與牛小排，接著喝麥香帕（Mas Champart）及嘉興堡（Château l'Hospitalet de Gazin）酒莊美酒。我問榮科，歐洲到底出了什麼問題？（顯然問題不是出在美食。）榮科說，年輕一代民眾對戰爭與和平訴求無感，共產主義垮台後，歐盟擴張無可避免要納入中歐與東歐國家，但這些新增的成員國卻讓原本的歐盟不再如此凝聚。如今歐洲夾在美國與中國之間，經濟與人口地位不斷下滑。英國脫歐則是場「悲劇」，不利英國經濟。

榮科表示：「我認識兩個破壞王，一個是毀了蘇聯的戈巴契夫，一個是相當程度毀了英國的卡麥隆，儘管蘇格蘭獨立力道並不強。」相較之下，赫爾穆特・柯爾（Helmut Kohl）則是「謙遜的巨人，偉大教堂中的小聖人」，讓歐洲小國家覺得自己也有分量。

飯後喝著咖啡，我提到他曾經說過，權力就像是好色，現在還這樣認為嗎？榮科說，現在權力「越來越刺激，但越來越不像是好色」。這話怎麼說？

「好色是不遵照理性的，說得通，但是不理性。為什麼人會愛上另一個人？一旦你曉得為什麼，從那一刻起你就不再處於戀愛狀態。」

我說，但不論是戀愛或政治，總都還是有直覺的成分在吧？

榮科說：「對啊，就是上床。」

無從得知榮科這些話究竟指的是歐盟高峰會，或者另有所指。兩年後他替英國脫歐談判協調出一套協議，成為歐盟執委會主席任內告別之作，這對討厭他的強生而言，可說是幫了大忙。這位盧森堡人屬於上個年代的談判大師，就算喜歡小酌，也不應該被大眾抹黑攻擊。

三月三十日，週四

在魯爾斯餐廳吃午餐，克羅斯比爵士來得稍遲，稱上次我也遲到。他一身灰色西裝、銀色領帶，笑容滿面，讓人想起去年大選勝利。我奉承地說，去年你們大獲全勝，他卻更正我：「是人民大獲全勝。」說話略有澳洲口音，總是帶著威嚇。

我正要到華府採訪川普總統，克羅斯比隨口提到川普當了總統卻還在中東地區搞生意。他說：「這個人沒有分寸，哪裡是民粹主義者，是機會主義者。」

至於對梅伊的看法，克羅斯比認為她很謹慎，過度倚賴小圈子，難以打入核心。梅伊之所以能當上首相都是拜卡麥隆那幫樁腳所賜。至於其餘保守黨對手，強生「占據優勢」，韓蒙德「不可信任」，奧斯本外務太多很難勝任（既是《標準晚報》總編，又是國會議員，又是黑石集團高薪聘請的顧問）。至於曾任卡麥隆顧問的史帝夫・希爾頓（Steve Hilton），他的評語不佳：「很無知。」隨即補充：「不是一兩天的事了。」

聽說梅伊前陣子邀克羅斯比到首相的鄉村別墅契克斯，探探他對提前改選一事的看法。他說絕對不會改選，首相已經決定了。就他看法，若要改選，倒是能以英國脫歐乃重大議題為由進行改選（克羅斯比支持脫歐，但因為挺卡麥隆的關係，沒有參與相關公投活動。從他在選後獲得授勳來看，這個決定不難理解。）最要不得的改選理由是保守黨以為可以大勝柯賓，更加鞏固多數地位。他說：「政治人物不應該以為選民一定會怎麼樣。人民不見得會照做。」

從克羅斯比的談話看來，梅伊決定不要改選，但仍支持展開民意調查，以獲得新的託付推動英國脫歐。我覺得，提前改選這個選項尚非完全不可能。

三月三十一日，週五

民主黨籍前總統哈利．杜魯門（Harry S. Truman）曾在堅毅桌上面擺了一個牌子，上面寫著：「責任我來扛！」現在川普就坐在這張桌子後方，我們一行人抵達時，他未起身，也不握手致意。我感謝他接見，這次《金融時報》採訪團除了我以外，還有紐約分局的泰特與希臘愛爾蘭裔的華府分局主任瑟伐斯托普洛陪同。我謝謝他訂閱《金融時報》。

總統說：「不要緊。我贏了，你輸了。」

川普忍不住說，這次他選上總統，讓大家看盡主流媒體笑話，就像英國脫歐一樣。助理端來可樂時，他問：「你們要喝點什麼嗎？」我也點可樂，加冰塊。只見總統按下桌上的紅色按鈕，瑟伐斯托普洛開玩笑說，希望那不是核子按鈕。眾人大笑，鬆了一口氣。

對記者來說，採訪川普有許多陷阱，他很會玩弄人於股掌，能夠大言不慚搞宣傳，又是自戀狂，遇到不喜歡的就說是假新聞。但他畢竟貴為美國總統，還是要尊重他。在橢圓辦公室採訪時，拿捏分寸是一大挑戰。

川普第一個給人深刻的印象是外表，人很高大，就算坐著也是。他身穿白襯衫，打紅寶石色領帶，領帶長到低於大肚子。操著濃濃紐約口音，說話急促，句子之間會加上「好嗎？」兩個字，可能有兩個意思，一個是你懂我在說什麼吧。但更可能是想表達，事情就是這樣，不要再和我爭論。

川普問我以前有沒有進來總統辦公室過，我說有，看得出來他很失望。橢圓辦公室通常是個穩重場所，適合私密談話，卻被川普變成像是中世紀法庭，一群吵雜助理聚在他身邊，或坐或站，準備隨時回應他的吩咐。

泰特問川普，有沒有後悔發過哪則推特推文時，川普說：「偶爾會有些錯誤。」接著他吼道：「丹在哪？請叫丹．史卡維諾（Dan Scavino）過來。」沒多久，這位二〇一六年選戰以來掌管川普社群媒體事務的前高爾夫桿弟史卡維諾帶著一台筆電前來，說根據最新統計數據，川普社群媒體帳號追蹤人數合計一億一百萬人。

川普自豪地說：「我之所以能當上總統，就是靠推文……我的臉書、推特和IG帳號共有超過一億人追蹤。超過一億人了，還要靠假媒體幹嘛？」

對於挺脫歐一事，他姿態很高（對英國是一樁好事，好嗎？），也不後悔批評美國與他國結盟（我支持交往……但結盟對我們來說，結果都不怎麼好，好嗎？），更期待藉著接下來在佛州海湖莊園自宅接待習近平國家主席，大展政治家身手，希望中國協助限制北韓發展核子武器計畫，不忘補上一句：「中國不幫忙解決北韓問題的話，我們來。」亦即，威脅要單方面採取行動。看來有新聞可以報了。

過了將近半小時，大家接著合照。我問能不能在一八二九年到三七年間當過總統的民粹悍將安德魯．傑克遜（Andrew Jackson）肖像旁邊與川普合照。川普同意，便帶我到隔壁廳，說歐巴馬留給他的簡直「一團糟」。我以為他在講經濟，殊不知這位房地產開發商是在講裝潢。

總統指著一幅肖像，說：「知道他是誰嗎？」

巴伯：「知道，總統先生。是老羅斯福。」

川普（一臉洩氣樣）。

巴伯：「對了，總統先生，老羅斯福雖然手裡拿著大棍子，但說話可是輕聲細語。」

採訪川普的軍師班農也很有啟發，不過是很不一樣的啟發。留著捲長灰色亂髮的他極富魅力，談話不時穿插軍事史，尤其是內戰時期。對面牆壁掛著白板，上面寫滿政策，加上六張選戰支票，最上面寫著「讓美國再次偉大」。最吸睛的選戰支票是：否決歐巴馬健保、將中國列為貨幣操縱國、僱用美國人及替美國公司改變會計制度。班農打算翻轉向來有利於華爾街、好萊塢、矽谷、米蘭、切爾西等地的全球經濟體系，嚷稱全球化對美國經濟「開膛剖腹」。如今各地強人竄起，從印度的莫迪、中國的習近平、菲律賓的杜特蒂、俄國的普亭，乃至瑪琳．勒龐（Marine Le Pen）與法拉吉等民粹主義者，川普則是美國版本。[2]

2 白宮俄國專家費奧娜．希爾曾說，班農就像是想當列寧的托洛斯基（Leon Trotsky）。

這次採訪川普，完完全全像是波托馬克河上的女高音，不時覺得自己像是拍片現場的一個道具，看著反派角色在舞台中央對著小嘍囉大吼命令。川普基本上很做自己，我們最後得到一條北韓重要新聞，可惜沒有問川普覺得當管一家公司的執行長和當管一個國家的總統差別在哪裡。整體上，我覺得暫時看起來川普行政團隊「還不至於瘋狂到神智不清」。但有些同仁不這麼認為。果然，他們說對了。

四月三日，週一

審慎探聽唐寧街總算有了回報，首相的軍師提莫西同意接見，我便在內閣辦公廳等候。身形高䠷、禿頭且留滿棕色鬍鬚的他走了進來。既然傳聞他目中無人，我便從採訪川普切入，說我暫不認為川普有像漫畫描繪得那麼瘋癲。提莫西同意我看法。話題隨即轉到梅伊「履行」英國脫歐面臨的挑戰。

原則就是要保持一致性。凝聚國會多數很困難。上議院會是個問題。整個體制會兩極化。梅伊必須守信諾，讓英國脫歐。企業界可能會不高興，但「開公司的不是我們，治理國家的也不是企業」。政府不要被人擺布。蘇格蘭民族黨在蘇格蘭「必須被挑戰」。梅伊必須履行上任首相時在唐寧街十號門前的承諾，「不只要讓英國少數特權者過得好，而是要讓全民過得好」。

提莫西秉持新勞工階級保守主義觀，激進思想獨樹一格，但與白宮的班農相較之下，卻處於極度守勢。班農只會進攻出擊。

我問提莫西，首相過得如何？川普總統拎著她的手，帶她穿過玫瑰園到白宮內召開聯合記者會，究竟是友善舉動，還是征服之舉？提莫西說這不重要，梅伊不太擅長與人面對面互動。他要她「講電話」。接近中午時，我問：為何上次和梅伊談話，問她欣賞哪一位歷史人物時，她卻答不出來。「政治人物不靠標籤來界定自己，梅伊沒有欣賞的英雄。」

會在歷史上扮演一定角色的人，卻缺乏歷史意識，實在讓人詫異。

四月四日至十四日，香港、日本、中國

多虧前陣子升上亞洲地區主編的安德利尼安排，到香港第一個會面對象就是剛上任的香港行政長官林鄭月娥，她是香港住房事務出身的公務員，做事堅決且聰明。擔任行政長官是艱難任務，因為必須服侍兩個主人：香港人民與北京共產黨政府。一九九七年香港主權從英國移交中國以來，歷任行政長官都想討北京歡心，便不受香港民眾歡迎。雪上加霜的是，香港經濟成長趨緩，高房價壓得中產階級喘不過氣，民主「雨傘運動」正在醞釀。

林鄭月娥稱香港是連結中國內地與全球的「超級聯繫人」，興致盎然大談新興基礎建設計畫，又說會處理住房問題。她很能幹，這一點故無疑問，但從這般機械性的行事作風來看，她缺乏政治第六感。我在本報辦公室與二十歲青年黃之鋒會面時，深刻感受到老一輩與年輕人之

間的鴻溝。

長得娃娃臉且戴眼鏡的黃之鋒是基進分子，不久前才因「非法集會」遭到監禁一百天。他的目標是實現行政長官自由選舉，希望借助社群媒體力量，讓目標廣為年輕族群周知。「香港公民有七百五十萬人，卻只由一千二百人來選舉行政長官。普選是很合理的。」他認為不僅合理，更是有必要。

但香港民主運動勢必會擴散至中國內地，這也是北京當局急於要扼殺這場運動的緣故。對此，黃之鋒無動於衷。「我們絕對支持中國民主化，香港如果變得民主，中國也要變得民主。」他不支持香港獨立建國，但清楚表示民主與「真正自治」是他追求的終極目標。

這次採訪表明了香港將會陷入麻煩。民眾對政府的不滿助長民主運動，一方面是不滿生活品質退步，另一方面則是擔心北京高壓統治。說好的二〇四七年才變成一國一制，如今在多數人民眼裡已經不遠。

四月二十八日，週五

六十歲荷蘭人保羅．波曼（Paul Polman）曾經立志要當神父，後來改變志向要當醫生，最後雖然成為商人，還是很愛說教。在泰晤士河畔聯合利華總部與他共進午餐時，他的諄諄口吻宛如醫生對待病人，令人不敢恭維。身為英國荷蘭消費品大廠資深執行長，最近剛擊退美國卡夫與亨氏斥資一千四百三十億美元的惡意併購。就他看法，比起企圖奪取聯合利華經營權的「電鋸資本主義者」（我的用語），外界應該多給這家公司和他支持才對。波曼無意掩飾對私募基金公司3G的痛惡，這家公司一度與巴菲特聯手惡意併購聯合利華未果。他表示，這場經營權之爭其實是兼顧多重利害關係人的長期永續模式與講究股東利益至上模式之爭。為了避免被惡意併購，波曼使盡所有招數，甚至曾經在某天五點鐘打電話給巴菲特，質問他為何要和這種人合作。我說，這值得當作領導力與危機處理個案研究，和本報記者聊聊好嗎？波曼故做不情願，稱不想回顧過去。最好是啦，我這就回到報社，要消費品產業線主編譚石古（Shari Daneshkhu）敲定採訪，要能見報。

最後順利採訪了波曼，讓我們一窺這位堅信資本主義應秉持道德本位的企業家心境。聯合利華守住惡意併購這一役，成為市場重要分水嶺：負債累累的卡夫與亨氏後來被迫重組，3G則暫緩攻勢。這是永續資本主義一場重要勝仗。一年後波曼就退休了。

五月七日，週日

無黨無派「共和前進」（En Marche）運動發起人馬克宏（Emmanuel Macron）贏得法國總統大選。這位曾任職於羅斯柴爾德銀行的三十九歲政治新星囊括了三分之二選票，擊潰極右派候選人勒龐。本報資深海外記者東尼．巴伯（Tony Barber，剛好是我的胞弟），撰文指出，這下子歐洲所有自由主義民主國家可以鬆一口氣。「這象徵著開放、容忍，與國際主義勝出。然而馬克宏未來五年會面臨嚴峻挑戰。法國民眾對統治菁英不抱期待，馬克宏聰明之處在於把自己界定為局外人與推動變革的力量。其實，他也是技術官僚菁英。」

此話不錯。但我的看法是，許多人以為英國脫歐加上川普當選會讓民粹病毒橫掃歐陸。但我想小聲說：英國脫歐也許反而是解藥。

五月三十一日，週三

《金融時報》在這次英國大選面臨痛苦抉擇。梅伊令人失望，選戰期間缺乏溫度，不知何故也不甚友善。保守黨的宣言彷彿大雜燴，讓人難以下嚥，既要改善屠宰場條件，又要改善「窮忙族」的生活水準。但柯賓領導的工黨更差，柯賓是活在一九七〇年代的和平主義者，被工會綁架，大半輩子都在當反對派（反對自家黨魁），而且自從冷戰議題以來，多數重要議題都站錯邊。

兩黨彷彿說好似的，不願碰觸英國脫歐議題。選民連脫離單一市場與關稅聯盟後對生活造成的影響都懵懵懂懂，更別說是理解背後的經濟取捨。梅伊既主張建立全球化的英國，卻又對外來移民措詞強硬。史蒂芬斯稱梅伊應取個口號：歡迎企業進來，外國人請止步。最後一篇社論中，我們有條件支持梅伊續任，但文章定稿實在傷透腦筋。「她有決心要讓英國脫歐，這一點毋庸置疑，但能否敲定最佳協議，讓英國盡可能與歐盟保持緊密關係仍不明確，令人憂心。」

《金融時報》本來大可以比照《經濟學人》的立場，支持自民黨，但那也只是枉然。自民黨宣言中的重要一條，是推動二次公投，但未獲多數支持。其實我們比較贊成繼續維持保守黨與自民黨聯合政府，但工黨重振旗鼓，讓這個選項顯得不切實際。梅伊浪費原本的多數支持，再也強不起來。

八月十一日至二十二日，盧安達與剛果

盧安達在戰士總統卡加米的治理下，是非洲最井然有序的國家，街道乾淨，村民（依法）穿鞋，但暴力記憶揮之不去。一九九四年，多數族群胡圖人在六週期間對多達一百萬人大開殺戒，試圖滅絕少數族群圖西人。卡加米事後掌權至今。最近他剛以號稱百分之九十八點七的選票連任第三屆總統，在總統官邸接見我與非洲主編凌大為。

盧國國父身形高瘦，輕聲細語。我發現，真正有力量的人鮮少大聲說話，反而會迫使聽者前傾聆聽。

他的氣勢令人生畏，畢竟經歷人命視如草芥的年代，目睹大規模死亡與匱乏。然而他也致力透過執政掌權，打造胡圖人與圖西人和平共存的新國度。他說：「我們發展的過程並不正

常，如今局勢穩定，有了安全感與希望。」

反對人士指出，卡加米將盧安達變成警察國家。確實，政敵總是會神祕消失或終日惴惴不安。情報人員出身的他，欣賞的英雄人物有切格瓦拉與詹姆士．龐德。只見他的雙眼燃起熊熊怒火，要那些呼籲盧國變成自由民主國家的人「去死」，用不著一九九四年大屠殺時袖手旁觀的英國、法國與美國人來告訴非洲人與盧安達人如何治國，何況西方國家試圖在阿富汗、利比亞與敘利亞建立民主政權，結果更加糟糕。說得也有道理。「你覺得這些國家還能成為國家嗎？也許我們這輩子再也見不到。」

採訪事前做了充分準備，閱讀資料之外，也和認識卡加米的人聊過，像是布萊爾。有幾個人建議我探問卡加米的接班想法，是否打算或能夠放棄執政？卡加米說，他完全是受到黨意與民意的支持，才會參選總統。獨裁者總是重複秉持這種論調，最早可溯至凱薩。當然，盧安達比較特殊，和多數國家相較之下更加脆弱與不穩。卡加米說，重點是必須防止有人「毀掉我們的成果」。

採訪超過三小時，最後我再度施壓，要他說明接班過程。他說：「接班做得到，也可行，但有風險。我必然要參與接班過程。」

他在最後暗指（政治）生命有其極限。「那一天總會到來，不論是自然或不自然發生……這是無可避免的。能夠做的，是不要留下爛攤子。」

大衛後來寫了全篇人物專訪報導。我在回程的機上，不斷思考卡加米談接班的那一席話。儘管我不是總統，卻也要開始規劃本報在我離任後的下一步。

九月十四日，週四

半夜從斯里蘭卡傳來傷心新聞：本報年輕的傑出記者保羅．麥克連（Paul McClean）失蹤了。最初消息指出（後來得到證實）他剛上完衝浪課程，在鹹水潟湖洗手時遭到鱷魚拖下水。新聞中心人人震驚，許多同仁哭了出來。

早上致電保羅的父母彼得與艾琳，這是我這輩子最痛苦的一次談話。保羅年僅二十四歲，早在布魯塞爾闖出成績。我向他父母承諾，保羅將長存於所有人心中。近傍晚時，同仁說《線上郵報》（*MailOnline*）刊出不堪入目的保羅遺體照。太過分了，我留言給達克爾，一小時後對方回電，雖表同情，卻明確表示他只管得到紙媒，管不到《線上郵報》。儘管曉以大義，他卻不願做出承諾。不過，幾分鐘後圖片就被撤下。不管外界對達克爾有何想法，這個小小人性之舉我會銘記在心。

九月十五至十六日，週五至週六

溫斯坦性醜聞爆發以來，我想方設法要讓 #MeToo 新聞持續延燒。新聞主任史匹格提議進一步研究那些（男性居多的）王牌律師擬定的保密協議內容，就是這些保密協議才讓性騷擾受害者難以對外發言。媒體主編加拉漢獲得線報，飛到洛杉磯，結果中了好彩頭：溫斯坦的資深私人助理薩爾達·柏金斯（Zelda Perkins）願意違反保密協議，對外公開自己被老闆性虐待的遭遇及朋友疑似遭到性侵的經歷。我們不怕溫斯坦律師群的威脅，只擔心柏金斯會遭遇法律報復。但我賭定他們不敢碰她一根寒毛，結果不出我所料。

二〇一九年底，揭穿公司內部性騷擾事件的優步（Uber）軟體工程師蘇珊·佛勒（Susan Fowler）獲選為本報年度風雲人物。她的舉發導致優步創辦人崔維斯·卡蘭尼克（Travis Kalanick）下台。選擇福勒當年度風雲人物打破了本報過去只挑主流建制人物為年度風雲人物的不成文慣例，也反映出職場與矽谷面臨新的權力平衡。過去碰不得的老闆們，即將被放在鎂光燈下檢視。律師即便有權有勢，收費昂貴，再也無法隻手遮天，對大眾隱瞞虐待與性騷擾事實。溫斯坦一案即為明例。

九月十六日，週六

強生向《每日電訊報》投書四千字宣言，擺明要爭取出任保守黨黨魁。我在昨晚莫斯巴赫的私人晚宴得知這個消息，莫斯巴赫私下獲知被提名出任美國駐波蘭大使。艾丹·巴克萊（Aidan Barclay）[3]對於《每日電訊報》取得天大獨家洋洋得意，顯然他不認為梅伊適任首相。鮑里斯聲稱只是趁梅伊兩週後要在保守黨黨大會發表演說前，「先行整平賽事場地」。若是如此，則將是英國一九七五年在黑丁利板球場與澳洲舉行灰燼盃賽事以來所遭遇的最大球場破壞事件，當時場地被環保混混挖得坑坑巴巴，三柱門還被澆上油。

九月二十五日，週一

梅克爾四度連任總理，卻是慘勝，所屬的保守派基督教民主黨戰果之差為一九四九年來首見。右翼的德國另類選擇黨（Alternative for Germany）藉著德國難民危機議題成為國會第三大黨。拉赫曼的判斷發人深省：「川普當選後，梅克爾被外界視為『西方世界領袖』，如今連德國也感染了憤怒且反建制的民粹主義。這位德國總理是否能夠繼續勝任『西方世界領袖』角色令人存疑。」

十月二日，週一

赴曼徹斯特參加保守黨大會，外加採訪首相。抵達時間太晚，與強生失之交臂，但也許這對我們都是好事。我剛從東京回來，時差仍調不過來，而他則不信任本報。保守黨內部對於《每日電訊報》刊登的鮑里斯宣言看法不一，有人聳聳肩（「他就是不甘寂寞，沒有鎂光燈不行」），有

3《每日電訊報》是董事長艾丹．巴克萊繼承老爸大衛．巴克萊爵士與叔叔佛瑞德列克的事業，這對隱性富豪孿生兄弟檔與家族內鬨在二〇一九年公開浮上檯面。

人則辛辣數落他一番。立場堅定親歐的新任司法大臣大衛・李登頓（David Lidington）被問到這位叛逆性格倫敦前市長給內閣帶來哪些好處時，說：「倒是提供一些地方政府治理經驗。」

剛過下午三點，我和帕克被請進飯店套房。首相得了感冒。新任媒體公關長官羅比・吉布（Robbie Gibb）詢問，歐盟方面就英國脫歐一事，如何看待政府的協商立場。我先完整說明，接著坦率詢問首相，為何不解雇強生。我還刻意引用我喜愛的馬龍・白蘭度主演電影《岸上風雲》（*On the Waterfront*）[4]劇情，或許可以把強生「扔進東河」。

梅伊冷冷看著我，說領導風格有許多種。我表示：我只是小小領袖，妳才是首相。我當總編的原則就是，門關起來大家愛怎麼講就怎麼講，但若公開對外批評內部就完蛋了。

好長一陣沉默。

首相：「有時內閣集體責任的確……」

巴伯：「……沒有被完全遵從，是嗎，首相？」

聲音開始沙啞。

她點點頭，算是一種官方認同。又是咳嗽，又是停頓，好不容易才結束採訪。離去前，我以法文祝福首相「早日康復」。其實大可不必用這種歐陸方式刺激她，踏出會客廳時我深感懊悔。

此行之後，我再也不寄望於梅伊。她缺乏領袖的樣子。兩天後，首相登台演說，宣示東山再起時，嗓子卻破了，壞了大戲，宛如執政的隱喻。

十月二十四日，週二

我在希斯洛機場英國航空貴賓室上演誇張劇情：在和維多莉亞講電話時，下背部突然感到痙攣，大叫求援，心想死也不要口對口人工呼吸。看來去不成利雅德主持展現現代沙國風貌的沙烏地主權基金座談會了。該論壇別名為「沙漠達沃斯」，發起人是薩爾曼，受邀來賓身價皆以兆起跳。錯過這場閒聊大會實在可惜，但有人認為，我和《金融時報》最好與論壇保持距離。也許我的背就是在提醒我這一點。

十一月三日，週五

本報Lex專欄嘲諷薩蒙是《蘇格蘭人報》（我將近四十年前的第一份工作就是在這家報社）的未來救星，讓這位曾經是蘇格蘭最有權勢的政治人物氣炸了。一名挪威維權投資客克里斯汀・艾格漢森（Christen Ager-Hanssen）打算將薩蒙空降到董事會，可能要讓他擔任董事長。薩蒙擔任蘇格蘭民族黨黨魁期間曾是被漫畫挖苦的常客，如今希望《蘇格蘭人報》立場要親蘇格蘭。Lex專欄於是寫道：「這樣就表示該報立場必須挺他的蘇格蘭民族黨，即蘇格蘭國會的最大黨。蘇格蘭不需要《蘇格蘭真理報》（*McPravda*）。」

薩蒙為此飆罵Lex主編暨文章作者強納森・古瑟理（Jonathan Guthrie）。強納森請我和薩蒙

4《岸上風雲》在講碼頭工人的暴力與腐敗，場景其實是設在紐澤西州霍布肯的哈德遜河。電影榮獲八項奧斯卡獎。

溝通，我便致電給他，換成是我被飆罵。

薩蒙：「你們一直提《蘇格蘭真理報》。這是什麼意思？」

巴伯（聽完一連串辱罵後）：「你就是沒度量。」

薩蒙：「什麼？」

巴伯：「容不下別人批評。你在蘇格蘭從來沒被批評過，因為蘇格蘭媒體很軟弱。」

薩蒙：「軟弱？你說蘇格蘭媒體很軟弱？」

說得太過火了，我向薩蒙致歉，也對從南到北所有蘇格蘭記者致歉。雙方同意忘記此事。其實忘不了，《蘇格蘭真理報》太經典了，哪能忘記？

十一月五日，週日

沙國利雅德突然傳出驚悚消息：沙國最富有的三十名富豪在五星級麗思卡爾頓酒店遭到拘禁，其中不乏皇室成員。表面上拘禁令是薩爾曼國王所為，外界卻將矛頭對準穆罕默德．賓．薩爾曼，稱其有意藉此進一步集中權力。他將是沙國與中東地區的後起之秀。

沒多久便傳出大量刑求與恐嚇情事。有一次我在倫敦私人晚宴上提起這些傳聞時，在座的一名知名沙國企業貴賓聲稱刑求傳聞是假的。「除非你是四季酒店老闆，又被拘禁在麗思卡爾頓酒店好幾週，那就另當別論。」

十一月九日，週四

在盧克思兄弟檔餐廳與大衛・戴維斯（David Davis）及其隨扈共進午餐。先前與這位掌管英國脫歐的部長的會面已被取消三次，但等待是值得的。他說，強生未來將「只顧自己」，韓蒙德「坐立難安」，戈夫是「自由業」。實質副首相達米安・葛林（Damian Green）未來會何去何從？葛林除了被指控對年輕女記者有不當行為外，又因國會私人辦公室電腦是否存有色情圖片一事，與警方起爭執。他認不認為葛林應該辭職？戴維斯說：「達米安如果下台就完蛋了。」[5]

戴維斯預估北愛爾蘭將是英國脫歐協商過程中的棘手議題，歐盟執委會本能上會力挺共和派，不會曉得聯合派的困境。英國必須要有方法務實解決才行。漁業會是個「複雜問題」，尤其是牽涉到西班牙。國會無法阻擋脫歐進程。上議院若想阻撓脫歐，將會遇到「一九一一年的情境」[6]，遭到下議院決議廢除上議院。反對脫歐的議員不想冒著讓柯賓上台的風險改選，而想繼續做下去。戴維斯誇稱自己堅強到可以不理會卡麥隆政府的刑求與人權政策，說這些人軟弱得很。我便問他，你怎麼辦到的？

戴維斯說，先從《每日郵報》說起。政府若要取得達克爾的支持，方法就是告訴他：「這

5　戴維斯此話言之過早，隔月葛林被迫辭職下台，梅伊倒是繼續撐了十八個月。
6　一九一一年通過的《國會法》規定，上議院不再享有否決權去否決下議院經過民主程序通過的法律，起因是位居多數的自由黨企圖通過大衛・勞合喬治（David Lloyd George）主張的「人民預算」結果受阻，引發上下兩院憲政權力之爭。

不是英國的。」英國政府將疑似蓋達特工交付巴基斯坦的三軍情報局時，獲得《每日郵報》高度肯定。戴維斯抗議此舉違反人權，但達克爾甚為不屑，稱對方是恐怖主義者。戴維斯於是反擊：「他是恐怖主義者沒有錯，但拔掉對方指甲很沒有英國風範……」

飯局最後，戴維斯說了一句令我深思的話：「告訴你，英國會脫歐，川普會當選，就是你們這些人害的！」係指民粹浪潮在金融危機之後高漲。

> 論點太可笑，執政的又不是《金融時報》。但我們確實是建制機構的一部分，這一點他說對一半。

十一月二十二日，週三

在葛羅斯維諾廣場的美國大使館辦好新簽證後，美國駐英新任大使暨川普摯友伍迪．強森（Woody Johnson）要求與我會面。互相打招呼後，我倆面面相覷，我嚴肅表示，目前是英國史上的嚴峻考驗時刻。強森表示認同，說「也許是自從一〇六六年以來吧」。其實我不是想到諾曼人入侵英國那件事，但不打緊。伍迪說，川普當選總統代表舊秩序結束了，新總統會帶來大幅改變，英國人要更樂觀一點，《金融時報》也不例外。「最黑暗的時刻就是領導力見真章的時刻」，說不定是在影射一旁肖像上的邱吉爾。

十一月二十八日，週二

在內政部對面低調的安戈樂小酒館與海伍德爵士吃午餐。內閣辦公室部長羅患癌症，面色蒼白，今年夏天被媒體報導身患重病，無法勝任工作，讓他難堪且壓力沉重。如今奔波國內與歐盟兩地，就內閣、執政的保守黨與國會的對立脫歐立場進行協調。儘管他是溝通高手，這幾乎是不可能的任務。

海伍德問我如何看待英國脫歐協商進展。我說，狀況不好。梅伊說要與歐盟當局「量身打造協議」，實際上卻打算魚與熊掌兼得。想做歐洲市場生意，就要符合歐盟規範，這中間必然要有取捨。海伍德先是哼了一聲（這在我們談天期間司空見慣），隨即開心表示，今年內閣對英國脫歐過渡期取得共識，是合情合理的一大勝利，梅伊儘管「抵抗到最後」，仍敵不過韓蒙德。海伍德整齊折起餐巾，說不認為英國明年三月三十一日會無協議脫歐，這樣對所有政黨風險都太大。他套上大衣，和我一起離開餐廳時，我祝他全家人耶誕快樂，看著他拖著沉重步伐前往白廳，獨自為所謂情理打著打不贏的仗。

十二月五日，週二

與英格蘭銀行總裁卡尼共進早餐，談到脫歐與倫敦金融業。脫歐恐怕會讓英國損失四百億英鎊的歐盟相關收入，其中約三分之一是利潤低的跨境商業借貸，三分之一是資產管理，三分之一則是仰賴倫敦金融業複雜「管道」維生的高風險衍生性金融商品業。重點是還要冒著數兆美元的交易清算風險，歐盟願意嗎？做得到嗎？歐盟銀行主管機關沒有太多作為。保險業想走可以走，但法國夢寐以求的投信業必須留在倫敦金融城。最近很紅的詞彙是結果等值（equivalance of outcome），但比起互相承認管制措施，就是少了那麼一點確定性。大家想方設法繼續做單一市場生意的同時，卻又不願意配合同一規範。看來沒有人打算解決這個惡性循環，即便倫敦金融業也是如此。

晚間我人已在紐約參加莫斯巴赫辦的耶誕晚會，這是她最後一次辦在第五大道大都會美術館對面豪華的自宅公寓。我和前總統雷根的選戰操盤手艾德．羅林斯（Ed Rollins）一邊喝酒，一邊聊了二十五分鐘，他對川普與班農認識頗深，稱川普這個人毫無章法，超過一頁的文字就讀不下去，喜歡馬瓦尼（Mulvaney），認為麥馬斯特的口氣當他是傻子（「總統先生，這個是南韓，南韓是中國旁邊的分裂國家……」）。[7]

羅林斯指出，以低端核武攻打北韓的作戰計畫已規劃妥當，他擔心美國真的會先發制人攻打對方，畢竟川普堅持美國不能忍受韓國擁有核子武器。艾德是脾氣差的老狐狸，除了是一九八四年總統勝選的大功臣，也曾經協助盧泰愚[8]打過總統選戰。他喜歡韓國人（「韓國人比中國人與日本人有意思多了，也更友善」），又說班農的目標太多、太貪心了，川普上台的頭幾個月一團亂，是凱利將軍出面才恢復秩序。[9]還說傑瑞德．庫許納（Jared Kushner）「自大無比，自不量力」。美國將大使館遷至耶路撒冷十分不負責任，也很危險。要庫許納提出中東和平方案，實在可笑。

十二月八日，週五

德拉吉在道契斯特飯店大門附近的長椅上喝英式紅茶，看不出來他已經七十歲了，這一點令人稱奇。這位義大利人臉上皺紋寥寥可數，滿頭烏髮點綴著灰，笑容輕鬆，帶著同理卻又刺探的眼神。我們聊到各自環遊世界的工作。他行事低調，一邊與梅克爾過招，一邊善用自己在歐洲央行董事會的多數支持，幸好沒有捲入義大利政治，而且始終私下與本報總編輯保持溝通，把我們當成與外界溝通的第二管道及傳聲筒。我們彼此都覺得很有收穫、很好。但我偶爾必須提醒馬里歐，不是每次他對報導有疑慮時我都能出手干預，也不會這麼做。我很堅持要讓記者做他們該做的，頂多是決定專欄評論人的去留，其餘他們想怎麼寫，我管不著。我就像是管理一個大型教會，負責確保正確性、權威與品質。

馬里歐任期就快到了，準備接班。我也是。談到歐洲央行可能的繼任人選時，免不了還是要問：可以讓德國人接手嗎？曾任梅克爾高級顧問的德國聯邦銀行總裁嚴斯・瓦德曼（Jens

---

7 馬瓦尼為共和黨議員，先後獲川普任命為白宮預算管理局局長及代理白宮幕僚長，接替下台的約翰・凱利（John Kelly）將軍。陸軍中將暨軍事史學家麥馬斯特（H.R. McMaster）則接替麥克・佛林（Michael Flynn）擔任國家安全顧問。

8 盧泰愚曾任南韓總統（一九八八—一九九三），在韓戰升任將軍，後來支持校友全斗煥的軍事政變。盧泰愚在總統任內展開民主憲政改革，有別於先前全斗煥實施的高壓統治。

9 美國海軍陸戰隊司令凱利先後擔任國土安全部長及白宮幕僚長，曾試圖以紀律整頓亂無章法的白宮。

Weidmann）私底下正在爭取。但當年他在歐元區危機時可是「反對票大王」，德拉吉提出的每一項非常手段，他都投反對票，可謂德國正統經濟的縮影。當然我們同意，不能因為這個關係就不讓德國人競選，但瓦德曼的一言一行實際上已經讓自己出局。馬里歐並未多說，但以我對他的認識，我清楚他在想什麼。我們約定明年再聊聊。

十二月十八日，週一

大家常問我，真的有麥緹森．馬莉姬（Madison Marriage）這個人嗎？答案是：當然有。論知名度，也許比不上本報以前的記者容凱爾（Guy de Jonquières）或費德蕾克．馮．蒂森豪森（Friederike von Tiesenhausen），但這位稅務會計線記者的文章膾炙人口，早已藉由一連串有影響力的獨家新聞打響名號。

麥緹森與我最近任命的調查報導主任墨菲挖到一條精采新聞：一個誇稱是「總裁俱樂部」（Presidents Club）的慈善機構在道契斯特飯店舉辦年度男人晚宴。這間慈善機構過去曾經以大奧蒙街醫院等慈善名義募得數十萬英鎊善款。實際上，飯店現場卻是三百名男性來賓在一百三十名穿著清涼黑裙、黑絲襪與黑高跟鞋的女陪侍陪伴下大肆娛樂，不少來賓還是花錢不手軟的倫敦房地產富豪。保羅指出，這些男人不僅粗魯對待女陪侍，甚至在晚餐上要求帶出場。晚宴後的吵雜派對更找來妓女助陣。#MeToo 新聞鬧得沸沸揚揚的此刻，是報導這則新聞的好時機。保羅說他曉得這則新聞該如何報導最好。

麥緹森打算扮成女郎，請去年當過女陪侍的朋友帶她直擊現場。這個想法有幾個問題，第一個就是臥底的倫理問題。我在《金融時報》工作三十多年來，根本原則（即使未明文規定）就是記者不得假扮他人。目前情況允許我們不擇手段這麼做嗎？退一步思考，性別歧視天天都在上演，這件事到底值不值得報導？

就這麼拖過超過一週，今天才下決定。我請麥緹森過來我辦公室，問她是否清楚這麼做對她與對本報可能會帶來何種風險？萬一穿幫，打算怎麼辦？她的回答讓我覺得有經過深思熟慮，但也憂心她的憤怒會影響新聞判斷。他們的行為完全不可容忍，這一點我完全認同，所以她希望揭發。於是我說，好吧，但請妳專注在事實，不要被情感干擾。

我望了麥緹森（和自己）一眼，戲劇性地停頓一下，接著說：「就這麼做吧。」

二〇一八年 總裁俱樂部

#MeToo運動在二〇一八年多次傳出捷報，尤其是針對好萊塢大亨溫斯坦，同時也深刻影響媒體報導。本報花了數月時間做了另一項厲害報導，說明索羅被趕出親手創立並拉拔為廣告行銷界翹楚公司WPP的原委。

一月十九日，週五

午夜過後，馬莉姬安全離開現場，帶回一名年輕女陪侍慘遭鹹豬手、被要求帶出場的第一手見證。馬莉姬穿著黑色短裙，底下藏有密錄器，結果也遇到性騷擾與不堪對待。太好的獨家新聞，但若要刊登必須站得住腳。我們這種伎倆是否合理？是否會因此害一間不錯的慈善機構倒閉，且缺乏正當理由？總裁俱樂部是否值得我們報導，或者這只是老掉牙的小報題材？

法院有可能會祭出報導禁令，總裁俱樂部裡有許多出身銀行與房地產業的權勢者，會不擇手段保護自己身分與名譽。三十三年來，這間慈善機構募集超過兩千萬英鎊款項，光是週四就募得兩百萬英鎊。拍賣項目包括與強生共進午餐及與英格蘭銀行總裁卡尼喝茶（後者否認此事）。然而，我們的目擊證人確實看到年輕女性遭到常態性羞辱，許多人還是學生，都被要求簽署一長串可疑的保密協議。我方律師起先認為，受制於這項協議，我們無法刊登。但麥緹森說，對方也沒有給她充裕時間詳讀文件，簽了協議等於是白簽。

我要求每個細節都要確認、再確認。手邊 Excel 表單上面有多年來重量貴賓與贊助人名單，例如索羅、零售富豪葛林、高端房地產開方商尼克．坎迪（Nick Candy），與一級方程式賽車老闆伯尼．埃克萊斯頓（Bernie Ecclestone）。報導若稍微偏離事實，代價將很慘重。草稿我會過目，但週日要去東京，盧拉則要去達沃斯。這次報導最後會由臨危不亂的希穆斯里把關出刊。

一月二十一日至二十二日

可信來源指出，日本首次出現「性騷擾」一詞是在一九九〇年，隨即這個英文詞彙就被日本化，取 sexual harrassment 二字之首，簡化為「セクハラ」（sekhuhara）。這一點沒什麼問題。困擾日經同仁的是「總裁俱樂部」這個英文名稱，為何總裁（Presidents）一字後面少了所有格的撇號？（本報一名讀者日後提供一種可能解答：「總裁俱樂部名稱缺少所有格的撇號，讓所有潛在的賓客了然於心。」）

回到東京皇居酒店，此時腦袋瓜被時差搞得混亂不堪。一邊看著街上開始下雪，一邊打了最後兩通電話回倫敦。就在倫敦時間快到截稿時間時，本能地醒來，打給編輯中心。希穆斯里正在做最後微調。律師那邊沒有意見了，準備出刊。幾個小時後再度起床讀這則報導，第一段寫著：「上週四晚間，強尼・顧爾德（Jonny Gould）[1]在倫敦道契斯特飯店舞廳台上吼道：『歡迎來到今年度最政治不正確的活動。』」幾段之後寫著：「許多女陪侍在這六小時期間遭到來賓上下其手與淫穢言語對待，不斷被要求帶到飯店外房間共進晚餐。」

東京時間午後不久，再也沒有人認為馬莉姬是捏造的人物。數以萬計的人觀看過她準備臥底的影片。新聞爆紅了，總裁俱樂部也在幾小時後宣布將會解散。

令人回味的一刻。新聞報導鮮少能夠像這樣讓權勢者負起責任，且立即看出成效。總裁俱樂部儘管初衷良善，錯在容忍這種當今英國不認可的行為。我們的獨家報導也再度讓讀者曉得，《金融時報》與記者不怕與主流企業對幹，不再是二〇〇五年我上任時要斥資擺平前任總編留下的史密斯爛帳那家懦弱報社。即刻起，《金融時報》的調查報導不可等閒視之。繞了一圈，終於要重新出發。

二月二日，週五

《金融時報》要搬回老家了，總部將從鼠輩橫行、電梯嘎吱作響的現址南華克橋一號，遷回當年印刷機徹夜響不停的布拉肯屋。對老布拉肯屋長相有印象的人已經不多，老布拉肯屋綽號是藍色潟湖，得名於海水藍色調的牆面。日經高層對傳統與建築樣式極具鑑賞，從新總部大樓的屋頂露臺將可眺望聖保羅大教堂，適合舉辦夏季派對。但有個壞消息要告訴同仁：屆時將不再有獨立隔間辦公室，而是大家一起辦公。

二月十二日，週一

韓蒙德自視為梅伊內閣的領袖。大家挖苦他是「菲爾試算表」，但這個家裡沒大人的年頭，總要有人幫忙顧店。我到財政部一邊喝微溫咖啡，一邊聆聽財政大臣說明盡力維持英國與歐盟關係的計畫，以確保企業利益與經濟成長。韓蒙德身邊都是主張不計代價要脫歐的激進派，像是里斯莫格與史帝夫．貝克（Steve Baker）。韓蒙德卻是理智派。強生的親歐派弟弟喬前陣子告訴我，主張英國脫歐的人，就是想「被送進瓦哈拉英靈殿」。

二月十六日，週五

總裁俱樂部新聞刊登後，凡是在職場曾經遭遇不當對待的女性都會去找馬莉姬爆料。有一名索羅的前員工前來試探接觸，這條線真是誘人，我建議和她保持聯絡，看看願不願意私下談，再向我回報。

1 指的是第五台美國職業棒球大聯盟節目主持人，不是Smooth Radio、Talk Radio與天空電視台那位同名同姓廣播電視主持人。

二月二十日，週二

參加中國大使館農曆新年午宴，劉曉明大使想聽聽我對穆勒（Mueller）[2]調查的看法，還有川普被彈劾的可能性有多大。只見好幾位中國人拿著筆準備記錄我的回答。該四兩撥千金。我不打算透露心裡的真正想法：彈劾太困難。

第一道菜是壽司，顯然是開日經玩笑。話題轉到北韓與華府的僵局，川普先前稱金正恩是「小火箭人」。劉曉明上一次派駐地點就是北韓，曾與愛打電玩的金正恩吃過幾次飯。劉大使說，日本是「麻煩製造者」，在北韓核子計畫議題上把美國推向極端。中國對金正恩與北韓領導當局的影響力有限，僅能靠外交途徑解決。劉曉明說：「我們不斷在獻策，其他人什麼建議都沒貢獻。」

話題接著轉到美中關係與英國脫歐。大使斥責我們沒有報導首相與習近平的會面十分成功，突顯中英兩國進入黃金時期。我反駁說，個人倒是覺得雙邊關係處於銅器時代，畢竟梅伊除了放緩中國對英國核子產業投資外，電信設備供應商華為渴望投資英國5G技術建設，也讓梅伊備受壓力。劉曉明認為，英國脫歐後的外交算盤得要重打，英中兩國未來關係的密切程度，將取決於英國行事有多獨立於美國。

從這裡可以首度一窺中國的「楔子戰略」，即以經濟果實的誘餌離間英美兩國。英國外交政策向來是維持與美國的「特殊關係」、擔任歐盟成員並開放中國投資。但英國脫歐之後，北京當局說穿了就是要英國選邊站。結果在二〇二〇年，英國選擇站在美國這邊，禁止華為參與5G建設。

二月二十一日，週三

義大利暨加拿大籍飛雅特克萊斯勒老闆塞吉歐・馬奇歐尼（Sergio Marchionne）八成是全球汽車業最有活力、最具前瞻性，但對員工來說也最難搞的老闆。午餐採訪時不斷在碎嘴，呼籲汽車業併購。相較之下，讓公司起死回生的巴西暨黎巴嫩籍神級人物卡洛斯・戈恩（Carlos Ghosn）[3]則缺乏情感。馬奇歐尼去年主動向通用汽車提議併購，遭到回絕。他堅稱大型併購是必走的路，方能因應新興環境法規造成的成本及朝向電動車轉型。塞吉歐精力充沛，腦筋不斷運轉，但也不是目中無人，因為首次鬆口提起接班。

五個月後馬奇歐尼逝世，得年僅六十六歲。他因開刀出現併發症，便卸下所有職位。少了他的陪伴，少了一味。

2 穆勒為共和黨籍，曾任聯邦檢察官與聯邦調查局局長，當時正在調查俄國干預二〇一六年美國總統大選一事。

3 生於巴西的戈恩主導日產與雷諾兩家汽車大廠全球結盟，也是一名愛浮誇炫耀的執行長，兼具法國與黎巴嫩國籍。後因涉嫌不當財務行為遭到刑事起訴並居家軟禁，結果大膽出逃東京。

三月九日，週五

漢普頓宮公園裡的種馬莊園建於十八世紀初，裡頭遊蕩著紅鹿與黃鹿。今晚雷貝德夫在此舉辦晚宴，宴請沙國實質領袖薩爾曼。我的司機怎樣就是找不到路，所幸最後不靠全球定位系統GPS還是順利抵達正門。一名男僕兼保鑣帶我到會客室，只見布萊爾與布蘭森正在啜飲檸檬汁（「先生很抱歉，今晚不供應酒精飲料」）。從布萊爾那裡得知寶貴的全球政治最新情勢，包括：川普要與北韓召開核子高峰會（「即便有風險，若安排得宜，還是值得一試」）、美中貿易戰開打的可能性及他對中東與非洲局勢的觀察。我發現俄羅斯大使雅科文科也在場，便問起發生在薩里斯伯利的前俄羅斯軍事情報局（GRU）[4]雙面諜謝爾蓋・斯克里帕爾（Sergei Skripal）暗殺失敗事件。雅科文科說，俄國當局不可能下令這個行動，可能是其他單位幹的。典型的撇清手法。

其他重要貴賓也在現場：碧翠絲與尤金妮公主、布拉瓦特尼克、[5]戴米恩・赫斯特（Damien Hirst）、強納森・羅瑟米爾（Jonathan Rothermere）、崔斯坦・杭特（Tristram Hunt）[6]、哈特維希・費雪（Hartwig Fischer）[7]、傑克柏・羅斯柴爾（Jacob Rothschild）、奧斯本與蘇世民，蘇世民除了擔任黑石集團老闆，還是可靠的沙國傳話人與投資客。最後，王儲進來了。年紀才三十二歲的他比印象中高大許多，頭大且圓，黑色髮線後退，穿著剪裁別緻的超大件西裝外套與小牛皮鞋，肚子突出。奧斯本與蘇世民見狀溜到王儲身旁。過了不知道幾輩子的時間，眾人總算被請入宴會廳，桌子大到可容納超過三十人。打扮得無可挑剔的雷貝德夫負責在晚宴期間引導問答。

我問薩爾曼，考量阿拉伯之春動盪與伊拉克遭到入侵，他對中東地區未來有何展望。王儲表示，從東非、黎巴嫩到卡達與葉門，必須全面陣線對抗伊朗。伊朗是「不得體的國家」，立足於極端意識型態，不是民族國家，只要繼續維持神權政治，經濟被革命軍把持，將永無改變之日。沙國正在為最壞結果做打算，包含開戰。我啜飲一口水，還以為他要講出更重的話呢。

一名來賓問到川普帶來的影響。薩爾曼說：「川普太棒了，百分之九十九的棒。上帝拯救美國。」剩下百分之一呢？美國將大使館從特拉維夫遷至耶路撒冷，這下子牽涉到巴勒斯坦人，問題會更加複雜（雖然一般沙國人不太重視他們就是了）。薩爾曼表示，相較於歐巴馬的躊躇不決，川普決心擊敗伊斯蘭國與恐怖主義，是沙國的最好拍檔。川普真的讓美國再次偉大。沙國將會透過軟銀願景基金為主，專注投資美國（一兆美元投資國內，一兆美元投資海外）。

奧斯本問起薩爾曼個人維安狀況，王儲透露兩次險些遭到暗殺，掃蕩貪腐讓他樹敵。至於

4 俄羅斯軍事情報局是俄國收集外國情報的主要軍事單位。

5 布拉瓦特尼克兼具英美雙重國籍，是一名蘇聯垮台後靠天然資源致富的慈善資本家，二〇一七年因慈善事業獲頒爵位。慈善事業包括捐贈數百萬英鎊給泰德美術館與牛津大學，於該校成立布拉瓦特尼克政府學院。

6 杭特是歷史學者、廣播製作人與前工黨議員，曾任維多利亞與亞柏特美術館館長。

7 費雪是德國籍藝術史學者，二〇一六年四月獲任命為大英博物館館長，為史上首位獲得國家任命的非英國籍館長。

大規模逮捕沙國企業菁英，他則絲毫未見悔意，聲稱依法行事。還將持續推動沙國現代化的經濟改革計畫，暢談教育體系改革與促進女性福利。薩爾曼每說兩句就穿插「超級」二字，像是「超級危險」或「超級棒」。王儲是有魄力的人，浸淫在英國權貴的頌揚。有些來賓飯後勢必會擔憂未來前景。但我認為多數人仍會買單王儲，渴望能在沙國現代化工程分一大杯羹。

這場晚會完全顯示薩爾曼王儲已掌握沙國決策權。有意思的是，他流利的英文與整體舉止讓人印象深刻，覺得他變得更有自信，也有心要讓國家現代化。但隨口提到中東地區有戰爭風險也讓人感到詫異。整體上可以說是個意氣風發的年輕人。

三月十三日，週二

《金融時報》在這次英國新聞獎大獲勝利，繼二〇〇八年後再度獲得年度最佳報紙殊榮。看來付費訂閱成績（目前訂戶超過九十萬，朝向一百萬目標邁進）肯定得到評審的青睞。我們的新聞也很卓越，加拉漢獲頒年度商業記者殊榮，皮莉塔・克拉克（Pilita Clark）連續三度獲頒環境新聞獎。盧拉策畫的歐洲民粹主義者系列報導，更讓我們摘下年度新聞團隊獎。我感到非常榮幸，證實我賭對了，應該專注在有影響力與有價值的「長篇」新聞與深入原創報導。當然，新聞報導的重點不在得獎，但兩度獲得英國新聞知名獎項，確實該好好放鬆，慶祝一下。

三月二十二日，週四

暴風雪導致飛紐約採訪班農的班機延誤。有同仁認為，不宜給這位美國最重要的民族暨民粹主義者發揮的舞台。

一名編輯表示：「我知道言論自由的論點，也知道反對『不給人發聲平台』言之有理，但我只是好奇，比方說，我們是否會願意請曾經發表憎恨言論的穆斯林宣教者來本報論壇擔任主講人（即便他的網站很受歡迎）？」[8]

這句話暗批我在秉持道德等值立場，我很不舒服。記者有義務去從各個面向了解政治爭論，尤其是在這個兩極化的年代。我採訪過雙手沾滿血腥的世界領袖，像是在波哥大採訪烏里貝；在基加利採訪卡加米；在達沃斯採訪普亭。我不在做道德石蕊測試，也不是在給班農舞台。他是受邀到曼哈頓時代華納大樓第一場「新聞未來」（Future of News）大會，接受《金融時報》總編輯採訪，我無意放水讓他好過。

到了現場，班農在台下給人感覺友善，但到台上面對攝影機時卻又變得好鬥，不斷強調歐洲民粹主義大有斬獲，特別是義大利三分之二選民投給以馬泰奧・薩爾維尼（Matteo Salvini）的類法西斯分子及五星運動為首的反建制政黨。我問他為何要挺法國極右翼領袖勒龐，班農怒

8《布萊巴特新聞網》（Breitbart News）由美國保守派安德魯・布萊巴特（Andrew Breitbart）創辦，自詡為右派的《哈芬登郵報》。班農於二〇一八年一月卸下執行董事長一職。

聲回答。

班農：「人家差一點就選上法國總統，為什麼把勒龐說成是爭議人物？」

巴伯（有備而來）：「因為她打從一九四〇年驅逐猶太人那段歷史開始，就在改寫法國歷史。」

話題轉到美國，班農稱川普適應得很好，「能在船上行走而不暈船」，且即將回到甘迺迪總統當年倚賴六到七名顧問與白宮幕僚長的治國模式。這段亞瑟王宮廷的比喻甚妙，原因倒非班農所設想的，[9]而是如我所料，川普果然像是中世紀的國王，大臣行事聽命於他。

應艾力克．羅素之邀，我在《金融時報周末版》撰文主張這次屬於新聞採訪。[10]九月初，《紐約客》（New Yorker）總編輯大衛．瑞姆尼克（David Remnick）不敵壓力，放棄登台採訪班農。《經濟學人》的詹妮．明頓．貝多斯（Zanny Minton Beddoes）則照常採訪。

三月二十九日，週四

梅伊援引里斯本條約第五十條啟動英國脫歐程序的重大決定，今天屆滿一週年。保守黨內喧囂不小，但進度仍停留在去年十二月那紙沒料的協議。個人看法：梅伊政府與歐盟協商只占百分之一的時間，百分之九十九的時間都在與自己人協商。

四月四日，週三

《華爾街日報》報導指出，七十三歲的索羅爵士因疑似不正當個人行為與不當運用WPP全球廣告公司資金遭到停職，靜候調查。沒有更多細節。這實在讓人惱火，本報調查團隊過去幾週都在拚湊索羅行徑的全面真相。WPP公司有員工聲稱遭到他言語辱罵、蠻橫對待，他的開銷花費也十分可疑。《華爾街日報》這則報導宛如施放「煙霧彈」。這是個公關術語，係指點燃小火，轉移外界對可能引燃的大火的注意力。但也可能是純粹透過釋放消息先發制人，讓索羅難堪（並不容易）。馬莉姬與墨菲十分洩氣，我要趕快讓他們重振旗鼓，感覺新聞會比我設想大條得多。

四月十四日，週六

又有人對《華爾街日報》放出消息，打算破壞我們對索羅的調查。該報引述不具名人士的說法，稱索羅已經下台，不再擔任這家三十三年前一手創立孕育為世界級公司任何要職。索羅曾經放話「會誓死堅守到底」。我人在耶路撒冷的美國殖民地飯店和家人單車旅行。我傳訊息

9 亞瑟王宮廷是賈桂琳．甘迺迪（Jackie Kennedy）對約翰．甘迺迪總統執政的譬喻，根據的是一九六〇年勒納（Lerner）與洛伊（Loewe）以英國神話亞瑟王城堡與宮廷發想創作的音樂劇。

10「採訪班農是對的嗎？」刊載於《金融日報》，二〇一八年三月三十日。

給沮喪的墨菲說，索羅系列我們追定了，要不計代價挖到底。

四月十七日，週二

卡麥隆從上次英國脫歐公投潰敗後幾乎神隱。局勢如此，這麼做很明智。將近一年多以來，他躲在牛津郡家中設計小屋寫回憶錄，同時兼任幾份差事：擔任英國阿茲海默學會理事長及倫敦政經學院與牛津大學合辦的「國家脆弱性、成長與發展委員會」主席。委員會報告已經寫完，來到本報與我們共進午餐，除了希望請我們報導他們的報告，或許也想來取暖。

卡麥隆一開始就介紹非洲脆弱國家概況，談到這些國家的選舉、權力共享與憲法。這些資訊固然很有價值，也很重要，但比不上英國脫歐。高登直搗他避而不談的議題：「您是否曾經半夜三點醒來，問自己幹了什麼好事？」

卡麥隆說：「我睡得很沉。」我不太相信。

四月二十三日，週一

拉耶夫・米斯拉（Rajeev Misra）帶著軟銀願景基金一票人前來，準備好要做業務簡報。米斯拉曾經擔任德意志銀行經紀人與高層主管，其舌粲蓮花恐怕會讓巴納姆（P.T. Barnum）自嘆弗如。願景基金重要投資項目包括：辦公空間出租公司 WeWork、印度版亞馬遜 Flipkart，及至今挹注三億美元的遛狗新創 Wag。

據說，軟銀願景基金募得的一千億美元一部分來自沙國資金與薩爾曼王儲的私人貢獻。該基金是全球創投資金市場新勢力，資金募集與運用規模之廣，甚至扭曲創投市場。但WeWork這類投資逐漸失色，迫使軟銀不得不處置。後來遭逢新冠肺炎疫情，這個趨勢又更加惡化。

六月十一日，週一

總算搞定索羅下台的新聞報導。馬莉姬與加拉漢合寫的四千五百字報導，上週被我修訂不下十個版本，內文生動介紹這位英國家喻戶曉的廣告大亨如何敗在傲慢、個人行為不當與事業大幅走下坡。這則報導墨菲也貢獻匪淺。

這是我總編生涯以來最具挑戰性的一則報導。幾週前我們決定要探討為何一手創立這家公司的索羅會被停職，然後下台。原因比我想得更轟動。種種行為不當情事，大量流傳於倫敦媒體圈與企業愜意小圈子。

馬莉姬聯手墨菲在過去四個月採訪超過二十五名與索羅密切共事過的對象，有女性抱怨，在職場上被索羅言語辱罵乃家常便飯。（索羅承認自己有時不平易近人，尤其當對方表現很差的時候，但否認辱罵或欺凌員工。）採訪完WPP前任與現任員工後，真相水落石出，據說他一年前去過梅費爾區的妓院；有兩名員工目睹此事，其中一人事後向公司舉報。董事會曾就此事展開調查，公司資金的運用也啟人疑竇，顯然一再出現公私庫不分的情形。

就新聞報導而言，該報導他的個人行為到多細的程度？因為沒有證據表明曾經動用公款，且董事會事後指出金額「不大」。這不僅牽涉到法律風險，更是攸關我們的鑑別力。說他據稱去過妓院，這麼做合理嗎？證人說詞可靠嗎？萬一索羅提出告訴，他們會出庭作證嗎？最後，消息來源既然簽署保密協議，又要如何確定他們所言為真？

再來則是與我個人有關的問題：我認識馬汀二十年了，常會交換八卦，互相來往（也會和他的老婆來往，她是成功的企業家，也是達沃斯世界經濟論壇資深消息來源）。我甚至幫過他奇怪的忙，見客戶，擔任會議客座講者。報導他這些有失檢點的行為，我會不會難過？

其實也還好。畢竟索羅二〇一五年與二〇一六年的酬勞分別高達七千萬與四千八百萬英鎊，這是以五年股價績效為基準的長期獎勵計畫做計算。[11]投資人有權知道他下台的真正原因，為此我們必須如實報導。但我也堅持要給索羅過去成績一些肯定，WPP直到前陣子仍是英國之光，他厥功甚偉。

就在研究索羅如何對待員工與牧羊人市場（Shepherd Market）事件相關問題告一段落前夕，索羅撥打電話到我手機。他不願多談此事，表示與WPP達成的資遣協議中載有保密條款，僅說若《金融時報》的報導損害家人利益，他會「極度火大」。對此我表示同情，但也告訴他，我們花四個月做好功課，會做完整報導，也不會讓步，他最好配合。後續又通了幾次電話，對話劍拔弩張且不能對外公開。索羅對所有不檢點的指控一概否認，任何會違反保密協議或搞砸兩千萬英鎊資遣費的事，也堅持不透露。

索羅像是得了「創辦人症候群」，以為老闆就是公司，忘記要對董事會與股東負責任。有些 WPP 董事本來就想趕走索羅，這是一定的，認為他的酬勞與付出不成比例，且做太久了。這位名譽管理大師並未妥善管好自己的名譽。離任後不久，他成立新事業 S4Capital，至今從未承認自己是因為犯錯才從 WPP 離任，也不諒解我刊登這次報導。

六月二十八日，週四

每年夏天，羅德板球場會舉辦鬧哄哄的墨爾本礦業會議晚宴，五百餘名大男人齊聚於此，喝得爛醉。幾年前，我在墨爾本一次午餐上認識滿頭銀髮的澳洲獵人頭約翰．墨瑞（John Murray），他請我幫忙讓晚宴變得文明一點，提議可以和礦業公司高層一對一爐邊採訪。我說，想法不錯，你要付我多少錢？

敲定像樣的酬勞之後，酬勞循例捐贈給我指定的慈善機構。今年採訪對象是總部設在倫敦的大型礦業公司力拓集團法國執行長夏傑思（Jean-Sébastien Jacques），他走遍全球，同仁稱之為 JSJ。事前已採訪過 JSJ 一次，他有些傲慢，但談到領導、策略與安全時（鑒於業界發生多起意外，安全是重要議題）彼此距離又近了一些。今晚起先很順利，直到我問他這麼常出差，

11　日後索羅曾投書本報主張自己可以享有高額酬勞，文章名為「我的錯就在於老闆當得有老闆的樣子」，刊於二〇一二年六月五日。

如何控制體重。這位昔日橄欖球健將惱羞成怒，問我還要偷偷摸摸問什麼問題，要求看我的訪綱。我不給他看，JSJ便直接從我大腿上抽走訪綱，不願歸還。台下觀眾愛死這齣僵局，發現這不是安排好的橋段時，笑得更加開懷。

JSJ始終沒有歸還訪綱，我也沒有在台上和他握手致意。採訪過這麼多權貴人物，還沒遇過一個企業家會在公眾面前耍孩子脾氣。

六月二十九日，週五

一延再延，總算順利與英國最富有卻最低調的全球最大獨立石油交易公司維多執行長泰勒共進午餐。伊安剛做完兩次喉癌手術，不僅飲食困難，說話也不容易。也許是覺得時間珍貴，故想和本報讀者談談他的生命故事。

我們約在白金漢宮附近的閣林飯店，老樣子，泰勒坐在遠方角落那一桌，他瘦骨如柴，身穿深色西裝、白襯衫，配海軍藍領帶。我開玩笑稱，大人物都來閣林飯店，他邊咳邊笑說：「確實不該來這，畢竟我的辦公室就在轉角。」

一邊大啖奧克尼干貝與考尼鱈魚配白酒，一邊聽伊安聊起查維茲上台前在加拉加斯狂飲的往事，以及在哈薩克、伊拉克、利比亞與前南斯拉夫暗中磋商生意的過程。他幹過一些蠢事（石油業界誰沒幹過）但沒惹事生非，更慷慨贊助藝術與保守黨。英國脫歐公投落幕時，泰勒名列卡麥隆首相的離任授勳名單，授勳名單意外曝光後，泰勒被媒體圍堵，曾請教我如何應付。

巴伯：「你覺得騎士授勳很重要嗎？」

泰勒（有些遲疑）：「還好。」

巴伯：「那幹嘛要加入輸的球隊？」

泰勒在卡麥隆的離任授勳名單對外發布前，放棄列入名單。名單上有首相親近助理與黨朋親信，臭名與一九七六年哈羅德．威爾遜首相的名單可謂有過之而無不及。泰勒於二〇二〇年六月過世。

七月九日，週一

強生辭任外相。他在辭職信提到，梅伊提議制定與歐盟一致的規範，將讓英國「淪為殖民地」。我想這起碼比里斯莫格愛用的附庸一詞好吧。強生是梅伊內閣第三位掛冠求去的大臣，讓我想起 AJP 泰勒那句奧匈帝國格言：首相現在狀況看起來很絕望，但不嚴重。強生正按兵不動，等待時機成熟挑戰首相大位。**我打賭克羅斯比會挺他。**

七月十九日，週四

赴西班牙大使館慶祝倫敦頂尖親歐智庫歐洲改革中心成立二十周年紀念，像查爾斯．葛蘭特（Charles Grant）這般言談條理分明的人並不多，除了見多識廣，深受德國、歐盟與法國政府高層消息來源的信任之外，還是執著的鬥士，寧願聳肩，也不願與別人比嗓門。當年我們都在布魯塞爾當記者，他任職於《經濟學人》，我則在《金融時報》工作。今晚遇到許多馬斯垂克年代的消息人士，頭髮蒼白許多，對國家局勢更感憂心。前外交部老狐狸克爾議員信誓旦旦稱會再次舉辦脫歐公投，其他外交老兵則感嘆曾幾何時英國變得如此自利偏狹，沒有人對卡麥隆有一句好話。隨著脫歐在即，這場聚會不像是慶典，而是守靈。

八月九日至十日

到紐約會見美國區執行總編泰特，小心磋商人事。吉莉安是個稱職記者暨專欄作家，也是本報駐美五星級大使。雖然希望她能繼續在這方面發光發熱，但我也希望留住頂尖記者與編輯史匹格。哈定新的網路媒體事業「陸龜」前陣子上線，不斷遊說彼得，希望由他掌管，彼得很心動。真的假的？若讓他當美國區執行總編，肯定也會有興趣。但吉莉安不會想離開，因為她是我的接班人選之一。我得想方法搞定這兩個人，他們都是本報明星，缺一不可。也許我該打電話給佛格森，向他討教。

結果不須打電話，彼得二〇一九年升任美國區執行總編，成為第一個擔任此要職的美國人。吉莉安則繼續在紐約擔任全球新聞評論人與新設立的編輯委員會主席。

九月二十二日，週六

湯姆．米契爾（Tom Mitchell）寫了很棒的人物報導，內容在介紹曾經大力掃貪的中國國家主席習近平左右手王岐山。王岐山告訴來訪的美國代表團重要貴賓，最近看了一部場景設在美國白人老粗鄉下的好萊塢熱門片，叫做《意外》（*Three Billboards Outside Ebbing, Missouri*）。他說，這下子總算曉得川普支持者的心理，讓他的態度從此變得謹慎，最近曾告訴來訪的華爾街代表團，指這場貿易戰「不須分出勝負」。

七十歲的王岐山今年春季暗指中國人比美國人更了解美國人，實際上卻低估川普，以為恭維幾句、做些讓步就能買通對方。一名企業高層表示：「他〔指王岐山〕以為一切都在掌握之中。」

其實王岐山不如想像中謙遜，一名與會人士後來告訴我，王岐山的口氣傲慢，說完自己看過《意外》這部電影後，便問美國人看過或讀過多少中國電影或書籍，難道不知道《孫子兵法》提到的第一個重點，就是「知彼知己」嗎！

十月一日，週一

先到東京出差一週會見日經高層，週末繞道去香港，再回東京採訪首相安倍晉三。每次去日本出差循例會帶著潛在接班人選隨行，這回是哈勒芙。喜多先生在慣例一對一談話中表示

（現場除了我們兩人以外，只有一名負責記錄的助手與口譯員），要我擔任《金融時報》明年春季遷回布拉肯屋辦公後的「首任總編」，更透露要「開始決定」二〇一九年要由誰來接我的位子。這要由雙方共同決定。

傳承接班已是現在進行式。未來一年內卸任總編，不僅公平，也本該如此。屆時我將成為牛頓爵士以來任期最久的總編，總共做了十四年。現在該做的，就是好好做完剩餘任期，協助喜多先生安排接班。

能夠採訪到安倍晉三，一部分是動用到日經的管道。安倍若能繼續做到二〇一九年十一月，將成為日本民主史上在任最久的首相。誰都想不到，當年第一次出任首相僅一年就因醜聞纏身與病痛下台的他，如今卻能在任那麼久。

搭乘計程車前往官邸的路上，日語流利的同仁哈定回顧安倍執政，稱安倍晉三第二任執政特色是由上而下鐵腕掌控，雖有進展但成果持續不久。失業率雖下滑，通縮依舊存在。另外曾與俄國就爭議四島多次召開高峰會，卻遲無協議定案。川普像是「不可靠的男友」，退出跨太平洋夥伴協議（TPP），又放大檢視盟友關係，讓日本感到不安。

六十四歲的安倍晉三看起來比先前兩次採訪更自在，甚至罕見露出微笑。「是時候正視日本經濟中重大結構性問題了，像是出生率衰退與老化社會。我有決心。」至於英國脫歐，安倍晉三表示「展開雙臂」歡迎英國加入跨太平洋夥伴協議。這肯定會在英國國內引起軒然大波。我也客氣問他有無接班計畫，畢竟我也要接班。

他說：「人不一定要待在同一個職場跑道，可以創造自己的人生。我期待享受第二個人生。」

也許安倍晉三在暗示什麼，可惜我不會說日文。

十月二日，週二

將近三年前與盧拉前往沙國採訪時，曾在吉達與哈紹吉低調共進午餐。哈紹吉當時批判薩爾曼王儲的力道尚屬溫和，但這幾個月以來在《華爾街郵報》固定專欄的抨擊力道越來越強。如今，他就在前往伊斯坦堡的沙國領事館辦理延簽後失蹤了。

哈紹吉慘遭殺害，手段極其凶殘，先是被下藥悶死，隨後被沙國殺手肢解。利雅德方面官方說法是，派遣特務去說服他回國，結果「脫序」殺害他。根據多家美國媒體報導指稱，美國中央情報局最後認為，這場行動是薩爾曼所下令。

十月四日，週四

資深亞洲新聞主任馬勒申請香港簽證延長遭拒，這在香港外國媒體圈前所未見，預示著新聞自由拉警報。禁令明顯是北京當局在背後下指導棋，但幾天前在林鄭月娥的官邸與她共進早餐時，她卻諱莫如深。馬勒先前替主張香港獨立的香港民族黨（後來遭禁）召集人陳浩天在香港外國記者會舉辦活動。中方要求取消活動未果，我後來得知馬勒是以身為該記者會副總裁身分為由，堅持不取消活動。顯然這是對他的懲罰。

北京當局如此公然扼殺言論自由的行為並不讓我們延長簽證，想當然耳我是強烈反對。但馬勒畢竟不是以本報記者名義參與活動，因此本報至今未遭到報復。請教本報中國專家金吉與亞洲主編安德利尼的意見後，我決定不要升高態勢。我們會發一篇措辭強烈的社論，以我名義提出外交抗議，並向林鄭月娥申訴，但不打算在香港打官司。我們在中國有中文版《金融時報》，我著重在保障報社，避免未來報導中國遭受阻撓。萬一北京當局決定拉高情勢，可就嚴重了。

> 馬勒的簽證最後未獲得延期，中方與港方政府也不理會我們的外交抗議。此事也就這麼劃下句點，香港對言論與集會自由的打壓仍絲毫未減。

十月十二日，週五

應十多位本報退休同仁之邀，在滑鐵盧地鐵站附近的史迪奇曼戈餐廳共進午餐，宛如出席上議院特別委員會。話題包括我們的新聞報導、數位轉型與日經讓我們保有編採自主。眾人點頭認同，客氣道賀。這群愛管閒事的人真正想知道的是，總編輯這個位子我還要坐多久。別擔心，他們會最後一個知道。

十月十八日至二十三日

克萊格從倫敦打來的時候，我正在享用滿滿水果與綜合穀麥的加州早餐，和一個深知人工智慧如何影響新聞的高大男專家聊天。「怎麼啦，尼克？」讓我詫異的是，他說他要到臉書擔任祖克柏的高級顧問。我的第一個疑問是，這家公司由祖克柏和雪柔．桑德伯格（Sheryl Sandberg）強勢主導，他能有什麼發揮？劍橋分析（Cambridge Analytica）事件爆發後，臉書名聲一落千丈。[12]我看過祖克柏在台上的模樣，他對別人意見充耳不聞。二十年來我也多次與桑德柏格交手過，她比充耳不聞更不如，不把別人想法當一回事，自認比整間公司所有人聰明百倍（儘管有時候這是事實）。尼克恐怕會被活活生吞。

臉書並非不曉得自己是矽谷最惹人厭的科技公司，全球產品用戶將近三十億人，又以最小成本收購Instagram與Whatsapp，改變市場面貌。他們並不笨，甚至懂得要謙遜，知道不能繼續這樣下去，需要找到說話沒有臉書慣有自大與優越口氣的人來對外發言。英國脫歐後缺乏舞台、品格廉潔的克萊格也許就是他們要找的人。

12 劍橋分析是一間英國政治顧問公司，未經許可取得五千萬人的臉書資料進行選民行為分析，也曾替川普與英國脫歐陣營服務。美國對沖基金億萬富豪暨保守派羅伯特．默瑟（Robert Mercer）是公司背後金主。

十月三十日，週二

赴牛津大學瑪格麗特夫人學院，參加紀念麥克連的小組新聞研討會，他的父母彼得與艾琳也來了，滿臉哀傷。這次活動由改當學院院長的羅斯布里奇主辦，邀請昔日門生、現任英國*Buzz Feed*總編輯珍妮．吉布森（Janine Gibson）出席。曾獲普立茲獎肯定的《衛報》史諾登報導，主要就是出自珍妮之手。她很風趣，愛聊八卦，對數位媒體見多識廣，想必能給本報帶來加值作用。

第一次碰面後，後續又會面幾次。二〇一九春天，我託付珍妮一個更大的任務，要她協助本報進行數位改造，這是我的傳承接班計畫之一。

十一月五日至九日

在紐約與華府待上一週，想了解一個問題：美國是否要和中國冷戰了？多數會議是靠中文流利的華府分局主任瑟伐斯托普洛安排。採訪高層官員、情報消息人士與企業家一輪下來後，我寫了美中關係筆記與倫敦同仁高層分享。

川普的「美國優先」政策改變美國對中國的應對模式，也讓川普獲得多數企業界的認同。中方實施保護主義、不公平競爭、剽竊智慧財產權等等，長久以來為企業界私下所詬病，如今可以公開談論。民主黨為了避免被邊緣化，對中立場甚至更加強硬。

美國高層樂見在多方面對中國展示國力，包括祭出關稅、於海內外對可疑間諜強制執法，以及掃蕩北京當局「策反」在美工作的華人學者的行為。此外也在（爭議的）南海地區強化陣仗，反制中國網路攻擊，並讓美國核子軍火庫跟上時代。這些都屬於冷戰型態動員。

不少人對川普的激進手法有疑慮。有人憂心會排擠盟友，有人則擔心這種行為很「粗魯」。但也有政軍人士鬆一口氣，稱美國總算不再像歐巴馬執政時期那般被動。當年中國占據黃岩島，[13]一年內取得十年進展，歐巴馬卻無所作為，被稱為「歷史錯誤」。又有人認為，美國太專注在反恐與對付極端伊斯蘭主義者，以致無暇應付中國崛起。一名高級官員指出：「我們睡著了。」

沒有人曉得總統如何看待美中貿易關係，或是希望達成什麼目標。有人擔心他會比照先前與金正恩會面的做法，和習近平國家主席「來場新加坡會談」，簽訂意義不大的一頁半協議。又有人說，川普最多是不讓關稅戰升溫，好為談判預留空間，避免經濟遭受過度衝擊。但也可能什麼都不做，讓習近平直冒冷汗。

可以確定的是，各方人馬爭相拉攏川普已到白熱化的地步。彼得．納瓦羅（Peter Navarro）

13 黃岩島（又稱斯卡伯勒礁）位於南海，鄰近菲律賓，也是中國近年來企圖強化離島設防，在戰略水域擴張領土主張當中最具野心的一次。

是一個陣營，對中關係他是鷹派，曾批評「億萬富翁」與「華爾街」群無給職的外國代理人」（本報採訪川普就是靠他居中牽線）。另一陣營則是高深莫測的美國貿易代表賴海哲（Robert Lighthizer），正謀求讓美國經濟與中國「脫鉤」，做法是先從半導體等高科技產品切入，後續再延伸到其他美國製造供應鏈。還有人擔心美國會陷入經濟衰退，希望盡早達成貿易協議。

最後，川普肯定會競選連任，因此政治、經濟循環與股市（這是影響川普「判斷狀況好壞」的風向球）三者之間的關係極為重要。經濟表現若在未來十二個月內趨緩，川普也許就不打算與中國大打貿易戰。但他也有可能認為美國可以制伏中國，就像是過去雷根勇於對抗蘇聯。儘管川普有時看起來很笨，其實他並不笨。但一名官員表示：「我們不曉得川普執政團隊有沒有想清楚，走的每一步會有哪些第二層與第三層後果。」

> 多數看法後來都禁得起時間考驗，美中關係不斷惡化。儘管新冷戰開打言之過早，我還是認同筆記的第一句話：「我們已進入世界史新階段，如同十九世紀末的列強爭鬥。美中關係在這個階段成為注目焦點，可能會從原先的戰略競爭，轉為戰略衝突。」二〇二〇年爆發的新冠肺炎大流行，川普常稱之為「中國病毒」，即是衝突的最新戰場。

十一月二十日，週二

華為高層胡厚崑要求拜會。我們十年前在達沃斯論壇第一次相會，第二次則是去深圳出差時。華為被美國政府盯上了，他問我該怎麼辦。我說，華為問題很大，因為美國政府認定這家公司是中國政府的一環。按照我在華府所聞的推測，「你們會狠狠挨揍！」

十一月二十七日，週二

網飛（Netflix）老闆里德・海斯汀（Reed Hastings）來布拉肯廳共進午餐。別看他個性隨和自在，可是厲害有遠見的傢伙，事業規模和亞馬遜的貝佐斯一樣可觀。這位老闆在午餐期間大多時候出言謙遜，直到我們記者請他說明網飛的商業模式時，他才吐了金句：「其實我們的競爭對手是人們的睡眠。目前我們占上風。」

十二月六日，週四

加拿大傳來轟動新聞。加國應美國政府請求，逮捕華為創辦人任正非的女兒孟晚舟。孟晚舟是華為公司高層，當時正在轉機。這是川普當局旨在制裁華為、施壓北京當局的升溫力作。我有告訴胡厚崑要有心理準備，但誰料得到會是這一招呢？我沒料到。

十二月七日，週五

英國脫歐讓梅伊面臨最黑暗時刻，白廳裡有人將此刻與一九一四年及「八月之槍」相提並論，當時沒有人想要開戰，也沒有人準備開戰，但戰爭就這麼發生了，幾乎是場意外。

首相面臨艱難抉擇，一條路是「堅持」自己的脫歐方案，克服重重困難取得下議院多數支持。另一條路是「變通」，向歐盟爭取更好的待遇條件。第三條路則是「不處理」，藉由第二次公投讓人民決定脫歐與否。這場千瘡百孔的選戰下來，梅伊處境可謂絕望，必須倚賴厄斯特的民主統一黨支持，這些人宛如聖經帶（Bible Belt）的牧師：一板一眼、毫不寬容，但也許可以被人收買。當然，我指的是在選舉上。看不出來梅伊要如何在下議院取得多數支持。柯賓是個躲在暗處的脫歐者，一點忙都不願意幫。梅伊固然可以取消表決，向歐盟當局協調更好條件，但效果有限。

結果梅伊三天後確實取消表決，讓脫歐死硬派宣稱他們秉持敦克爾克戰役的精神，取得局部勝利。看來這些人是選擇性失憶，一九四〇年敦克爾克那場戰役是苦吞敗仗，難堪撤退。一名義大利外交官向我概括梅伊當局的處境：「一九四〇年時，英國是強敵環伺，獨自奮戰。感謝上帝。到了二〇一八年，英國是朋友濟濟，卻搞自閉，我的老天。」

二〇一九年 傳承接班

擔任總編這幾年，近距離目睹世界大幅改變，動盪不安。動盪以全球金融危機揭開序幕，復以自由主義式民主面臨危機告終。親睹中國崛起，科技巨擘集中權力，對人們生活影響無所不在。我也押注幾個特定領域：《金融時報周末版》與數位轉型，前者是紙本與線上兩相宜的原創長篇報導，後者則讓我們在二〇一九年達到百萬付費訂戶的里程碑。

年底卸任總編的時程已經確定，我會協助挑選繼任人選，但最終將由東京的喜多先生拍板定案。這一年我們會花許多時間精神在審酌內部人選，各個都是優秀記者。如今任期剩下十二個月，更想在這最後一年好好做。手上有兩個調查報導計畫正在進行：一個是股市當紅炸子雞德國數位支付公司Wirecard，另一個是總部設在曼徹斯特的軟體公司UKFast。都是高風險但高報酬的調查計畫。再來就是盼望已久的到克林姆林宮採訪普亭。

至於英國政局，梅伊將下台，換成機會主義高手強生上台。強生在選戰大勝柯賓的死硬左派工黨後，硬是讓國會通過英國脫歐協議。十二月，英國成為歐盟史上第一個脫離的會員國。至於在歐洲，接班較有秩序。德拉吉卸下歐洲央行總裁一職，由國際貨幣基金總裁克莉絲汀・拉加德（Christine Lagarde）接任。烏蘇拉・馮德萊恩（Ursula von der Leyen）則成為歐盟執委會史上第一位女主席。

一月五日，週六

太陽從西撒哈拉冉冉升起，橘光照亮黑夜。前往南非飛行途中看見這幕日出，讓人有所頓悟：不久之後就要去東京會見喜多先生，商談傳承接班事宜，要好好做才行。

負責主辦這次開普地區美酒鄉村單車行程的賀伯特・艾倫（Herbert Allen）有超過五十年大型媒體交易經驗，曾經擔任好萊塢大亨顧問，更稱自己與巴菲特有私交。賀伯特總是就事論事，直言不諱。

艾倫：「還記得泰德・威廉斯（Ted Williams）說過的那句話嗎？」

巴伯：「我知道漢克・威廉斯（Hank Williams），就是鄉村西部歌手。但你說泰德・威廉斯？」

艾倫：「泰德・威廉斯一直說想打全壘打。」

威廉斯在一九六〇年四十二歲那年最後一次站上打席時，替波士頓紅襪隊轟出紅不讓，卻不肯脫帽向芬威球場球迷致意。他覺得球迷不夠尊重他過去的成就。我無法與這位棒球史上最厲害的長打好手相提並論，但有一件事我們都認同，那就是不要佝僂蹣跚回到本壘。我也想要打出一記全壘打。

一月二十七日至二月三日，東京

日經收購《金融時報》至今屆滿三年，已經過了蜜月期，但這不是壞事。事情變得比較公事公辦。這次東京的例行新年行程，我帶著執行總編拉蒙特一起前往，身懷許多編採新構想，為的是拓展讀者群，增加收入。我會待在日經新聞中心，擔任英文《日經亞洲評論》的客座編輯。

《日經亞洲評論》由紙本雜誌蛻變為數位優先，充分說明全球媒體正在進行結盟。本報從路透社挖角過來的主將麥克．史托特（Michael Stott）與出身喬治亞州、寡言的克里斯．葛林姆斯（Chris Grimes）被借調到《日經亞洲評論》主導改造計畫，指引日經新聞中心方向。

每次定期出差都感到精疲力盡，卻又精采。日經在倫敦的情報運作功夫了得，與《金融時報》有關的一絲八卦都不放過，想鉅細靡遺了解我們的表現。我稱這種做法是「掀開引擎蓋徹底檢查」。當然，光是了解引擎原理是不夠的，還必須曉得車要開到哪裡。我自認已經幫忙打造出雙方合作的指南。

撇開這些細節不論，日本人真正重視的其實是個人交情，而這種交情往往是透過晚餐美食及一輪又一輪的啤酒、清酒與紅酒觥籌交錯培養起來。生意真正談成的場合，是在脫鞋才能進去的榻榻米與光滑木地板包廂內親密聚會。我就是靠這樣與喜多先生博得好感情，和喜多先生的接班人岡田先生也是如此。說話輕聲細語的岡田先生性格堅強，熱愛藝文歷史。

依例在喜多先生位於三十樓辦公室與他一對一會面，窗外遠處可見富士山。辦公室中央有台大型電視，永遠以靜音模式播放全國廣播公司（CNBC）的股市報導。幾番閒話家常後，喜多先生告訴我，我將做到年底，差不多是報社遷回原址半年之後。我則引述泰德．威廉斯的話，告訴他我要轟出一記紅不讓。

兩人達成共識，他向我保證這次談話不會對外公開，我則是對接班時程心裡有譜，如此一來，我就能在任內的最後幾個月放鬆做決定，讓自己更加自在。

二月六日，週三

丹．麥克倫（Dan McCrum）以前曾經是花旗集團股市研究分析師，對數字與試算表很在行，如今他變成本報最執著的一位金融記者，三年多來不斷在調查總部設在慕尼黑的威卡（Wirecard）公司，這家公司最近市值超越德意志銀行，被外界視為德國少數高科技的成功模範，但也始終被質疑可能做假帳。丹因為報導這家公司，對方喊要提告，恫嚇丹，也在社群媒體上發動攻擊。然而威卡至今沒有要與本報接觸的意思，其實也就是接觸我。經過幾個小時的法律諮詢後，今天我批准刊登一則毫不留情的新聞，指出一名在新加坡工作的威卡高層浮報營收與利潤成長幅度。報導依據是舉報者放出的消息及新加坡知名法律事務所Rajah & Tann的內部期中報告。我們冒著巨大法律風險，花了好大力氣在做這則新聞，新聞由調查報導組的丹與墨菲及內部律師漢森共同操刀。

新聞刊登後，威卡股價應聲崩跌，讓德國投資人怒不可遏。威卡除了指控本報記者與賣空者串通，更成功遊說德國聯邦金融管理委員會（BaFin）史無前例禁止賣空，更與優秀的倫敦法律事務所Herbert Smith Freehills合作。它畢竟是一家知名德國DAX指數上市公司，不在乎用幾百萬英鎊阻止負面報導。但《金融時報》資金並不雄厚。雙方對峙於焉開始，我今年投入在這則新聞的時間將遠多於其他新聞。不過事後證明，投入的每一分錢每一秒都是值得的。

二月七日，週四

在諾丁丘門的俄國大使館與大使共進午餐，羅宋湯很美味，但最美味的留在最後。雅科文科露出玩具熊般的笑容，說：老大可能準備好在莫斯科見你了。我難掩欣喜，畢竟安排採訪普亭已經努力五年，先前不是被客氣婉拒，不然就是條件不妥。看來普亭準備好要開口。至於為什麼想開口，晚點再想。我得先快點準備才行。

三月十二日，週二

許多人認為馬汀・塞爾麥爾（Martin Selmayr）是歐盟當局最有權力的人。我猜他八成也這麼認為。這位德國籍歐盟執委會祕書長善於操縱，以前當過榮科的幕僚長，是檯面下重要文官。今天塞爾麥爾用不著讓外界看透自己的威力，因為他打算毫不留情告訴我和巴克他對英國處理脫歐一事的看法。

他說，梅伊被自己的底線困住，無從採取**比利時式妥協**（compromis à la belge），也就是各方都不曉得達成哪些協議，但各方都覺得自己是贏家。想當年我在比利時工作時，確實看過這種妥協方式。塞爾麥爾稱歐盟執委會很努力要順應英國立場，但事實證明辦不到。包括榮科在內，所有人都不再期待第二次公投。他說，英國脫歐將成定局，「為此拍手叫好的人，只有川普和普亭。」

塞爾麥爾難掩傲氣，稱「英國活在過去，以為萬事英國都可以當成例外處理，不用遵守歐盟規範。門都沒有」。

歐盟當局每個文官都這麼說。一名官員比喻梅伊政府的做法就像是身為網球俱樂部的會員，卻突然想去遵守高爾夫球俱樂部的規範。說得有道理。

四月一日，週一

瑞丁宣布《金融時報》達成百萬付費讀者里程碑。公關行銷主任菲諾拉．麥克唐納（Finola McDonnell）發給同仁每人一小瓶本報招牌色粉紅香檳，上面貼著標籤寫著「謝謝你」。偏偏今天是愚人節，這時機也太糟了。

四月五日，週五

致電多芬納，請教威卡一事。馬帝亞斯似乎仍然對最後一刻殺出日經這個程咬金，奪走本報經營權一事耿耿於懷，但我們還是好朋友。有些德國媒體被威卡牽著鼻子走，攻擊本報，威卡又遊說德國聯邦金融管理委員會，導致本報記者麥克倫與史黛芬妮雅・帕爾瑪（Stefania Palma）及數名賣空者遭到委員會以操縱市場為由刑事控告。因此我得請教馬帝亞斯該怎麼辦。威卡也在慕尼黑控告我們，指控內容子虛烏有，但法務開銷不斷增加。馬帝亞斯要我冷靜，不要人身攻擊，注重事實。不要把這當成是英國媒體與德國權貴之爭。我答應會保持冷靜，但這則新聞實在越來越冒犯到丹、保羅和我。

四月十二日至二十一日，勒克瑙、德里、孟買

報紙、電視與社群媒體上處處可見莫迪畫面，可說是印度自甘地以降人氣最旺的領袖。多虧德里分局主任艾咪・卡茲敏（Amy Kazmin）不斷遊說，總理先生總算願意在位於新德里洛克卡楊瑪格路（昔為賽馬道路）七號官邸接受本報採訪一小時。上次來印度已是五年多前，當時我和時任首席部長的莫迪曾經會面，地點就在他出身的省分古加拉特的亞美達巴德。首相穿著整潔，橘色庫塔搭配灰褲子，臉上掛著白色整齊落腮鬍，如老朋友般迎接我。接著在剛新翻修的辦公室合照，從辦公室眺望出去，可以看見趾高氣昂的孔雀。

莫迪的願景是讓印度都會化、工業化與現代化。然而經濟成績至今時好時壞，向貪汙強硬

宣戰的措辭讓孟買趾高氣昂的百萬富翁風聲鶴唳，打擊企業信心。我說，大家都很害怕。只見莫迪苦笑說：「若太陽從黑暗升起會讓人民害怕，那不是太陽的錯。」

莫迪說著飛快的印地語，穿插英文與成群統計數據，像是公路長度、鐵道長度，以及鄉村地區獲得多少桶瓦斯，蓋了多少廁所。光是第一個農業改革問題，他就講了十五分鐘，不時盯著我看，想確認我是否理解他的意思。笑容從臉上淡去。

至於外交，莫迪想和中國、俄國、日本與美國平起平坐，稱這些國家才是世界上新的五個常任理事國，而不是包括英國與法國在內的聯合國那五國（「時代過去了」）。他自豪表示，最近G20高峰會上，印度分別召開兩場會議，一場是與中國及俄國，另一場則是與日本及美國。「這兩場的公因數就是印度。」

甘地曾經說過，「印度的靈魂活在村莊」，莫迪則將這種說法改成「有企圖心的民族主義」。他點燃上億人民希望，尤其是年輕一輩。然而在過渡到市場數位經濟的過程中，勢必會有贏家與輸家，但印度政治文化不太能夠接受這一點。

離去前，莫迪給我一個信封，要我打開來看。我猜是今天的官方合照，其實還包括我們第一次在亞美達巴德會面時的官方合照。真是感人的紀念品，但也是一種客氣提醒：我們有你的檔案。

採訪莫迪下來，仍然對他要如何實現印度現代化霧裡看花，但有感受到他決心要讓印度躋身強國之列。雖然他沒有太過張揚印度民族主義，但別忘記一點：此人可是一根手指放在核武鈕上，難謂毫無威脅。儘管不久之後莫迪在國會選舉獲得大勝，第二任內卻經濟疲弱，宗教更加對立。但他統治的是全世界最大的民主國家，與川普和習近平並列為全球強人。

四月二十三日，週二

歐洲工業圓桌會議主席思文凱（Carl-Henric Svanberg）是個膚色總是曬得黝黑的瑞典人，也是我認識的企業家中思慮較為周詳的一位。他常到我辦公室聊近況，我也常和維多莉亞去他在肯辛頓區的家中參加瑞典風格耶誕派對。這位英國石油公司董事長花了數百億美元才解決深海地平線爛攤子，如今打算號召歐洲政商界支持更開明的「利害關係人」資本主義，當成是走威權路線的中國與走保護主義路線的美國以外第三條路。歐洲也許稅課得比美國重，繁文縟節也較多，但他相信歐洲這隻烏龜會跑贏美國兔。他說：「如果美國繼續放任不平等惡化，總有一天會遭到報應。」

四月二十九日，週一

政治記者潘恩做事很有幹勁，正在幫我追殺保守黨黨魁繼任人選，安排會面。戈夫也許可以傍晚來喝一杯，杭特很聽話，強生是個騙子，至於多明尼克・拉布（Dominic Raab），[1]算了，不約。

在肉桂俱樂部晚餐，第一位上場面試的是薩吉德・賈維德（Sajid Javid），今天才剛被任命為內政大臣。「薩吉」老爸是公車司機，兒時在布里斯托長大，上的是綜合型學校，十四歲開始看《金融時報》（他是這麼說的），後來在德意志銀行當證券經紀人，賺了幾百萬元。他研判梅伊最晚秋天就會下台。還要這麼久嗎？他又向我掛保證，只有他才能讓選民更多元，容納黑人、亞洲人與各種族裔。他還是唯一能夠擊退柯賓的人，按照目前局勢看來，柯賓不僅能勝選一次，甚至能勝選兩次。有點離譜吧？用完主餐時，這位內政大臣已經滔滔不絕聊過警政數據、外來移民、恐怖主義與脫歐等話題。談參稿掌握得滾瓜爛熟，但缺少笑聲。他問我，有沒有任何建議要告訴他？我說：「多笑一下。」

五月十七日，週五

特別舉辦酒會，慶祝總部遷回布拉肯屋，大大小小人物受邀參加。本來有安排頂樓露臺派對，但外頭下起傾盆大雨。來的人沒有預期得多，難免有些失望。不過蘭柏特、歐文與史卡迪諾都到了，喜多先生與一群人數不多的日方代表團也在現場，神色自豪愉悅。所幸致詞都很簡短，許多人對我點頭致意、眨眨眼，也被問到奇怪的總編任期問題。維多莉亞替我想出一個恭維人的反駁方式：「看來你的消息來源比我的還要靈通呀。」

五月二十四日，週五

黨內懲罰梅伊的做法可謂殘忍且不尋常。六個月以來，她請求歐盟領袖給予更好的脫歐協議，結果六個月以來卻在國會連連吞敗，甚為難堪。在電視上看著她在唐寧街十號外頭發表辭職演說，不得不欽佩她的淡然，然而臉上可見淚痕。其中一句聽了讓我激動，想必她也如此感受：「妥協不是髒字。」下午五點半剛過不久，電腦收到社論草稿，要給我過目。上面寫道：「套一句前任首相的話……梅伊曾經前景看好……她想達成脫歐，又想和歐盟協商脫歐，還要讓黨內不分裂。事實證明，這三件事扞格不入。」

五月二十九日，週三

杭特來到柯林西亞飯店與我共進早餐，左邊翻領上別著一記英國國旗徽章，頭髮梳得整齊。兒時曾是查特豪斯公學學生代表的他頗有外相架式，至於有沒有下一任首相的架式則是另一回事。儘管以「理智人選」為號召競選保守黨黨魁，多數論點都沒道理。他稱自己有辦法達成更好的脫歐協議，我反駁說，沒有商量空間了。但杭特認為，歐盟會對新任保守黨黨魁網開一面，唯獨強生例外。接任強生外相職位的他說：「強生在歐洲沒朋友。」

最後這一點我倆有共識。強生擔任外相時間並不長，是最不像外交官的外交官。我詢問杭

1　拉布是艾瑟與華頓選區的保守黨議員，也是脫歐死硬派，後於強生主政期間升任外相。

特對民粹時代的政治領導有何看法，法拉吉的英國獨立黨勝出，意味著哪些教訓？杭特舉出一例，川普每日上午藉著推特推文觸及目標群眾，要語出驚人，才能迅速博得新聞版面，成為話題。「技術官僚與沉悶無趣是行不通的。」

此話是否表示，理性辯論再也無望？

杭特迅速撇清：「不是，不是，沒這回事。」

但我懷疑。

下午搭乘歐洲之星列車到巴黎愛麗舍宮參加贈勳儀式，馬克宏總統要頒贈法國榮譽軍團勳章給德拉吉。向晚的陽光下，法國權貴齊聚一堂，有前總統薩科吉、前國際貨幣基金總裁米歇爾．康德蘇（Michel Camdessus）及多名前任法國財政部長，卡尼則是英語區主要代表。馬克宏稱德拉吉是莫內（Monnet）、舒曼（Schuman）與史賓內利（Spinelli）等歐洲國父「之子」。「不計一切代價」這句話拯救了歐洲經濟，將會名留青史。

德拉吉看得出來很感動，他說重要的一點是，薩科吉願意支持一個義大利佬擔任歐洲央行總裁，讓他兩度將歐元從鬼門關前救了回來，第一次是主權債務危機，第二次則是希臘危機，儘管有國家主張割捨希臘。而這個國家就是德國，大家心照不宣。最後，德拉吉提到一個政治重點：他的作為都是一貫基於中央銀行的宗旨，歐洲法院也還他清白。

六月六日，週四

衛生大臣麥特・漢考克（Matt Hancock）坐在維多莉亞女王街採光極佳的辦公室，目光卻放在唐寧街。儘管當上首相希望不大，卻以馬克宏與歐巴馬為榜樣，「不試試看又怎麼知道呢？」

這位奧斯本的門生出身切斯特，而非查特豪斯，或許正因如此，才會大力抨擊杭特（「可怕的髮夾彎傢伙」）。現年才四十歲，充滿雄心，富有友好魅力。看不起梅伊的政治手腕很合理，細數出一連串她的錯誤，包括承諾投下贊成票，恐怕會讓蘇格蘭舉辦第二次公投。這在他看來會導致可怕後果，「讓國家維持一統比脫歐更重要。」

離去時發現大臣桌上刻意擺了一本彼特・布德賈吉（Pete Buttigieg）打總統選戰的書籍，書名是《回家捷徑：一名市長遭遇的挑戰與美國未來新典範》（*Shortest Way Home: One Mayor's Challenge and a Model for America's Future*，暫譯）。漢考克同樣是辯才無礙的聰明人，但他的時刻尚未到來。

六月九日，週日

一百萬人走上香港街頭抗爭，人數一天比一天多。抗爭起因是林鄭月娥正在主導通過一項法案，允許引渡香港人民到大陸內地。她不願撤回法案，也不願放寬讓社會就香港民主展開辯論。僵局持續愈久，中國恐怕愈可能出手干預。林鄭月娥是在聽命北京指令行事，但從去年和她第一次會面的印象看來，她欠缺政治手腕，才是讓糟糕局勢如此棘手難解的原因。

六月二十日，週四

受邀出席海伍德的告別式，地點在西敏寺。五位前任與現任首相都到場，分別有梅傑、布萊爾、布朗、卡麥隆與梅伊，加上克萊格，罕見在國家分裂的時刻展現團結。海伍德死於癌症時才五十六歲，每位現場或透過影帶的致詞者，皆頌揚內閣辦公室部長不論在哪個政黨主政，都憑著聰明才智、勤奮與能力運籌帷幄。我最喜歡布朗的致詞：「二〇一〇年五月，我留了一張手寫字條給卡麥隆，大意是說『因為有傑米，這個國家被照料得很好。』」

但即使海伍德是近十年來最有權力的公務員，仍對內閣、保守黨內部及全國針對脫歐的種種不合束手無策。還有不少才華洋溢的公務員的前程，都毀於這場脫歐的政府內部矛盾，像是脫歐談判官歐利．羅賓斯（Ollie Robbins），就被罵成是向歐盟讓步的賣國賊。

六月二十五日，週二

德拉吉這幾週一直避不見面，叫人抓狂。我不斷哄他，希望他可以接受本報採訪，因為這將是他的卸任「遺言」。但他就是不斷拖延，雖想接受訪問，卻不確定時機是否恰當，畢竟歐洲經濟復甦不佳，增添他的顧慮。馬里歐和我都在思考自己的歷史地位。最後總算同意在歐洲央行新的摩天大樓四十樓辦公室和我會面，從這裡可以遠眺法蘭克福與萊茵河。

儘管酷暑難耐，從玻璃帷幕看出去的城市景色極為壯觀，德國聯邦銀行那棟冷峻水泥建築坐落在北邊山坡，信奉的是正統經濟理論，控制通膨，保障存戶。德拉吉開頭第一句話就用建築與哲學之間的差異做比喻，指「這棟建築〔歐洲央行〕體現出我們的價值，也就是透明與獨立。」

德拉吉任內將歐洲央行從德國聯邦銀行轉化為美國聯準會的角色，危機處理工具不再僅限於用來抑制通膨。他也透過寬鬆貨幣政策與大量購買債券安定市場，儘管低利率對存戶不利。我再怎麼敦促，他還是不肯明講這陣子在與瓦德曼為首的德國聯邦銀行鷹派人士對抗。當年德拉吉在歐元區危機時的每項決策，都遭到這些人試圖封殺，甚至動員德國媒體將他諷刺為吸食德國存戶血液的吸血鬼，但未得逞。儘管如此，德拉吉不像前一任總裁特瑞謝，他不怕德國人，也和德國當局講好：公開批評我可以，但私底下你要配合我。

對我們來說，這不是新鮮事，多年來私下談過這些緊繃關係。但馬里歐就是不肯對外公開談。因此對談九十分鐘下來內容乏善可陳，缺少亮點。說不定是主跑歐洲央行路線的記者克萊兒．瓊斯（Claire Jones）在場的關係，讓他不自在。依照慣例，我同意只要有引用他的發言，都會在出刊前讓他過目，這是《金融時報》對鮮少接受正式採訪的央行總裁禮遇，畢竟他們的言論會衝擊金融市場。正因如此，沒有確定刊登的時程。雖讓人不快，但能承受。反正現在心思已經飄到莫斯科那場更重要的採訪：採訪總統普亭。

後來馬里歐九月來到我辦公室接受第二次採訪，這次沒有旁人在場。這種做法不是很理想，因為可能會有「凌駕」本報記者之嫌。然而另一方面，沒有人比我更熟悉馬里歐。我們又想做一則卸任報導。後來在月底刊登。

六月二十六日，週三，莫斯科

採訪普亭宛如波修瓦芭蕾舞團（Bolshoi Ballet）的演出，每一步都經過排練，不碰運氣。今晚舞台所在地點位於紅場旁克林姆林宮元老院內閣廳，壯觀氣派，四尊帝俄時期沙皇雕像俯視總統辦公桌，分別是尼古拉一世、亞歷山大二世、凱薩琳大帝與彼得大帝。我會在附近小圓桌採訪普亭，俄國電視台則在一旁錄影，隔天傍晚播出。這是他幾年來第一場正式接受西方媒體採訪。

為了這次採訪，我比平常下了更大功夫，前美國駐俄國大使暨當年外交翹楚比爾・伯恩斯（Bill Burns）向我提點普亭的心理模式。三十多年來的人生導師暨俄國專家佐立克則提醒我保持風度，避免咄咄逼人。曾經派駐莫斯科的路透社記者東尼・巴伯也提供相關協助，包括提供一個重量級問題。

剛過六點半不久，俄國口譯員韓莉塔現身大都會飯店門廳，據本報莫斯科分局主任亨利・佛伊（Henry Foy）的說法，她是最頂尖的口譯員，二〇一一年卡麥隆首訪莫斯科正是由她擔綱口譯。我有意詢問普亭前俄羅斯軍事情報局雙面諜斯克里帕爾暗殺失敗事件，韓莉塔知不知道

「眾人皆可討伐」的意思？她知道，但可能不會這樣對總統說。

老樣子，普亭再度拖延。後來總算正式召見。搭乘計程車到克林姆林宮僅四分鐘車程，外頭下著滂沱大雨。自從採訪梅德韋傑夫與伊萬諾夫後，我已經有些熟悉克林姆林宮的長長走道與紅毯。一行人走進黃色牆壁與灰泥天花板的偌大廳室，桌上擺滿蛋糕、甜食、咖啡與茶，我私底下稱之為釺套房，實則為壯麗的內閣會客廳。四名剽悍保安人員走進來，打量這群外國訪客後，在四張空著的木頭椅子坐下，害得接下來一小時我和亨利兩人得站著與克林姆林宮的僕役們閒聊。

三小時後，剛過晚上十一點半，普亭進場，個子矮小結實又有些跩。他以幾乎聽不見的聲音說：「巴伯先生，歡迎來到克林姆林宮。」（這些輕聲細語的強人是怎麼啦？）

我先是用英文回答：「謝謝您，總統先生。」接著改以德文表達。

巴伯：「上次我們相遇是在二〇一三年倫敦的一場晚宴，很高興再度相見。」

大人物（改以德文表達）：「德文在哪裡學的？」

巴伯：「我在德國讀過書，在那當過筆譯及口譯。但我也在牛津就讀，主修德文與現代史。」

大人物：「現代史是什麼？」

巴伯：「我們那個年代，牛津大學界定的現代史是從公元三百年起算。」

大人物（眼神空洞）：「我是問**你**覺得現代史是什麼？」

巴伯（短暫沉默，試圖解讀他的意思）：「一九八九年以後的歷史。」

大人物：「很好，我們開始吧。」

後續九十分鐘的採訪像是引信緩慢燃燒。我問普亭隨著任期延長，風險胃納量是否跟著變大。他說，要有合理理由才能冒險。「有句俄國諺語是這麼說的：『不冒險的人喝不到香檳』，但這句諺語不適用於現在這個情況。」典型的KGB雙重否定句。

問起俄國在委內瑞拉的布局時，原本扳著臉孔的他閃現一絲惱怒，口氣卻不像是生氣，反倒像是難過：「我們一開始很順利的……」我問，斯克里帕爾是不是眾人皆可討伐的對象。

普亭無動於衷，不願上鉤，只顧泛泛而論，避重就輕，事後想了一下，說：「間諜新聞不值五戈比……」

巴伯：「有人說，人的生命不只值五分錢……」

普亭瞪著我，嚴肅表示：「叛國是罪大惡極，叛徒必須遭受懲罰。我不是說索爾茲伯里事件的手法就是正確的。但叛徒就是必須懲罰。」

我提出東尼．巴伯的問題，進一步露出我的真面目：英國脫歐、川普當選及德國另類選擇黨崛起，可見民眾對菁英與權貴強烈反彈。俄國又能維持多久不受波及？

普亭表示，執政者不能忘記一點，政府存在的目的是替普通老百姓創造「穩定、正常、安全與可以預料的人生」。西方菁英忘記這一點，與普通老百姓脫鉤。「自由主義的觀念已經不合時宜，與多數民眾的利益相衝突。」

我望向亨利，有新聞可以報了：普亭在大阪G20高峰會前夕宣告自由主義觀念之死。此刻正逢歐美地區自由主義民主遭受民族主義與民粹主義夾攻，普亭的一席話肯定會掀起風暴。

普亭在採訪中保持政治家風範，堪稱自律表率，既不曾拉高音量，也未拍桌，總是保持沉著。儘管事前做好準備要近距離與這位擾亂大師接觸，訪問中有時難免緊張。問到民粹威脅俄國那一題時，似乎讓他沉不住氣，看來英特爾的安迪．葛洛夫（Andy Grove）說的也許有道理：唯有偏執狂才能撐到最後。

後記：克林姆林宮事後並不打算竄改逐字稿，唯獨要求把對美國總統的親密稱呼「唐納」改為「川普總統」，也希望移除批評梅克爾難民政策的敘述，但後者我們拒絕。俄國電視台全程錄製我們的採訪。報導隨即被全球媒體跟進，成為日本G20高峰會的話題。

七月二日，週二

在柯林西亞飯店與財政大臣韓蒙德共進早餐，陪同他前來的是特別顧問桑妮雅．汗（Sonia Khan）。[2] 韓蒙德不作掩飾表示，他要報復強生那一票推翻梅伊政權且即將轟他下台的叛軍。

2 桑妮雅曾在哈蒙德與繼任的賈維德身邊擔任財政部政治顧問，後來突然被強生的高級顧問康明斯公開解雇，原因是違背英國脫歐立場。解雇後遭到武裝警衛從唐寧街辦公室帶出，不情願地成為英國政壇上首例仿效美國「遊街示眾」的實例。

當過國防大臣、外相與財政大臣的他，曾經權傾一時，如今卻被多數自家人打入冷宮。侍者端來另一壺英式早餐茶時，韓蒙德若有所思，想必對失勢感到惱怒。當初他固守英國留歐的信念，也支持梅伊，想不到卻被自己內閣那群脫歐者搞破壞。這回淪落為後排議員，他決心要對強生新政府以其人之道，還治其人之身。

七月二十三日，週二

做了一個擔任總編以來最煎熬的決定，委由獨立法律事務所RPC就威卡指控本報記者與賣空者勾結一事展開調查。起因是收到一張祕密錄製的錄音檔，消息來源宣稱自己知道《金融時報》打算報導什麼內容與何時刊登。墨菲堅稱這是圈套。我相信這些指控子虛烏有，也力挺自家主任記者麥克倫。部分同仁覺得我反應過度，但既然本報致力於金本位新聞報導，就必須對大眾自清。

調查兩個多月下來，沒有發現勾結證據。一收到RPC調查報告的當天，我便批准刊登麥克倫寫的兩千字專題報導，將威卡在杜拜、愛爾蘭、菲律賓等地與第三方的骯髒勾當公諸於世。內部文件顯示這些威卡重要單位的銷售與營收數據可能造假。多虧麥克倫的報導，威卡被迫要在長期配合的安永會計事務所（EY）之外，另外請安侯建業會計事務所（KPMG）進行獨立稽核。從這份七十四頁的報告內容看來，威卡的會計作帳手法更加啟人疑竇。二〇二〇年六月，紙終於包不住火，威卡承認據稱存放在兩間菲律賓銀行將近二十億美元現金不知去向，這家公司就這麼塌了。《金融時報》花了四年時間深入調查，最後揭穿這起相當於德國版安隆弊案的大型詐欺事件，為此我深感自豪。

七月二十四日，週三

至今仍不敢相信強生竟然當上首相。當年他在布魯塞爾當《每日電訊報》記者時是個討人喜歡的小丑，但也善於隱藏企圖心。或許正因如此才不被外界當一回事，就算後來當上倫敦市長。大錯特錯。今天首相喋喋不休嚷著要漲工資、提高警政與健保支出，還要端出新政策提升區域「平等」。最引人注意的是致力於十月三十一日前「無條件」脫歐。這位未來的邱吉爾說，「懷疑我們的人、看衰我們的人，與不抱希望的人看好了，我們要跌破你們的眼鏡。」又說：「看壞英國的人會輸個精光，因為我們要用民主制度重振信任。」

看壞英國？我想他指的是《金融時報》（但他錯了）。

七月三十一日，週三

與維多莉亞一起到西西里參加谷歌營（Google Camp），這場會議聚集世界各地一流講者。英國小報熱衷報導巴勒摩機場有多少架私人飛機，又捏造哈利王子光著腳丫對聽眾談話，卻漏了真正的新聞。我從可信消息得知，王子殿下與新娘梅根極度不滿要在英國過公眾人物的生活，正認真思考離開英國展開新人生。個人不認為這條新聞會多轟動，但肯定會帶給國內權貴人士不小震撼。

八月二十八日，週三

強生打算讓國會休會五週，以阻止國會就他要和歐盟達成的脫歐協議進行辯論。這個主意八成是卡明思提出的，打算強行在下議院通過決議。是時候用社論大力反擊了，提醒一下首相代議政府如何運作。由於強生以前主修歷史，我特別在文章中插進一段約翰・史都華・彌爾（John Stuart Mill）[3]是如何談論國會議員的角色。「國會議員職責在於說明需求所在，擔綱傳達人民需求的角色，針對公共事務的所有意見進行對立的討論……並以批判及最終撤回支持的方式，制衡處理公共事務的重要官員。」

後來強生放棄讓國會休會，顯然彌爾的話發揮作用。

九月三十日，週一

保守黨黨大會在曼徹斯特登場。卡明思身穿灰色運動服配球鞋，漫不經心走進室內，樣子和英國脫歐公投前幾週來到本報辦公室一樣邋遢。這位揭竿起義者如今躋身唐寧街權力中心，睡眠不足讓他雙眼凹陷，一部分是這陣子政壇高潮迭起的關係，一部分則是不明原因的胃疾。（據說他答應老婆要在十月三十一日後動手術，這個日期是政府訂下無脫歐協議就無協議脫歐截止日，又常被外界稱為「敗北日」，儘管有誤導之嫌。）

一聽到我開頭的問題：「羅伯斯比（Robespierre）還是拉斯普丁（Rasputin）？」卡明思露出淺笑。我又問他為何不斷使用煽動語言，像是「投降法案」、「投降」與「憲政政變」。（他否認說過「憲政政變」一詞，但我知道里斯莫格會在內閣圈子使用這個字眼。）卡明思說口號要很響亮才行，就像是一九七四年那場橄欖球賽事，獅子隊對上跳羚隊採用的「九九」口號。前鋒一喊「九九」，眾人便會在傳奇愛爾蘭第二排前鋒威利・約翰・麥克布萊德（Willie John McBride）的率領下，以全武行群起報復。

卡明思似乎對可能出現的暴力無動於衷，又或者其實就像在南非的獅子隊一樣現實。他說，英國本來應該要辦兩次公投，一次是針對是否脫歐，另一次是針對脫歐的條件。但現在英國必須脫歐，「沒有商量餘地，因為關係到民主的健全」，如果舉辦第二次公投，將會導致街頭流血事件。他也研判，若再度舉行公投，脫歐陣營將會勝出，大概是六成五對上三成五，差距比二〇一六年更大，只是過程會「滿目瘡痍」。

卡明思操著杜倫（Durham）的沉悶語調就事論事，語氣卻近似心虛，彷彿是現代清教徒，堅持使命，批判嚴厲。他說對了一點，英國脫歐造成兩極對立，陷入僵局，國會停擺。但他竟膽敢提出國會休會這種違反憲政的解決之道，又提出暴力末日預言，讓人錯愕難過。英國政壇

3 彌爾（一八〇六—一八七三），英國哲學家。以功利主義聞名於世。

再也沒有理性辯論餘地了。也許被杭特說中了。

十月十八日，週五

強生敲定他要的脫歐協議了，一會兒與歐洲人作對，一會兒討好歐洲人，噤聲脫歐陣營，又出賣民主統一黨。就在來來回回討價還價之中，愛爾蘭防護網就這麼破了。根據談妥的脫歐協議，北愛爾蘭將適用歐盟單一市場規範，頂多在法律上與英國其餘地區局部分離。為了避免北愛爾蘭與愛爾蘭南部出現設防邊界，這麼做不得不然，但也是（憲法上）危險之舉。

接近傍晚，骯髒協議已經談妥了一陣子，我的手機響了，是強生打來，口吻過度禮貌，不像平常對待記者虛情友好的口吻。請問你有沒有幾秒鐘時間一起討論這次協議？我說，首相先生，我要跟你討論不只幾秒鐘。

電話上來來回回十分鐘後，該談一下脫歐後的世界樣貌了。想治理，就得做選擇。英國到底要與歐盟保持親近，還是刻意走不一樣的路？

他模仿梅伊的口吻說：「這不是二擇一的問題。」在他心目中，所有事情都自成一格（*sui generis*）（強生每次說話都一定要穿插古希臘文或拉丁文）。英國可以在外交政策上支持歐盟，例如針對伊朗問題。若要振興醫藥業，則可以參考新加坡的做法。也可以和各個國家量身談判貿易協議。這就是眾所皆知的「只挑自己要的」政治模式，歐盟官員早就告訴我，這是行不通的。有一次強生被問到對歐洲抱持什麼立場，他開玩笑說：「我愛義大利的氣泡酒，也愛開胃菜（I'm pro-secco and anti-pasta）。」[4]依舊死性子不改。

十月十九日，週六

國會為了辯論強生的脫歐協議，罕見在週六集會。聽到首相又在陳腔濫調，稱英國是三心二意的歐洲人。早年在布魯塞爾當記者時，就曾第一手見證英國與歐盟的愛恨情仇，其實英國不像是國內小報諷刺的那樣一直是受害者，反而影響力不小。是時候在卸任總編前夕去最後一趟布魯塞爾，澄清是非。

十月二十四日，週四

布魯塞爾之行第一站，是接受當了二十二年歐盟頂尖律師的老友皮瑞斯私人晚宴款待。尚克勞德是歐盟高峰會的常客，見過各種掌權大人物：柴契爾夫人、柯爾、密特朗、布萊爾、席哈克與梅克爾，且從馬斯垂克、阿姆斯特丹到里斯本條約，對所有歐盟條約倒背如流。他告訴我：「英國脫歐是自我傷害，也是戰略錯誤。」但他也發覺歐洲方面對於英國舉辦第二次公投態度意興闌珊：「大家的心已經不在英國身上。」

隔天和巴克進行幾輪採訪，他安排與六個聰明絕頂的歐盟官員見面，多數曾在脫歐談判中

4 譯者注：雙關語，支持乾型酒，反對義大利麵。

有與英國交手的經驗。對談內容刺激人心，也時常令人沮喪。

一名比利時資深官員表示：「〔英國脫歐〕最讓人感到超現實的面向是，你們的政治階層開始耍無賴。」他舉的例子是內閣大臣與公務員的關係變調；這可是英國以前的強項。「這些政客聽不進去別人說的話，完全與外界脫鉤。目前你們的反對陣營差到極點〔指柯賓〕，政府又很糟糕。這件事若發生在德國，那還得了。」

另一名外交官則說英國部長們「空有其表」，無助於議題辯論。但有些人坦承稍微被強生的魅力吸引，尤其是在脫歐協議塵埃落定後，強生和歐盟領袖聊到當年在布魯塞爾上學的經驗，以及他的女兒唱歐盟盟歌，貝多芬的《快樂頌》。「很美好的一刻，」一名資深官員如是說。

聽到歐盟官員詆毀英國統治階層，心中略有羞恥。但脫歐確實讓英國變得支離破碎，人人力量式微，甚至立即衰敗。我要再次咒罵卡麥隆當初舉辦公投。我在飛往東京途中寫了長篇論述，談英國與歐洲的愛恨情仇，指出「英國亟需一套重新凝聚全國、讓親歐與疑歐者一同再出發的新論述」。

十月二十六日至十一月二日

剛過早上七點，飛機降落東京。發覺這是二〇一五年四月以來第十四趟出差日本，不禁納悶以後是否會懷念這種出差固定模式：入境大廳會有一名老先生手持我的名字看板，一句英語也不會說，只是點點頭，示意我跟隨他到停車場。短暫等待後，開來一台樸素小廂型車，慢慢載我到皇居酒店，一路上沒什麼車子。飯店櫃台服務好的沒話說。想睡卻必須忍耐，改去泳池游半英里，接著繞皇居散步或慢跑一小時，理想時節是春天或沐浴在暖暖冬陽。我覺得已經準備好人生下一階段旅程，心安理得，只對任內最後一件事有些忐忑不安：挑選接班人選。

上一次如此忐忑不安是在日經收購《金融時報》後一週的二〇一五年夏天，當時準備要在辦公室會見來訪的喜多先生。所幸這次可以靠一件事分散注意力：橄欖球世界盃準決賽，英國對上紐西蘭黑衫軍。艾迪・瓊斯（Eddie Jones）領軍的明星隊槓上世界數一數二強隊。我和南美出差夥伴羅斯本待在飯店酒吧看比賽，見證英國運動賽事非凡成就。我猜決賽解決對手南非應該輕而易舉，但兩名會打橄欖球的南非企業哥兒們約翰・魯伯特（Johann Rupert）及伊凡・葛蘭森伯格（Ivan Glasenberg）傳簡訊給我，說他們老神在在。[5]

與喜多先生會面很順利，雙方同意由盧拉接任總編輯，三年多來她擔任副總編輯表現出色，除了博得新聞中心同仁一致好評外，本身也是傑出記者。她將成為《金融時報》第一位女性總編輯。現在要做的是嚴守祕密，安排喜多先生前往倫敦正式任命盧拉接班。至於通知落選人的艱難任務，則交給我負責。

5 魯伯特是奢侈品集團歷峰集團（Richemont）董事長。葛蘭森伯格則是全球最大原物料貿易商嘉能可（Glencore）執行長。他們的直覺是對的，最後南非隊在決賽以三十二比十二痛扁英格蘭隊。

十一月二日，週六

我的脫歐與歐盟專文刊登在《金融時報周末版》頭版後，電子信箱收到許多佳評。羅素將文章編輯得很出色，不知道有沒有發現我的標題藏了一個訊息：「是時候分道揚鑣。」這篇稿子具有很大的個人意涵，串起兩件事情：我要卸任總編與記者，以及英國脫離歐盟。是否代表一個時代的結束？不太算是。但仍可感受到一種轉折，一種新氣象的開展，儘管不確定其內涵為何。

十一月七日，週四

與身形高䠷、自在從容的南非人羅以德（Richard Gnodde）共進早餐，他是高盛國際（Goldman Sachs International）倫敦總部的執掌人，思慮周詳，見多識廣，我擔任總編以來固定會和他聊聊。他喜歡我寫的那篇脫歐專文，但更重要的是，他提到英國脫歐後的下一步。

三十年來倫敦金融業欣欣向榮，柴契爾夫人大力去管制化，讓資本雄厚的美國投資銀行吞噬英國同業。歐元的發行再度振興倫敦金融業，帶來新的資本用於投資與交易。自外於單一貨幣共同體的英國可說是兩邊享盡好處。羅以德警告，英國脫歐後若採取「新加坡模式」去放寬管制，只會讓歐洲人更加反感。反正都柏林、巴黎、米蘭與法蘭克福短期內都不是倫敦的對手，沉睡的狗就別喚醒牠。政府裡有沒有人在聽啊？

十一月十二日，週二

盧拉深夜傳來訊息：「我的老天，謝謝你萊奧納，一直對我有信心。」在喜多先生晚餐公布消息以前，她都被蒙在鼓裡。我們的談話雖然簡短，卻很溫暖，從她得到新聞業最棒工作的興奮心情，讓我想起十四年前貝爾爵士在曼哈頓的一次午餐指定我接班時，也是同樣感受。還有一點也相同，就是勞勃．瑞福（Robert Redford）在《候選人》片中得知自己贏得選戰時的反應：再來呢，打算怎麼做？

隔天一大早，我在不同會議室分別通知落選人選，各個神情落寞。約翰、艾力克與羅伯特都是傑出記者，出任總編易如反掌。當總編這麼久，最困難的對談就屬這次。接著重寫卸任聲明，以電子郵件寄出一封通知給同仁，告知將在早上九點半公開談話。

消息如野火般傳遍各地，我和盧拉一同走到編輯室，發表聲明，大意是任務完成。就在聲明結束前，我的聲音變了調。將近一年無法對外透露自己要卸任，十足考驗自制能耐。與喜多先生共同安排接班事宜則是另一番判斷考驗。但終究是走過來了，我覺得很好，一切豁然開朗。盧拉則非常客氣，讚揚我任內成就。

原本設定的目標都達成了，分別是讓《金融時報》報導與評論回歸金本位，以及以數位轉型為本，打造一間永續獲利的企業，至今我們的付費訂閱戶超過一百萬。二〇一五年後的第三個重要任務：鞏固本報與日經新業主的全球媒體聯盟，我也做出不少貢獻。

既然有得，自然也有失：像是要不斷出差、時差紊亂，又要面對日常領導與管理壓力。要不斷鼓舞大家，驅策大家前進，還要留意誰適合接班。當總編輯難免有些孤獨。早期我有迪克森每天交心陪伴，近期則成為盧拉辦公室常客，總是趕在早上編輯會議召開前進去和她聊聊前一晚聽到的八卦，確認要繼續追哪些新聞。維多莉亞也是我當總編這段期間的測試板，得益於她的一流判斷。

我會懷念站在第一線的日子，深夜在電話上聽人滔滔不絕、分享八卦，偶爾向我告解。還有和維多莉亞到偏遠地區的「地方總督查訪」行程，足涉聖保羅的貧民窟、孟買的跳蚤市集、剛果的火山，乃至各地領袖接受採訪時的室內布景。正如希穆斯里日後所言：有時還以為巴伯在主演自己的電視劇呢。

但我最愛的還是「到處走動」，喜歡聽聽記者們現在在跑哪些新聞，喜歡鼓勵他們追線索，也常會告訴他們可以聯絡誰。偶爾樂於請年輕記者進到我的辦公室，看看他們的文稿，甚至親自潤飾，讓文章更加出色。

待在新聞中心最棒了，尤其是發生重大事件的時候，像是英國脫歐、川普競選總統、雷曼兄弟倒閉與《金融時報》出售。在這些危機高潮迭起的時刻，人人慌張失措，總編輯必須保持疏離，自己不立即行動，但隨時待命。我懷有記者魂，很難不待在編輯室，希望能親自上陣，多數時候也確實跳下去參與。

布萊德利警告過我，卸任總編之後就知道誰才是真正的朋友。我仍然會和《金融時報》圈子裡某些人繼續做朋友，但會是在彼此都比較自在的新模式下。泰德・威廉斯認為將球打到外野看台，就是所謂成功劃下句點。對我而言，所謂成功劃下句點則是與喜多先生建立信賴，完成數位轉型，採訪普亭與布魯塞爾，以及交棒給盧拉。與其他總編輯相較之下，我算是揮出一記全壘打。

回到辦公室，只見電子信件不斷湧入，有人惋惜，有人恭賀，還有本報記者的謝函，資深、資淺、離職的都有。這些私人訊息，尤其是年輕一輩的，對我意義特別重大，遠非言語所能表達。

上午十點左右傳來敲門聲，只見加普在門口探頭，低調對我說：「你救了《金融時報》。」門接著輕輕闔上。

後記

二〇一九年十二月底，一則新聞引起我的注意，談到神祕病毒在中國中部武漢市傳播開來。從報導看不出這個疾病有多嚴重，也不知其起源。我記下來日後要繼續追蹤相關報導。一月七日，飛到柏林採訪梅克爾，為總編一職與三十五年《金融時報》職涯劃下句點。

年輕時候當記者一直渴望被派去德國，畢竟打從學生時期即著迷於德國語言及文化，可惜未能如願，反而從華府調到布魯塞爾，後者是馬斯垂克條約簽訂後報導歐洲事務的理想根據地。能夠在最後一刻造訪柏林，既是一個與歐洲頂尖政治家在職場上道別的機會，也算是彌補未能派駐德國的遺憾。

梅克爾就任總理的時間點僅比我就任總編輯晚三週。據首席發言人史戴芬・塞伯特（Steffen Seibert）的說法，正是由於這個雷同，總理才答應接受不用訪綱的採訪，上一次這麼做已經是幾個月前。將近一小時的採訪期間，梅克爾態度謹慎，姿態卻頗高，稱歐洲是德國的救贖，不能就此放棄歐洲合作與（慎重）整合。眼見世界各地民粹主義者與強人崛起，反而讓她更加堅定要讓歐盟這個自由民主主義陣營（接近）屹立不搖。

七週後，新冠肺炎大流行讓世界陷入停擺，我的總編職涯不光是劃下句點，也因此劃下驚嘆號。現代經濟與細緻全球供應鏈之脆弱，經過這次疫情暴露無遺。但其實二〇〇五年到二〇二〇年間，早就有跡象顯示全球化出現問題。金融危機、大規模人口遷徙、民族民粹主義崛起與川普總統以關稅為武器，種種趨勢威脅到貨物、人民與觀念的自由流動，這些自由流動是全球化的優點。如今新冠肺炎不過是讓負面趨勢惡化罷了。

二〇二〇年春天還發生一件不一樣的事。全球化向來不僅是實體與政治現象，更是一種心態：即選擇無所不在的概念，消費者可以一網打盡，想要就要，即刻即時。這場傳染病大流行則終止這種極端流動性。在疫苗問世仍是未知數的情況下，不論是航空旅行或是上班辦公，充滿「社交距離」的世界讓我們再省思現代經濟社會的基本運作模式。

新冠疫情對專制政權或自由民主政權都是嚴苛考驗，病毒起源地中國當地政權先是笨拙隱瞞真相，接著在廣泛國家監控下實施嚴厲的隔離措施，讓經濟得以緩緩復甦。至於俄國，普亭政府先是矢口否認出現疫情，直到染疫人數增加，民意下滑時，當局才採取行動。

反觀科學家出身的德國梅克爾總理及早果決行動，使得原本搖搖欲墜的民意支持度高漲，跌破眾人眼鏡。其他女性領袖表現不俗，例如紐西蘭、南韓與台灣。至於英國，強生原本裹足不前，直到後來自己染疫、經濟衰退後才有所作為，可謂繼英國脫歐之後再讓國人同等震驚之事。川普總統也不斷否認疫情的嚴重性，造成經濟急遽衰退，恐怕不利於尋求連任。

平常每逢危機時刻，全球都以美國馬首是瞻，然而這次美國卻缺席。二〇〇八到〇九年爆發金融危機後，布朗、小布希、歐巴馬與薩科吉等人主導協同因應，與這次的處理方式相比有如天壤之別。這個情況下，中國企圖以經濟外交及財政與物資援助為手段，填補美國遺留的真空。但中國早就在道德上站不住腳，亞洲鄰近國家也對其意圖懷有戒心。歐洲則是過度分歧、太過弱小，埋首處理自身經濟災難，無能為力填補真空。我們確實活在群龍無首的世界。

政治局勢發生變化，經濟崩盤的此刻還有一項不安事實，就是這是十年內國家第二度被迫紓困企業。但二〇二〇年不像當年金融危機容易找到對象進行道德譴責，例如當年那些槓桿開太大、鋌而走險導致納稅人被迫買單紓困的銀行。十二年過去，如今紓困金額更高，不再是數千億美元，而是達到兆元之譜。如此龐大債務唯有靠相當幅度的通膨爆發或經濟持續成長才有可能明顯消除，要達到這樣的幅度，新興市場國家比西方已開發國家更有條件這麼做。

目前來講，各國中央銀行再度上場擔任救火隊，美國聯準會及歐洲央行大量收購資產，穩定金融市場信心，但實體經濟恐怕會留下永久傷痕。失業人數之多，乃一九三〇年代以來所未見。比照當年金融危機之後給金融資產打強心針，恐怕會造成不良後果。風險已被社會化。本報同仁沃爾夫如是說：以前央行負責在派對玩得太過火時收走調酒甕，現在變成是推一把讓人玩得更凶。

後疫情世界中，企業、政治、全球經濟與國際關係（尤其是美中權力平衡與歐洲角色）有五種可能的進展，值得深思。每一種進展當中，全球領袖所做的選擇會影響自由主義民主社會的未來走向，這些民主社會興盛於戰後以規則為本的秩序體系，卻在金融危機發生後的十年重重跌了一跤。

第一種進展，也是最危險的進展，就是世界變成美中失序競爭的戰場，四處可見國際結盟，聯合國與世界貿易組織這一類國際機構則遭到弱化。正如葛雷厄姆．艾利森（Graham Allison）的先見之明，儘管這不會是一場新冷戰，但當今超級強權美國與戰略對手中國恐怕真的會掉入修昔底德陷阱，雙方在軍事上較勁。

第二種進展較為樂觀，各個強權國家了解到彼此具有共同利益，也了解到儘管政治體制有差異，仍有責任經營彼此關係。美國人會捨棄川普那套做生意式的外交政策，重返推廣美國理念與價值的傳統。美國不會再摒棄該盡的國際義務，而是重新與敵友打交道，處理人類共同重要課題：能源與環境、人口遷徙與數位安全。就像佐立克在最新美國外交史著作[1]中提出的卓見，過於狹隘的美國民族主義只會阻礙美國發揮真正實力。

至於歐洲，則要加強自己在國際舞台上的分量，不要夾處在兩大強權之間。二〇二〇年夏天，這場疫情讓歐盟二十七個會員國變得更團結，梅克爾主政下的德國決定與其他會員國共患難，支持強化經濟整合，七千五百億歐元復甦基金達成協議即為明例，打破金融市場借貸的禁忌。這番金融火力往後可能會用於資助新計畫，像是集體防禦與科技研究，進一步邁向政治統一。

1 參見佐立克所著之《美國看世界：美國外交與外交政策史》（暫譯，*America in the World: A History of U.S. Diplomacy and Foreign Policy*），二〇二〇年八月出版。

選擇脫離歐盟的英國則會在外交政策上面臨痛苦兩難。強生政府提出的「全球化的英國」理想上是要讓英國在法律上與政治上不受制於歐盟當局。但與各國個別談判貿易協定並不輕鬆，而且冗長，何況要面對歐盟與美國的集體力量。英國很可能會傾向美國，不會傾向歐洲，更不會倒向中國。如此一來，英國就更明確只是小夥伴的角色。就國內而言，英國脫歐是民族新生的契機，卻如同洗大量冷水澡：病人可能覺得清新，卻對短期健康不好。蘇格蘭獨立的陰魂也未散去。英國（聯合王國）一旦分裂，衝擊到的不僅是倫敦、貝爾法斯特、卡地夫與愛丁堡。儘管外界談論英國國力衰弱，但事實上英國從柴契爾夫人到布萊爾乃至布朗首相任內，向來在國際事務占有一席地位。未來英國的分量或地位都將不如曩昔。

第三種進展是對國家角色與所謂「西方」代議式政府的再思考。政黨制度與盛行於冷戰時期的傳統左右派劃分法已經式微，如同讀者於本書所見，英國的卡麥隆訴諸公投並阻礙改革臃腫的上議院，此種做法弱化了代議政府。身為反對黨的工黨往往也是共犯。應該要藉著英國脫歐催化政治制度改革，重整選區，替整個因樽節與漠視而逐漸萎靡的國家注入新活力。就此而論，卡明思這類煽動者的直覺不算是錯。

事實證明，在運用國家資源對抗新冠疫情的成效上，新加坡與南韓等亞洲國家政府比英美政府做得更好。「疫調追蹤」的做法突顯專業與高科技投資具有價值。這些國家也許偏向專制式民主，卻能夠正常運作，像個現代國家讓人民感到安全，經濟同時成長。二十世紀是西方國家向亞洲國家灌輸自由民主，到了二十一世紀西方則要多從亞洲取經，但不要踏上習近平那套非自由民主、共產黨不受批評的治國模式。

第四種進展牽涉到改革資本主義，即自由主義式民主賴以維生的財富創造驅動引擎。早在疫情發生之前，即不斷有新的社會盟約訴求出現，要公司董事會不再只重視股東價值，更要考慮其他要素，像是氣候變遷、多元性與人力資本。董事會有義務去設法減輕舊體制導致的總體不平等現象。新的體制下，政府為了償還巨額債務，難免會用更高稅負來平衡收支，挑戰就在於如何調整方向卻不會再次陷入一九六〇至七〇年代的窒息性停滯狀態。不論如何，都需要一套新的議程。

也因此來到第五種進展：科技將繼續扮演更多角色。新冠疫情讓網路力量倍增，工作自動化與人工智慧進步神速，威脅到白領階級的工作，道理如同工業機器人在一九八〇年代摧毀藍領工人。其他像是旅遊業與餐飲服務業的商業模式，則會因為Zoom及其他社交網站公司的興起而出現天翻地覆的變化。無法順應者將會死得很慘，或漸遭淘汰。

當今這個超級網路化的世界，美國科技大公司像是亞馬遜、臉書、谷歌、微軟與網飛，在「贏者全拿」的行為準則下，市值以倍數成長。但成功也會讓它們成為攻擊對象，其龐大利潤會成為力主財政重分配陣營的關注焦點。這些公司分量之大，令人想起十九世紀末的美國壟斷企業，肯定會有更多人呼籲祭出管制，甚至要求拆分。這幾家所謂的「尖牙股」公司至今是活力與創新的絕佳驅動引擎，很有可能會以中國對手的規模當作反制論據，稱中國意圖在科技競賽贏過美國，並且推廣類似阿里巴巴與騰訊的自家冠軍企業。不論如何，隨著全球分裂成敵對陣營，本世紀初擁護的網路無國界概念正逐漸褪色。

十年前數位革命興盛之時，很流行說新聞業不再具有價值。但在後疫情時代，新聞業負有的闡釋任務依舊重要，也依然極具挑戰。紙媒將逐漸變成過時的骨董，取而代之的是數位優先的新聞機構，這些機構除了要找出獲利模式，也要讓自己的報導在政黨極度惡鬥的喧囂中被讀者看見。除了靠下一代的赫斯特（Hearsts）與普立茲（Pulitzers）這類機構包養，最好也能夠尋求慈善事業資助，或是尋求廣告以外其他資助來源。未來將會出現新型態的新聞組織與合作模式以減輕開銷，並以最有效率的方式產出新聞報導，也就是「隨選新聞」的概念，隨時可直接將新聞呈現給讀者。

《衛報》資深總編輯C. P.史考特（C.P. Scott）說過一句名言：評論留言是免費的，事實卻是神聖的。全球新冠疫情及時提醒我們，以事實為本的科學很重要。在這個政客推銷「另類事實」的世界（其實就是宣傳與欺騙的最新委婉說法），記者有義務呈現事實或盡可能貼近事實。民主社會奠定在公民具備充分認知，而要有充分認知，必須靠事實報導，而非靠蒙昧的政黨惡鬥。

超過四十年的記者與總編輯生涯當中，有幸能夠對著強權偶爾說真話。先父法蘭克說得有道理：新聞業不是一份工作，而是一份志業。本書即是這趟任務的見證，如今任務將交付給下一代。

謝誌

我很有福氣，本書付梓期間得益於許多朋友的睿智建言。惟最關鍵的是某位特別人物，沒有他的支持，本書無法問世。

此人即是日經會長暨《金融時報》業主喜多恆雄。喜多會長不僅同意出版本書，亦未曾過問內容，對我展現高度信任。我們兩人深信新聞業應該見證歷史，他也始終信守諾言。

特別感謝紐約的吉姆．麥克葛雷格（Jim MacGregor）多次看稿，曾任記者的他熟悉華爾街運作，意見回饋很有幫助。謝謝布勞奇利讓原本大綱更加出色，以及從一九八五年夏天在《華盛頓郵報》相識至今的好友李察．柯恩（Richard Cohen），感謝他傾授多年來在華府與紐約兩地擔任專欄作家習得的寶貴寫作技巧。

英國方面，非常感謝漢娜．羅斯柴爾（Hannah Rothschild）與湯姆．史托普爵士（Sir Tom Stoppard），兩人讀完最初幾個版本草稿，幫助我突顯個人寫作特色。謝謝作家同儕艾登．柯林斯沃斯（Eden Collinsworth）的慷慨提點與建議。一路走來，經紀人卡羅琳．米歇（Caroline Michel）是我不可或缺的支柱，總是給予支持與鼓勵，深信我的總編經驗值得出書。

還要感謝企鵝蘭登書屋的喬・里克特（Joel Rickett），是他鼓勵我執筆寫下「巴伯日記」，也要感謝傑米・喬瑟夫（Jamie Joseph）說明如何建立敘事曲線與敘事架構，這對熟悉寫短篇幅文章的記者來說並不容易。審稿編輯彼得・詹姆士（Peter James）則是明察秋毫，擁有百科全書般浩瀚知識，協助仔細確認這本題材觸及全球的內容，功不可沒。

非常感謝《金融時報》的助理約書亞・奧立佛（Joshua Oliver）大力協助看過初稿與增補註腳。也謝謝《金融時報》的首席圖書管理員暨研究員彼得・奇克（Peter Cheek）努力幫我找出參考文章與書目。

本書篇幅不短，涵蓋時空甚廣，錯誤難免。我沒有每天寫日記，而是以書面或口述形式留下許多重要會議與活動記錄。許多時候我會回去與原始消息來源確認認知一致，但有時候做不到。文中所載的事實與詮釋如有錯誤，文責一概自負。

我要以總編輯的立場，而非作者立場，再次感謝世界各地曾經與我出差同行的人，從他們身上獲益良多。我知道自己偶爾讓他們很感冒，希望有一天他們能原諒我。

本書提及許多同仁，但仍要特別感謝安德利尼帶我走進中國，在那裡出任務不簡單，他總是能以機智迎刃而解。也要謝謝駐布魯塞爾的巴克、史匹格與東尼・巴伯；前後待過馬德里與耶路撒冷的峇克；國會政治線編輯團長帕克；駐印度的卡茲敏與拉蒙特；駐南非的羅素；駐南美的羅斯本；前後待過波斯灣地區、肯亞與南非的安德魯・英格蘭；駐獅子山共和國的卡崔娜・曼森（Katrina Manson）；前後待過緬甸與日本的羅賓森；前後待過莫斯科與哈薩克的席佳琳；負責舊金山與矽谷的瓦特斯（多次和他同行）；駐華府的瑟伐斯托普洛與盧思；駐紐約的湯姆・布雷瑟威特（Tom Braithwaite）與泰特；前後待過莫斯科與阿拉木圖的佛伊；前後待過盧安達、剛果與日本的凌大為；前後待過奈及利亞與迦納的威廉・瓦利斯（William Wallis）；駐德黑蘭的波左格梅；駐巴黎的安希瓦妮・夏薩尼（Ann-Sylvaine Chassany）；駐柏林的蓋・查桑（Guy Chazan）；以及前後待過阿根廷與墨西哥的朱德・瑋柏（Jude Webber）。

同時要感謝倫敦的編輯群，特別是週末雜誌的費許柏恩與艾絲特・賓特利夫（Esther Bintliff）以及*Big Read*專欄的戴爾與湯姆・歐蘇利文（Tom O'Sullivan）。他們是優秀的長篇文編。另外要特別感謝兩個不可或缺的同事：優秀且非常勤奮的本報律師漢森，還有任職將近十四年的私人助理莎莉・甘迺迪（Sally Kennedy），堪稱做事謹慎的表率，提供中肯建言。與兩人共事很有收穫。

最後，我要感謝家人。謝謝戴希與法蘭契斯卡忍受父親經常不在身邊，也最要感謝維多莉亞，她是我的私人顧問兼編輯。話永遠是她說了才算數。

國家圖書館出版品預行編目資料

權貴與壞蛋：金融時報總編輯的亂世日記 / 萊奧納・巴伯（Lionel Barber）著；謝孟達譯 . -- 初版 . -- 臺北市：商周出版：英屬蓋曼群島商家庭傳媒股份有限公司城邦分公司發行 , 2021.10
面；　公分 . -- (莫若以明 ; 28)
譯自 : The powerful and the damned : private diaries in turbulent times

ISBN 978-626-7012-96-3 (平裝)

1. 巴伯 (Barber, Lionel)　2. 國際金融　3. 回憶錄

784.18　　110014970

權貴與壞蛋——金融時報總編輯的亂世日記

The Powerful and the Damned: Private Diaries in Turbulent Times

作　　者／萊奧納・巴伯Lionel Barber
譯　　者／謝孟達
責任編輯／余筱嵐

版　　權／劉鎔慈、吳亭儀、林易萱
行銷業務／林秀津、周佑潔、黃崇華
總 編 輯／程鳳儀
總 經 理／彭之琬
發 行 人／何飛鵬
法律顧問／元禾法律事務所　王子文律師
出　　版／商周出版
台北市104民生東路二段141號9樓
電話：(02) 25007008　傳真：(02)25007759
E-mail：bwp.service@cite.com.tw
Blog：http://bwp25007008.pixnet.net/blog
發　　行／英屬蓋曼群島商家庭傳媒股份有限公司 城邦分公司
台北市中山區民生東路二段141號2樓
書虫客服服務專線：02-25007718；25007719
服務時間：週一至週五上午 09:30-12:00；下午 13:30-17:00
24 小時傳真專線：02-25001990；25001991
劃撥帳號：19863813；戶名：書虫股份有限公司
讀者服務信箱：service@readingclub.com.tw
城邦讀書花園：www.cite.com.tw
香港發行所／城邦（香港）出版集團有限公司
香港灣仔駱克道193號東超商業中心1樓；E-mail：hkcite@biznetvigator.com
電話：(852) 25086231　傳真：(852) 25789337
馬新發行所／城邦（馬新）出版集團 Cite (M) Sdn. Bhd.
41, Jalan Radin Anum, Bandar Baru Sri Petaling, 57000 Kuala Lumpur, Malaysia.
Tel: (603) 90578822　Fax: (603) 90576622　Email: cite@cite.com.my

封面設計／徐璽設計工作室
排　　版／極翔企業有限公司
印　　刷／韋懋實業有限公司
總 經 銷／聯合發行股份有限公司
電話：(02)2917-8022　傳真：(02)2911-0053
地址：新北市231新店區寶橋路235巷6弄6號2樓

■2021年10月26日初版
定價560元
Printed in Taiwan

城邦讀書花園
www.cite.com.tw

 ISBN 978-626-7012-96-3

商周出版

廣　告　回　函
北區郵政管理登記證
北臺字第000791號
郵資已付，免貼郵票

104　台北市民生東路二段141號2樓

英屬蓋曼群島商家庭傳媒股份有限公司城邦分公司　收

請沿虛線對摺，謝謝！

商周出版

書號：BA8028　　書名：權貴與壞蛋　　編碼：

請於此處用膠水黏貼

商周出版

讀者回函卡

線上版讀者回函卡

感謝您購買我們出版的書籍！請費心填寫此回函卡，我們將不定期寄上城邦集團最新的出版訊息。

姓名：＿＿＿＿＿＿＿＿＿＿＿＿＿＿ 性別：□男 □女

生日：西元＿＿＿＿＿年＿＿＿＿＿月＿＿＿＿＿日

地址：＿＿＿＿＿＿＿＿＿＿＿＿＿＿＿＿＿＿＿＿

聯絡電話：＿＿＿＿＿＿＿＿＿＿ 傳真：＿＿＿＿＿＿＿＿＿＿

E-mail：

學歷：□ 1. 小學 □ 2. 國中 □ 3. 高中 □ 4. 大學 □ 5. 研究所以上

職業：□ 1. 學生 □ 2. 軍公教 □ 3. 服務 □ 4. 金融 □ 5. 製造 □ 6. 資訊

□ 7. 傳播 □ 8. 自由業 □ 9. 農漁牧 □ 10. 家管 □ 11. 退休

□ 12. 其他＿＿＿＿＿＿＿＿＿＿＿＿＿＿＿＿＿＿＿＿

您從何種方式得知本書消息？

□ 1. 書店 □ 2. 網路 □ 3. 報紙 □ 4. 雜誌 □ 5. 廣播 □ 6. 電視

□ 7. 親友推薦 □ 8. 其他＿＿＿＿＿＿＿＿＿＿＿＿＿＿＿

您通常以何種方式購書？

□ 1. 書店 □ 2. 網路 □ 3. 傳真訂購 □ 4. 郵局劃撥 □ 5. 其他＿＿＿＿

您喜歡閱讀那些類別的書籍？

□ 1. 財經商業 □ 2. 自然科學 □ 3. 歷史 □ 4. 法律 □ 5. 文學

□ 6. 休閒旅遊 □ 7. 小說 □ 8. 人物傳記 □ 9. 生活、勵志 □ 10. 其他

對我們的建議：＿＿＿＿＿＿＿＿＿＿＿＿＿＿＿＿＿＿＿＿

＿＿＿＿＿＿＿＿＿＿＿＿＿＿＿＿＿＿＿＿

＿＿＿＿＿＿＿＿＿＿＿＿＿＿＿＿＿＿＿＿

請於此處用膠水黏貼